U0886173

权威·前沿·原创

皮书系列为

“十二五”“十三五”“十四五”时期国家重点出版物出版专项规划项目

BLUE BOOK

智库成果出版与传播平台

世界茶业蓝皮书
BLUE BOOK OF THE WORLD TEA INDUSTRY

世界茶业发展报告（2021）

REPORT ON THE WORLD TEA INDUSTRY DEVELOPMENT (2021)

主　编／李闽榕　冯廷佺　周国文
副主编／周玉璠

社会科学文献出版社
SOCIAL SCIENCES ACADEMIC PRESS (CHINA)

图书在版编目（CIP）数据

世界茶业发展报告．2021 / 李闽榕，冯廷佺，周国文主编；周玉璠副主编．--北京：社会科学文献出版社，2023.4
（世界茶业蓝皮书）
ISBN 978-7-5228-1067-6

Ⅰ．①世… Ⅱ．①李… ②冯… ③周… ④周… Ⅲ．①茶业-产业发展-研究报告-世界-2021 Ⅳ．①F316.12

中国版本图书馆 CIP 数据核字（2022）第 215551 号

世界茶业蓝皮书
世界茶业发展报告（2021）

主　　编 / 李闽榕　冯廷佺　周国文
副 主 编 / 周玉璠

出 版 人 / 王利民
责任编辑 / 张建中
文稿编辑 / 李艳璐　张　爽
责任印制 / 王京美

出　　版 / 社会科学文献出版社 · 政法传媒分社（010）59367126
地址：北京市北三环中路甲 29 号院华龙大厦　邮编：100029
网址：www.ssap.com.cn
发　　行 / 社会科学文献出版社（010）59367028
印　　装 / 天津千鹤文化传播有限公司

规　　格 / 开　本：787mm×1092mm　1/16
印　张：17　字　数：253 千字
版　　次 / 2023 年 4 月第 1 版　2023 年 4 月第 1 次印刷
书　　号 / ISBN 978-7-5228-1067-6
定　　价 / 158.00 元

读者服务电话：4008918866

世界茶业蓝皮书编委会

蔡烈伟　漳州科技学院院长

林海霞　中国食品土畜进口商会茶饮园艺部经办

竺济法　宁波东亚茶文化研究中心研究员

费冬梅　重庆恒大茶舍副总经理

吕　宁　福建省茶叶学会副秘书长

主　　编　李闽榕　中智科学技术评价研究中心理事长，教授，博士生导师

冯廷佺　中国茶叶学会原副理事长，福建省茶叶学会名誉会长，教授级高级农艺师

周国文　北京林业大学教授，博士生导师，中国环境哲学专业委员会执行主任

副 主 编　周玉璠　福建省茶叶学会张天福茶学分会副会长兼秘书长，教授级高级农艺师

编写人员　陈荣冰　福建省农科院茶科所原所长，研究员

韩　驰　中国预防医学科学院营养与食品卫生研究所研究员

刘勤晋　西南大学教授

孙威江　福建农林大学教授，硕士生导师

周玉璠　福建省茶叶学会张天福茶学分会副会长兼秘书长，教授级高级农艺师

林　智　中国农业科学院茶叶研究所研究员

赖玲玲　福建农林大学讲师

杜　晓　四川农业大学教授

郭雅玲　福建农林大学教授，硕士生导师

陈玉琼　华中农业大学教授

周国文　北京林业大学教授，博士生导师，中国环境哲学专业委员会执行主任
郑乃辉　福建省农科院茶科所原副所长
刘进社　福建人民出版社编审
林海霞　中国食品土畜进出口商会茶饮园艺部经办
竺济法　宁波东亚茶文化研究中心研究员
周绍迁　福建仙洋洋食品科技有限公司董事长，高级工程师
费冬梅　重庆恒大茶舍副总经理
郄汀洁　北京林业大学讲师
蔡紫薇　北京林业大学讲师
耿奖研　北京林业大学博士研究生
贾桂君　北京林业大学硕士研究生
许晓楠　北京林业大学硕士研究生
孙叶林　北京林业大学硕士研究生
张　璐　北京林业大学硕士研究生
胡　丹　北京林业大学硕士研究生
朱迎迎　北京林业大学硕士研究生
蔡昕佚　北京林业大学硕士研究生
王虹媛　北京林业大学硕士研究生
周冬盈　北京林业大学硕士研究生

审稿人员　程启坤　中国国际茶文化研究会副理事长，研究员
周玉璠　福建省茶叶学会茶学研究分会副会长兼秘书长，教授级高级农艺师
刘进社　福建人民出版社编审

主编简介

李闽榕 山西安泽人（在福州出生），1955年6月出生，博士生导师，经济学博士。中智科学技术评价研究中心主任，福建师范大学兼职教授。研究方向为宏观经济学、区域经济竞争力、现代物流等。先后在《人民日报》《求是》《管理世界》《经济学动态》《经济日报》《中国党政干部论坛》《中国改革》《经济学家》《经济理论与经济管理》《科学社会主义》等中央和省级报刊上发表文章300余篇。

冯廷佺 教授级高级农艺师，中国茶叶学会原副理事长，中国大众文化学会副理事长，中华文化促进会茶叶委员会主任，福建省茶叶学会名誉会长，《福建茶叶》编委会主编。在《中国茶叶》《福建茶叶》《茶缘》等期刊上发表《福建名优茶发展趋势与品牌战略探讨》《“清香型”乌龙茶与“浓香型”乌龙茶之比较》等论文50多篇。其中《奥林匹克，不战而胜——“人文中国·茶香世界”活动创意阐述》《实施品牌战略是实现福建茶叶强省的重要决策》等获得北京、福建有关活动的优秀论文奖。

周国文 福建宁德人，1973年8月出生，清华大学哲学博士后，北京林业大学马克思主义学院教授，博士生导师，研究方向为茶文化、环境哲学、环境伦理学。中国自然辩证法研究会环境哲学专业委员会执行主任，《世界红茶》主编，《名人论茶与中华茶文化》执行主编，编撰《闽茶概论》《宁川佳茗——天山绿茶》等论著9部。

序

茶，于中国人来讲，不仅是一种日常的饮品，也是中国传统文化中的重要部分。中国是世界上最早发现和利用茶树的国家。在世界茶叶生产、销售、贸易、科技、文化等方面，中国都是领跑者。

在2017年，我们出版了首部世界茶业蓝皮书《世界茶业发展报告（2017）》,该书一经面世，得到了广大茶学研究者和茶文化爱好者的关注和支持。在此基础上，中智科学技术评价研究中心联合福建茶叶学会、北京林业大学等单位继续进行《世界茶业发展报告（2021）》的编纂工作，现行将付梓。

自习近平总书记提出了“一带一路”倡议之后，茶叶作为中国文化的名片，在提升我国国际形象和文化竞争力方面显得尤为重要。

中华文明悠悠五千载的变迁，一部茶叶的兴衰发展史，也是中华文化的发展史，茶叶为中华民族带来了丰厚的物质与精神财富，无可非议地成为中华民族文化的瑰宝。

茶叶的发现与利用，在我国也经历了漫长的历程。早在魏晋之前，饮茶风俗就已出现，“神农尝百草”是关于茶叶起源最广为流传的传说。两晋南北朝是茶文化的萌芽时期，这一时期茶叶的种植面积扩大，饮茶习惯进入日常生活，一些与茶有关的文字开始出现在文人的诗词歌赋中，如左思的《娇女诗》、张载的《登成都楼诗》、杨衒之的《洛阳伽蓝记》等，这些作品从各个方面对茶的饮用、茶的现实利用进行了描述。唐代是茶文化的形成时期，陆羽的《茶经》问世，茶道盛行，为中国茶文化走向世界奠定了基础。从近代至今，茶叶已经走入万千寻常百姓家，成为日常的健康饮品。

18世纪初到20世纪初的二百年间，中国茶叶对西方的文化影响力极大。明清时期，中国茶叶与瓷器、丝绸作为中国传统出口产品远销海外。

当代新时期，“茶”的身影多次出现在以习近平同志为核心的新一代党中央领导集体的各项重要活动中。2014年，习近平在比利时借茶酒互融来展望中比人民的友好未来。2016年G20峰会前夕，习近平与奥巴马在西湖国宾馆湖边会晤，喝茶漫步。2017年，习近平访问瑞士，与洛伊特哈德品茶畅谈，在北京会见越共中央总书记阮富仲，畅谈中越共通的茶文化，此被谓“茶叙”外交。2020年4月，习近平到陕西平利县女娲凤凰茶业现代示范园考察调研，指出“因茶致富，因茶兴业，要把茶叶这个产业做好”。2020年5月21日，联合国确定的首个“国际茶日”到来，习近平致信并表示热烈祝贺。

茶是“和平的使者”，以茶会友，以茶交谊，成为传统美德，也是中外友好交流合作、推动构建“一带一路”美好愿景的桥梁与纽带。让我们通过《世界茶业发展报告》这一桥梁，为中国与世界茶业、茶文化的相互交流及共同发展贡献绵薄之力。

陈宗懋

中国工程院院士

2021年12月

摘　要

本书是2017年之后出版的第二本《世界茶业发展报告》（蓝皮书），由中智科学技术评价研究中心联合福建茶叶学会、北京林业大学等单位联合编纂。本书共分为三大部分：总报告、专题篇和附录。总报告主要介绍2018～2021年世界茶叶生产、消费、贸易等的概况，进一步分析世界茶业未来的发展趋向；专题篇包含6个模块，分别介绍2018～2021年茶叶作为国家友谊传播媒介的代表事件、世界范围内茶萃取技术的发展以及近几年的茶公益事业与茶叶扶贫，分析茶叶活性成分的功能，展示世界主要国家茶文化发展、世界主要知名茶叶发展状况，全方位展现世界茶业的面貌；附录主要介绍一些茶叶相关标准、世界茶叶知名品牌、国际茶叶组织及其活动等，展现"一带一路"倡议背景下古茶路的建设。期望通过《世界茶业发展报告》这一桥梁，为中国与世界茶业和茶文化的相互交流及共同发展贡献绵薄之力。

关键词： 茶叶　茶文化　茶科技　茶产业　茶叶贸易

目 录

Ⅰ 总报告

Ⅱ 专题篇

Ⅲ 附 录

皮书数据库阅读使用指南

总报告

General Report

B.1

世界茶叶生产、消费、贸易概况及发展趋势分析（2018~2021年）

周国文　林海霞　梅　宇　孙叶林　张　璐*

摘　要： 2018~2021年世界茶叶市场发展稳中有进，世界范围内茶园种植面积不断扩大，世界茶叶产量逐渐提高，中国和南亚多国茶叶种植面积依旧稳居世界前十。茶叶消费市场仍有较大提升空间，世界茶叶市场发展潜力巨大，茶叶生产国依旧是主要的茶叶消费国。另外，欧洲一些国家也是茶叶消费的主力军，世界著名茶叶市场茶叶交易量变化幅度不大。茶叶进出口额在2018~2019年有所提升，但是受新冠肺炎疫情影响，2020年出口额有所下降，总体来看，进出口依旧保持平稳态势。未来全球茶叶发展的侧重点将集中于发展名优茶、培育品牌、建立健全茶叶标准、多元化

* 周国文，哲学博士后，北京林业大学马克思主义学院教授，博士生导师，主要研究方向为环境哲学、茶文化、环境伦理学、生态文明建设与管理；林海霞，中国食品土畜进出口商会茶饮园艺部工作人员；梅宇，中国茶叶流通协会副会长；孙叶林，北京林业大学马克思主义学院硕士研究生；张璐，北京林业大学马克思主义学院硕士研究生。

消费推动茶产业发展、多方面助力让跨国经营成为全球茶业经济发展的动力。

关键词： 茶叶种植 茶叶生产 茶叶消费 茶叶贸易

一 世界茶叶生产概况

21 世纪初以来，世界茶产业快速发展，茶园种植面积和茶叶产量大幅增加。根据国际茶叶委员会（ITC）的统计，2019 年世界茶园种植面积达 499 万公顷，从 2008 年开始，茶园种植面积连续 10 年增长，茶叶产量达 581.2 万吨，两者与 21 世纪初的数据相比增幅明显。

世界茶叶种植面积随着世界茶叶消费量的增加呈稳定上升趋势。世界五大洲均能产茶，国际茶叶委员会统计备案显示，目前世界主要茶叶种植国有 30 余个。2019 年，茶叶种植面积前 10 位的国家分别是中国、印度、肯尼亚、斯里兰卡、越南、印度尼西亚、土耳其、缅甸、孟加拉国和乌干达（见表 1）。

中国不仅是世界上最大的茶叶种植国之一，茶叶种植面积增速也位居世界前列，2019 年茶叶种植面积为 306.6 万公顷，较 2008 年增加 134.6 万公顷，增幅达 78.3%。印度位居第二，茶叶种植面积为 63.7 万公顷，较 2008 年增加 7.7 万公顷；肯尼亚茶叶种植面积为 26.9 万公顷，较 2008 年增加 11.1 万公顷；斯里兰卡茶叶种植面积为 20.3 万公顷，较 2008 年增加 1.5 万公顷；越南茶叶种植面积为 13.0 万公顷，与 2008 年持平，近 10 年波动不大；印度尼西亚茶叶种植面积为 11.4 万公顷，较 2008 年减少 2.5 万公顷；土耳其茶叶种植面积为 8.3 万公顷，较 2008 年减少 0.5 万公顷；缅甸茶叶种植面积为 8.1 万公顷，较 2008 年减少 0.3 万公顷；孟加拉国茶叶种植面积为 6.1 万公顷，较 2008 年增加 0.7 万公顷（见表 1）。

表1　2016~2019年世界主要产茶国家（地区）茶叶种植面积

单位：公顷

国家(地区)	2016年	2017年	2018年	2019年
中国	2902700	3059000	2985800	3065500
印度	577480	590000	636560	636560
肯尼亚	218538	232742	234300	269430
斯里兰卡	202839	202540	202540	202540
越南	134000	134000	130000	130000
印度尼西亚	117268	116500	115300	114300
孟加拉国	59000	59000	59300	61000
中国台湾	11814	11765	12079	12100
伊朗	24400	24700	24000	24000
日本	43100	42400	41600	40600
韩国	3830	3850	3880	3900
马来西亚	3000	3000	3000	3000
缅甸	80000	80000	81000	81400
尼泊尔	26400	27000	27300	27500
土耳其	80000	83000	83000	83000
布隆迪	9000	9200	9200	9300
喀麦隆	3250	3300	3200	3200
刚果民主共和国	6700	6700	6800	6800
埃塞俄比亚	2750	2800	2800	2850
马拉维	18600	18600	18700	18700
毛里求斯	600	600	570	550
莫桑比克	3600	3620	3640	3660
卢旺达	19000	21500	23000	25000
南非	4300	4200	4200	4100
坦桑尼亚	22722	22609	22722	22700
乌干达	37500	43940	45000	46500
津巴布韦	5500	5600	5640	5600
阿塞拜疆	600	620	620	630
格鲁吉亚	34000	34000	35000	35000
俄罗斯	1850	1800	1840	1850
阿根廷	41000	41000	41400	41600
巴西	3600	3600	3500	3600

续表

国家(地区)	2016 年	2017 年	2018 年	2019 年
厄瓜多尔	1050	1050	1070	1080
秘鲁	2900	2900	2920	2830
澳大利亚	930	950	960	970
巴布亚新几内亚	4000	4000	4000	4000
总量	4707821	4902086	4876441	4995350

资料来源：根据国际茶叶委员会 2019 年度统计数据整理编制。

随着茶叶种植面积的增加以及科技的不断进步，茶园单位面积产量提高，世界茶叶产量稳步增长。2019 年，茶叶产量排名前十的国家分别是中国、印度、肯尼亚、斯里兰卡、土耳其、越南、印度尼西亚、孟加拉国、阿根廷、日本。其中，中国一直保持世界最大茶叶生产国地位，所占份额逐年增加，极大地带动了世界茶叶总产量的增加。

在茶叶种植方面，根据国际茶叶委员会的统计，2008~2019 年世界茶叶种植面积从 341 万公顷快速增加到将近 500 万公顷，2009 年以来世界茶叶种植面积增长较为明显，2019 年世界茶叶种植面积增长至 499. 54 万公顷，其中中国茶叶种植面积为 306. 55 万公顷，占世界茶叶种植面积的 61. 4%。

目前，世界上有超过 50 个国家和地区种植茶叶，种植区域主要集中在亚洲、非洲和拉丁美洲。其中，中国、印度和肯尼亚的茶叶种植面积居世界前 3 位，2019 年种植面积分别为 306. 55 万公顷、63. 66 万公顷和 26. 94 万公顷，占世界茶叶种植面积的比重分别为 61. 4%、12. 7%和 5. 4%。

2020 年，根据国际茶叶委员会统计，世界茶叶种植面积达到 509. 8 万公顷，再创历史新高。2011~2020 年，世界茶叶种植面积增长了 125. 8 万公顷，增幅达 32. 8%。

如表 2 所示，2020 年全球有 6 个国家茶叶种植面积超过 10 万公顷，中国茶叶种植面积依旧居首位，为 316. 5 万公顷，占世界茶叶种植面积的 62. 1%，同比增长 3. 25%。印度位居第二，茶叶种植面积为 63. 7 万公顷，占比为 12. 5%。

表 2　2020 年世界茶叶种植面积排名前十的国家

单位：万公顷

国家	中国	印度	肯尼亚	斯里兰卡	越南	印度尼西亚	土耳其	缅甸	孟加拉国	乌干达
种植面积	316.5	63.7	26.9	20.3	13.0	11.4	8.3	8.1	6.5	4.7

资料来源：国际茶叶委员会。

在茶叶产量方面，2019 年世界茶叶产量达 615.0 万吨，增长率为 3.1%。2020 年新冠肺炎疫情发生后，世界茶叶产量同比增长 1.9%。未来随着形势好转，世界茶叶产销量将加速增长，预计 2026 年世界茶叶市场规模将持续增长，有望突破 80 亿美元。总体来看，世界茶叶市场发展前景是乐观、光明的，预计将保持稳定上涨趋势。

2018 年世界茶叶产量为 596.62 万吨，较 2017 年增长 4.33%，其中茶叶产量排名前三的国家分别是中国、印度和肯尼亚，其产量分别为 261.04 万吨、133.86 万吨和 49.30 万吨，占世界茶叶产量的比例分别为 43.75%、22.44%和 8.26%。国际茶叶委员会的统计数据显示，2019 年世界茶叶产量达到 614.97 万吨。2019 年，茶叶产量排名前三的国家分别是中国（279.94 万吨）、印度（138.97 万吨）和肯尼亚（45.89 万吨），占世界茶叶产量的比重分别为 45.52%、22.60%和 7.46%（见表 3）。

表 3　2016~2019 年世界主要产茶国家（地区）茶叶产量

单位：吨

国家（地区）	2016 年	2017 年	2018 年	2019 年
中国	2404947	2496412	2610393	2799382
印度	1267360	1321760	1338630	1389700
肯尼亚	473011	439858	492999	458853
斯里兰卡	292574	307720	304006	300134
越南	180000	175000	185000	190000
印度尼西亚	137015	134000	131000	128800

续表

国家（地区）	2016 年	2017 年	2018 年	2019 年
孟加拉国	85050	78949	82134	96069
中国台湾	13018	13443	14738	14900
伊朗	20700	21400	21000	20000
日本	77100	78800	81500	76500
韩国	4800	5000	5300	5400
马来西亚	2100	2100	2000	2000
缅甸	20500	21000	21400	21700
尼泊尔	23000	24200	24800	25000
土耳其	253312	255404	279998	267804
布隆迪	11000	11200	11300	11500
喀麦隆	5400	5500	5500	5600
刚果民主共和国	3700	3800	3900	4000
埃塞俄比亚	6400	6400	6600	6800
马拉维	43127	45582	50588	48192
毛里求斯	1650	1630	1600	1550
莫桑比克	6700	6800	7000	7100
卢旺达	25628	27887	31000	32126
南非	4000	3800	3600	3600
坦桑尼亚	29112	31814	35710	33659
乌干达	55736	53887	71567	59000
津巴布韦	15500	15700	15200	14900
阿塞拜疆	200	220	230	230
格鲁吉亚	4800	5000	5400	5500
俄罗斯	3800	3800	4000	4000
阿根廷	84000	82000	80000	77000
巴西	4300	3600	3400	3400
厄瓜多尔	2300	2350	2400	2400
秘鲁	3200	3230	3250	3300
澳大利亚	1800	1840	1870	1900
巴布亚新几内亚	6800	6900	7000	6700
总量	5593740	5718386	5966208	6149699

资料来源：根据国际茶叶委员会 2019 年度统计数据整理编制。

2019 年中国茶叶种植面积占世界茶叶种植面积的一半以上，产量占世界茶叶产量的 45.5%，比世界第二大产茶国印度分别高出 48.7 个百分点和 22.9 个百分点。

世界茶叶产量方面，国际茶叶委员会统计数据显示，2001~2019 年世界茶叶产量从 305.85 万吨快速增加到 614.97 万吨，呈逐年递增态势。中国茶叶产量从 2001 年的 70.17 万吨增加到 2019 年的 279.94 万吨，增加了 209.77 万吨。印度茶叶产量从 2001 年的 85.39 万吨增加到 2019 年的 138.97 万吨，增加了 53.58 万吨。肯尼亚从 2001 年的 29.46 万吨增加到 2019 年的 45.89 万吨，增加了 16.43 万吨。

2020 年世界茶叶产量为 626.9 万吨，其中中国、肯尼亚、土耳其产量实现 6.6%、24.2%、4.6%的增长，而印度、斯里兰卡茶叶产量同比减少 9.5%、10.0%（见表 4）。受疫情影响，世界茶叶生产格局将在短期内重新调整，国内疫情防控形势较好的国家将占领更多的茶叶市场份额。

表 4　2020 年世界茶叶产量排名前十的国家

单位：万吨，%

排名	国家	产量	增幅
1	中国	298.6	6.6
2	印度	125.8	-9.5
3	肯尼亚	57.0	24.2
4	土耳其	28.0	4.6
5	斯里兰卡	27.0	-10.0
6	越南	18.6	-2.1
7	印度尼西亚	12.6	-2.2
8	孟加拉国	8.6	-10.5
9	阿根廷	7.3	-5.2
10	日本	7.0	-8.5
	世界茶叶产量	626.9	1.9

2020 年中国茶叶产量达 298.6 万吨，同比增长 6.6%。中国茶叶种植面积的扩大和茶叶种植技术的提升，使近几年的茶叶单位亩产量和茶叶产量保持稳定增长态势。据统计，2020 年中国茶叶单位亩产量达 629.0 千克，同比增长 3.5%，实现 5 年连增。

国际上一般将茶叶分为绿茶（green tea）和红茶（black tea），其中红茶是全球茶叶贸易的主要品种。国际茶叶委员会统计数据显示，世界绿茶总产量从 2001 年的 70.12 万吨增加到 2019 年的 196.62 万吨，增加了 126.50 万吨。其中产量排名前三的国家分别是中国、越南和日本，分别占世界绿茶总产量的 87.63%、4.88%和 3.87%（见表 5）。

中国绿茶产量从 2001 年的 51.32 万吨增加到 2019 年的 172.28 万吨，增加了 120.96 万吨；越南绿茶产量从 2001 年的 3.00 万吨增加到 2019 年的 9.60 万吨，增加了 6.60 万吨；日本绿茶产量从 2001 年的 8.95 万吨减少到 2019 年的 7.61 万吨，减少了 1.34 万吨（见表 5）。

表 5　2016~2019 年世界部分国家（地区）绿茶产量

单位：吨

国家(地区)	2016 年	2017 年	2018 年	2019 年
中国	1588005	1678971	1722385	1722847
越南	90000	97000	95000	96000
日本	76900	78600	81300	76100
印度尼西亚	28000	27600	27000	28400
印度	18630	20070	19550	17130
中国台湾	12700	13100	14350	14400
斯里兰卡	2374	2662	2601	2642
阿根廷	1800	1700	1700	1740
俄罗斯	620	600	620	640
巴西	600	530	470	530
格鲁吉亚	600	600	600	640
孟加拉国	270	270	280	290
全球总产量	1825099	1926343	1970656	1966159

资料来源：根据国际茶叶委员会 2019 年统计数据整理得到。

二　世界茶叶消费概况

根据国际茶叶委员会统计，2018 年茶叶消费量最大的国家为中国，消费量达 211.9 万吨。茶叶主要消费国还包括印度（108.4 万吨）、土耳其（24.6 万吨）、巴基斯坦（19.2 万吨）、俄罗斯（16.2 万吨）、美国（12.0 万吨）、英国（10.7 万吨）、日本（10.6 万吨）、印度尼西亚（10.3 万吨）、埃及（9.4 万吨）（见图 1）。在主要产茶国中，中国和印度是茶叶消费大国，茶叶主要生产国亦为茶叶主要消费国；在非传统产茶国中，巴基斯坦、俄罗斯、美国、英国、埃及等国家具有较高的消费潜力。

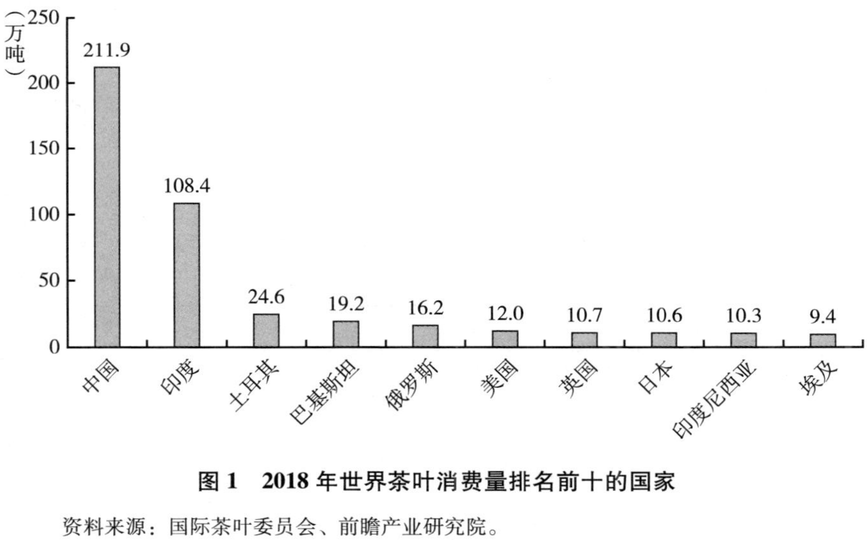

图 1　2018 年世界茶叶消费量排名前十的国家

资料来源：国际茶叶委员会、前瞻产业研究院。

据国际茶叶委员会统计，2019 年世界茶叶消费总量为 585.9 万吨。消费量最大的国家仍是中国，达 227.6 万吨，居第二位的是印度，消费量为 110.9 万吨。近年来，我国茶叶消费量呈现持续增长的态势。根据中国茶叶流通协会统计，2019 年国内茶叶年消费量较 2018 年增长 15.70 万吨，增幅为 7.41%；国内市场销售额达 2739.50 亿元，销售均价为 135.25 元/千克。

在产茶国中，中国和印度是世界上主要的茶叶消费大国。非传统产茶国中，巴基斯坦、俄罗斯、美国、英国、埃及则是潜在的强有力的消费市场。在人均消费上，2019 年世界茶叶人均消费量排在第一位的是土耳其，人均每年消费茶叶 3.04 千克。中国香港、中国大陆和中国台湾均排在人均消费量的前 15 位，其中中国香港排第五位［1.59 千克/（人·年）］，中国大陆排第六位［1.55 千克/（人·年）］，中国台湾排第十位［1.31 千克/（人·年）］。主要茶叶生产国印度、肯尼亚的人均消费量均未排进前 15 位，仍有很大的提升空间。

2020 年，世界茶叶生产国仍是茶叶的主要消费国。世界茶叶消费总量为 587.8 万吨，同比增长 0.3%。茶叶消费量最大的国家是中国，茶叶消费量达 245.0 万吨；第二位是印度，消费量为 106.2 万吨。中国、印度茶叶消费量之和占世界茶叶消费总量的 59.7%，达到一半以上，两国均是名副其实的茶叶消费大国。在消费量排名前十的国家中，巴基斯坦消费量同比增长 22.3%，增速最快（见表 6）。

表 6　2020 年世界茶叶消费量排名前十的国家

单位：万吨，%

排名	国家	消费量	增幅
1	中国	245.0	7.6
2	印度	106.2	-4.2
3	土耳其	27.0	2.7
4	巴基斯坦	25.2	22.3
5	俄罗斯	14.2	-1.4
6	英国	11.1	9.9
7	美国	10.6	-9.4
8	印度尼西亚	9.6	-1.0
9	埃及	9.4	-13.8
10	日本	9.2	-10.7
	总消费量	587.8	0.3

资料来源：国际茶叶委员会。

2020 年，世界人均茶叶消费量仍然有较大的提升空间，从人均消费来看，茶叶消费市场仍具有无限潜力。排名第一的是土耳其，每年人均消费茶叶 3. 20 千克，同比增长 3. 2%。近几年，中国香港、中国大陆和中国台湾的人均茶叶消费量呈缓慢上升态势，2020 年均进入全球前 15 位（见图 2）。作为主要产茶国的印度、肯尼亚，人均茶叶消费量分别仅有 0. 83 千克/（人・年）和 0. 84 千克/（人・年），均未进入前 15 位，有较大提升空间。

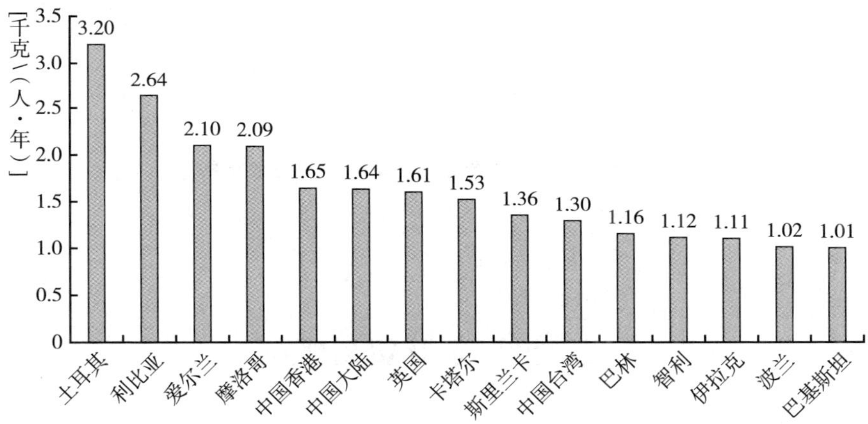

图 2　2020 年人均茶叶消费量前 15 位的国家和地区

资料来源：国际茶叶委员会。

2020 年世界主要茶叶拍卖市场总交易量为 141. 24 万吨，居首位的是肯尼亚的蒙巴萨拍卖市场，交易量为 51. 68 万吨，成交均价为 193 美分/千克，同比下降 5. 4%，是 10 年来价格最低的一次。总体来看，蒙巴萨拍卖市场的成交价呈轻微波动，没有大幅提升或降低的情况。

印度加尔各答茶叶拍卖市场交易量在 2020 年出现下滑，被古瓦哈提市场超过，但是其成交均价一直保持稳定上涨态势，2020 年达到 215. 88 卢比/千克。总体来看，印度的茶叶拍卖市场数量较多，茶叶交易活动活跃（见图 3）。

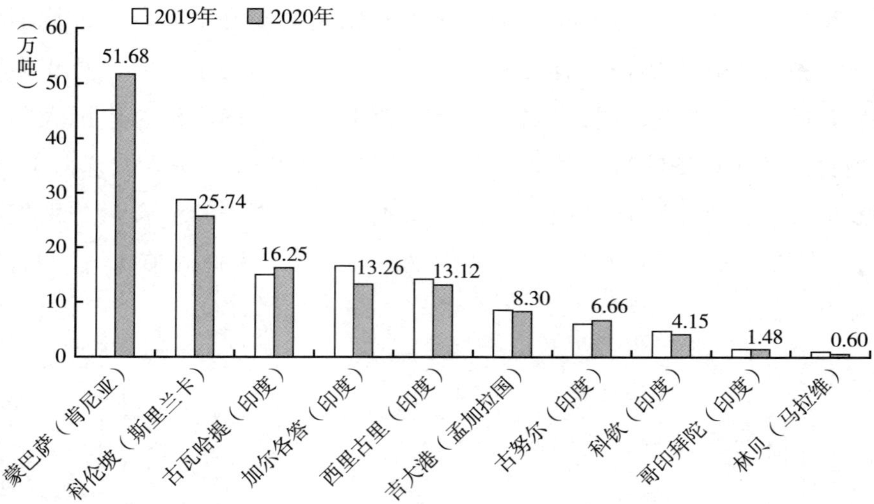

图 3　2019~2020 年世界主要茶叶拍卖市场交易量

资料来源：国际茶叶委员会。

三　世界茶叶贸易概况

2018 年全球茶叶出口贸易额排名前五的国家分别是中国（1785364610 美元）、印度（766112138 美元）、阿拉伯联合酋长国（295037725 美元）、德国（256692711 美元）、越南（209350248 美元）（见表 7）；2019 年全球茶叶出口贸易额排名前五的国家分别是中国（2025787259 美元）、斯里兰卡（1322583369 美元）、肯尼亚（1113518498 美元）、印度（813745680 美元）、阿拉伯联合酋长国（295456698 美元）（见表 8）；2020 年全球茶叶出口贸易额排名前五的国家分别是中国（2037981957 美元）、斯里兰卡（1329508679 美元）、肯尼亚（1224062516 美元）、印度（692073988 美元）、波兰（264514447 美元）（见表 9）。2018~2020 年，中国的茶叶出口贸易额一直居首位，并且呈逐年上升态势，其中 2020 年增幅较 2019 年有所下降。

表7　2018年全球主要国家（地区）茶叶出口情况

单位：千克，美元

排名	国家(地区)	净重	贸易额
1	中国	364742000	1785364610
2	印度	262419296	766112138
3	阿拉伯联合酋长国	67492286	295037725
4	德国	22962053	256692711
5	越南	25222098	209350248
6	波兰	19069702	203138117
7	日本	5220898	142429922
8	英国	18698165	140430118
9	美国	18275163	124424125
10	其他亚洲国家	8796913	112132317
11	印度尼西亚	49029785	108418492
12	俄罗斯	18852225	97920240
13	卢旺达	30945735	90815714
14	阿根廷	72619288	90510792
15	乌干达	70101143	88831046
16	荷兰	7873174	63586236
17	法国	4900380	63134471
18	中国香港	7136869	61374608
19	坦桑尼亚	—	47331505
20	摩洛哥	4248981	44623812
21	加拿大	2683868	41420214
22	南非	5970124	30844168
23	瑞士	4870673	30180975
24	新加坡	2453276	27735227
25	津巴布韦	14228648	23694643
26	马来西亚	3999031	23231846
27	巴基斯坦	5154588	23056369
28	约旦	3340500	22543569
29	伊朗	16326685	19847503
30	泰国	—	14851409
31	比利时	1259837	14652203
32	西班牙	1370749	14616158
33	土耳其	3750087	13718098

续表

排名	国家(地区)	净重	贸易额
34	哈萨克斯坦	2958254	11782155
35	奥地利	1046772	10073801
36	阿塞拜疆	1367017	9373916
37	丹麦	542965	9179612
38	捷克	432689	8620558
39	澳大利亚	1184949	8193101
40	意大利	1228897	7500595
41	爱尔兰	732562	6675482
42	瑞典	491440	6539796
43	韩国	354653	5876663
44	立陶宛	362468	4827779
45	保加利亚	796111	4599797
46	智利	339857	4450483
47	阿曼	1910842	4032020
48	拉脱维亚	877961	4030490
49	尼日尔	3286820	3995080
50	科威特	647269	3868434

注：2018 年中国茶叶出口净重为国家统计局数据。

资料来源：联合国贸易数据库。

表 8　2019 年全球主要国家（地区）茶叶出口情况

单位：千克，美元

排名	国家(地区)	净重	贸易额
1	中国	366806031	2025787259
2	斯里兰卡	289585937	1322583369
3	肯尼亚	475996842	1113518498
4	印度	258045322	813745680
5	阿拉伯联合酋长国	65798935	295456698
6	波兰	22892478	255209071
7	德国	22837941	251048481
8	越南	134906019	230739937
9	英国	19538100	138291136
10	日本	5192111	137106575
11	其他亚洲国家	10303855	124792824
12	美国	17187274	111694864

续表

排名	国家（地区）	净重	贸易额
13	俄罗斯	19850913	103083376
14	印度尼西亚	42810760	92347338
15	阿根廷	75321952	87688256
16	卢旺达	31157337	86418357
17	马拉维	46943493	80083495
18	中国香港	8673348	78330271
19	荷兰	9240041	72733615
20	法国	3080133	58992203
21	加拿大	3245704	44195021
22	摩洛哥	1903548	37353429
23	马来西亚	4644426	33032987
24	巴基斯坦	5181065	28407208
25	新加坡	2180906	27397928
26	瑞士	5436512	27145125
27	南非	5267641	26128431
28	约旦	3202671	22572317
29	布隆迪	10086234	22028704
30	津巴布韦	14534024	21095162
31	泰国	2405768	18969599
32	土耳其	4363792	16110310
33	比利时	1520314	14562903
34	西班牙	1203085	12589472
35	哈萨克斯坦	2616164	12205216
36	爱尔兰	832416	9730602
37	阿塞拜疆	1505935	9510332
38	奥地利	974830	8976788
39	澳大利亚	1407041	8219215
40	捷克	496816	7765310
41	意大利	1505940	7339950
42	丹麦	437254	6975505
43	瑞典	460498	6840599
44	韩国	363205	4655224
45	立陶宛	393583	4546279
46	智利	294818	3899001

续表

排名	国家(地区)	净重	贸易额
47	拉脱维亚	310151	3486900
48	牙买加	281321	3096204
49	以色列	192115	3095000
50	保加利亚	465321	2798905

资料来源：联合国贸易数据库。

表 9　2020 年全球主要国家（地区）茶叶出口情况

单位：千克，美元

排名	国家(地区)	净重	贸易额
1	中国	348814751	2037981957
2	斯里兰卡	285086658	1329508679
3	肯尼亚	575509407	1224062516
4	印度	210486315	692073988
5	波兰	24262626	264514447
6	德国	21818766	221707411
7	越南	126610988	198925529
8	日本	5340132	154401142
9	英国	18980675	135171861
10	其他亚洲国家	8018535	100345574
11	印度尼西亚	—	96325235
12	美国	14261692	88717068
13	荷兰	10127036	88703616
14	乌干达	72454468	78672493
15	阿根廷	65977890	75364727
16	法国	3406172	53193933
17	中国香港	4966007	45585014
18	加拿大	3018210	44066896
19	瑞士	5909436	31175011
20	新加坡	3601899	30618768
21	马来西亚	5884882	29122740
22	泰国	2850597	23853370
23	南非	5111809	21861214

续表

排名	国家(地区)	净重	贸易额
24	约旦	—	20851484
25	土耳其	4920019	17834719
26	津巴布韦	12137898	16282106
27	巴基斯坦	3169332	14892734
28	比利时	1644436	14421304
29	奥地利	1148932	12482704
30	西班牙	—	10599096
31	阿塞拜疆	1357226	9461375
32	捷克	653540	8588218
33	爱尔兰	818127	7215602
34	澳大利亚	1232726	7036421
35	韩国	500048	6834277
36	丹麦	441962	6833087
37	乌克兰	737306	5225192
38	瑞典	350249	5211656
39	意大利	810459	4757553
40	立陶宛	318347	4186201
41	拉脱维亚	272959	3973151
42	以色列	208578	3155000
43	缅甸	3401655	2269121
44	葡萄牙	140377	1850448
45	罗马尼亚	148138	1695229
46	巴西	233699	1428209
47	新西兰	—	1404847
48	黎巴嫩	227577	1305891
49	塞内加尔	1246894	1092441
50	芬兰	6561	1018044

资料来源：联合国贸易数据库。

受疫情影响，全球经济持续低迷，国际物流和贸易严重受阻。2020 年，世界茶叶出口量为 182.2 万吨，呈下降态势，比 2019 年减少了 7.3 万吨，同比下降 3.9%，是近 10 年来下降速度最快的一年，几乎降至 2014 年的水平（见图4）。2018～2020年巴基斯坦的茶叶进口贸易额一直居世界首位，其中2020年的进口贸易额最大。

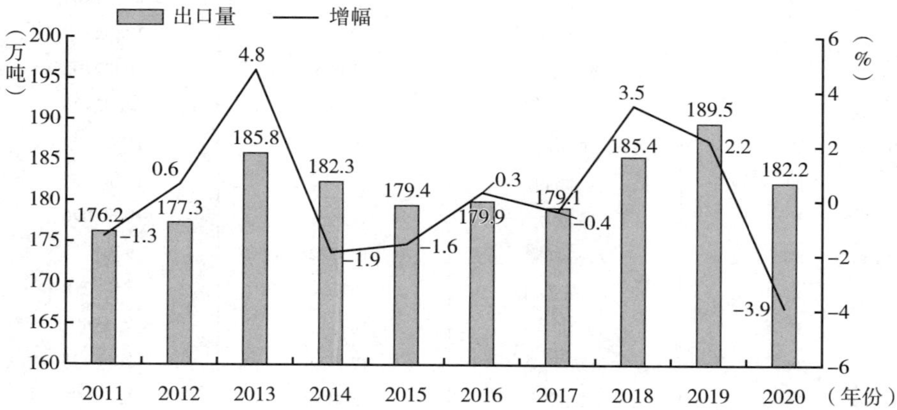

图4　2011～2020年世界茶叶出口情况

资料来源：国际茶叶委员会。

世界茶叶出口量占总产量的比重逐渐下降，2020年下降幅度较大（见图5），侧面反映出近些年茶叶内销占比逐渐上升。

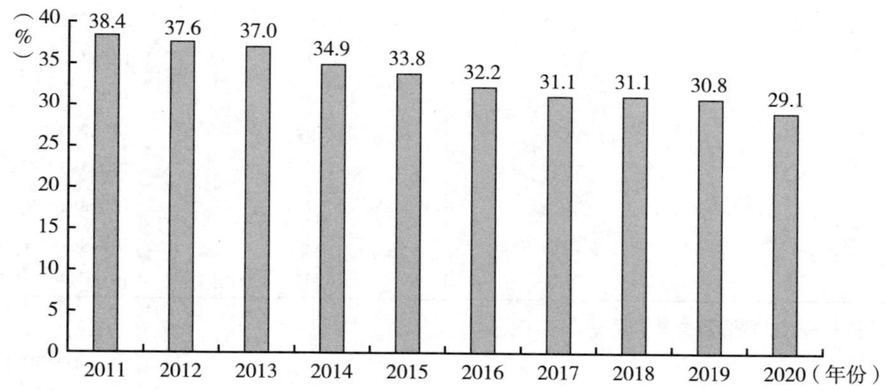

图5　2011～2020年世界茶叶出口量占总产量的比重

资料来源：国际茶叶委员会。

2020 年，世界茶叶出口量排名前十的国家分别是肯尼亚、中国、斯里兰卡、印度、越南、阿根廷、乌干达、印度尼西亚、马拉维、卢旺达，其中，马拉维的茶叶出口量同比增加 30.1%，中国、斯里兰卡、印度、越南、阿根廷等国家茶叶出口量有所下降。

出口均价方面，2020 年世界茶叶出口均价最高的国家是中国，其次是斯里兰卡（4.64 美元/千克）和印度（3.27 美元/千克）（见图 6）。

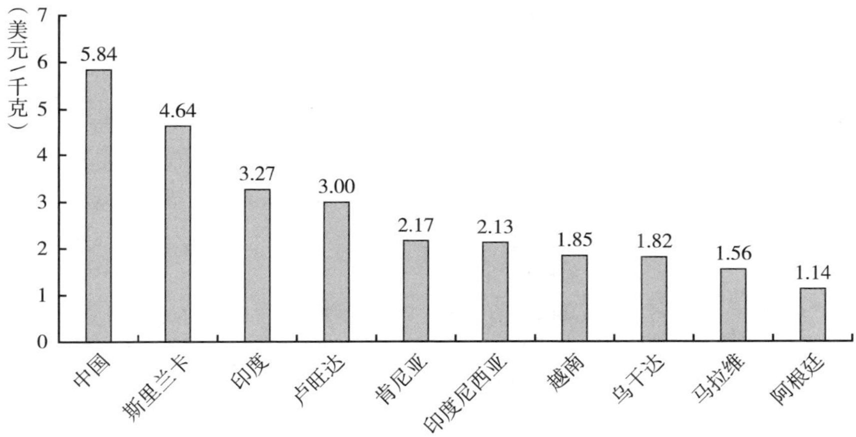

图 6　2020 年世界茶叶出口均价排名前十的国家

资料来源：国际茶叶委员会。

2018 年全球茶叶进口贸易额排名前五的国家分别是巴基斯坦（571327344 美元）、俄罗斯（497068735 美元）、美国（487293628 美元）、英国（397676385 美元）、阿拉伯联合酋长国（323161814 美元）（见表 10）。2019 年全球茶叶进口贸易额排名前五的国家分别是巴基斯坦（496016917 美元）、美国（488414200 美元）、俄罗斯（425910992 美元）、英国（356101914 美元）、摩洛哥（231907012 美元）（见表 11）。2020 年全球茶叶进口贸易额排名前五的国家（地区）分别是巴基斯坦（589755805 美元）、美国（473831758 美元）、英国（348686448 美元）、中国香港（221816477 美元）、德国（190691429 美元）（见表 12）。

表 10 2018 年全球主要国家（地区）茶叶进口情况

单位：千克，美元

排名	国家(地区)	净重	贸易额
1	巴基斯坦	204428151	571327344
2	俄罗斯	163801837	497068735
3	美国	119356580	487293628
4	英国	—	397676385
5	阿拉伯联合酋长国	108592969	323161814
6	伊朗	62289674	292357397
7	德国	51022608	237394741
8	摩洛哥	75627146	220385374
9	日本	31209716	182227053
10	法国	19139518	180853066
11	中国	35452847	177824226
12	中国香港	18353463	151848451
13	加拿大	—	145588084
14	荷兰	18408858	121556380
15	波兰	36213306	116555772
16	哈萨克斯坦	30525571	112747238
17	澳大利亚	13176163	106915356
18	其他亚洲国家	32320979	80048147
19	意大利	7386037	78096711
20	马来西亚	26430968	77386199
21	科威特	6671052	61385831
22	苏丹	33213266	61214572
23	智利	20646521	57802549
24	约旦	9121688	52645865
25	爱尔兰	9997051	51275023
26	阿塞拜疆	12957730	49807330
27	乌兹别克斯坦	32877255	47336568
28	新加坡	5762396	45758070
29	比利时	6542380	44519289
30	南非	21900138	44349024
31	西班牙	8143825	41470582
32	瑞典	3332121	39085229
33	白俄罗斯	—	37354500

续表

排名	国家(地区)	净重	贸易额
34	瑞士	6696253	37154796
35	土耳其	14261966	35476070
36	阿曼	5998090	32509211
37	印度尼西亚	14921818	29429943
38	奥地利	3522256	29261655
39	丹麦	3006926	29060333
40	印度	12197221	27498742
41	黎巴嫩	4047753	26903847
42	捷克	3198784	24379537
43	越南	4540582	23549504
44	新西兰	2162406	23440456
45	韩国	1514053	20850593
46	泰国	11644851	19673973
47	挪威	948730	17289094
48	巴林	1749665	15771573
49	芬兰	1161693	14665431
50	立陶宛	1057391	13305835

资料来源：联合国贸易数据库。

表 11　2019 年全球主要国家（地区）茶叶进口情况

单位：千克，美元

排名	国家(地区)	净重	贸易额
1	巴基斯坦	206323977	496016917
2	美国	117996823	488414200
3	俄罗斯	150348241	425910992
4	英国	—	356101914
5	摩洛哥	83352610	231907012
6	德国	50298166	229113908
7	阿拉伯联合酋长国	73697521	210591982
8	中国	43500103	187320139
9	中国香港	21874311	186428776
10	日本	31861087	179778626
11	法国	17367187	167382783
12	加拿大	—	136851468

续表

排名	国家(地区)	净重	贸易额
13	荷兰	17450174	125359884
14	波兰	37866613	122812378
15	澳大利亚	13989082	109307779
16	哈萨克斯坦	30690460	107802783
17	马来西亚	28752534	96599663
18	其他亚洲国家	33226378	82891622
19	意大利	6779708	77784641
20	科威特	6646699	65285864
21	印度	20951427	55113709
22	阿塞拜疆	14095911	55048982
23	爱尔兰	12067066	51871444
24	新加坡	5849996	50737974
25	智利	19635104	47952212
26	乌兹别克斯坦	32411847	46438061
27	约旦	9296909	46340522
28	西班牙	9878741	41695006
29	比利时	5771469	41330069
30	土耳其	19517975	40853859
31	白俄罗斯	—	40667500
32	南非	21576986	40175971
33	瑞士	7857296	36623089
34	印度尼西亚	16325800	36036711
35	瑞典	3201063	35457937
36	丹麦	3189637	33507887
37	越南	7012755	30916441
38	捷克	2730807	27834127
39	奥地利	3394671	27789257
40	新西兰	2378433	24245911
41	韩国	1509823	20039021
42	泰国	8597529	19601836
43	斯里兰卡	7511350	18722605
44	挪威	916976	16009677
45	也门	22074377	15904870
46	芬兰	37521	14752330

续表

排名	国家（地区）	净重	贸易额
47	突尼斯	8074540	12768990
48	立陶宛	1051609	12620093
49	肯尼亚	8755957	11691370
50	菲律宾	4315022	11689504

资料来源：联合国贸易数据库。

表 12　2020 年全球主要国家（地区）茶叶进口情况

单位：千克，美元

排名	国家（地区）	净重	贸易额
1	巴基斯坦	254406098	589755805
2	美国	106376927	473831758
3	英国	129757120	348686448
4	中国香港	17825102	221816477
5	德国	40987042	190691429
6	中国	43342701	180014042
7	法国	17487033	168176737
8	日本	27475508	156430707
9	荷兰	19620702	132558437
10	波兰	42356425	131268838
11	加拿大	—	123668857
12	澳大利亚	—	105951239
13	马来西亚	27299538	80330017
14	其他亚洲国家	30569190	77896629
15	意大利	7367926	75476688
16	印度	33183728	67446797
17	乌克兰	17235311	60444327
18	约旦	17902500	59013934
19	阿塞拜疆	13984894	56187151
20	爱尔兰	11424376	48115964
21	新加坡	8987463	47298114
22	西班牙	6860403	46639729
23	土耳其	21876018	44366118

续表

排名	国家(地区)	净重	贸易额
24	乌兹别克斯坦	31426012	42316246
25	南非	23307525	40014869
26	瑞士	8092198	38950671
27	比利时	3809356	35439754
28	瑞典	3109619	33794578
29	丹麦	4469059	31534709
30	新西兰	2622816	26546004
31	捷克	2508980	26455444
32	泰国	10778115	25992163
33	印度尼西亚	14908972	25856745
34	卡塔尔	3969189	24337676
35	奥地利	2550893	21432081
36	韩国	1373600	21219985
37	黎巴嫩	3068513	19517590
38	越南	3500825	16790273
39	挪威	1034982	16380602
40	斯里兰卡	6799844	15524757
41	肯尼亚	10167296	14907347
42	芬兰	40117	12418837
43	立陶宛	923343	10962770
44	吉尔吉斯斯坦	11749495	10884077
45	拉脱维亚	843330	10542310
46	匈牙利	—	9682883
47	以色列	1568479	9555000
48	中国澳门	—	8570916
49	博茨瓦纳	2175657	7680034
50	摩尔多瓦共和国	921785	7056847

资料来源：联合国贸易数据库。

2020 年世界茶叶总进口量为 173.5 万吨，同比下降 4.2%（见图 7）。整体上看，近 10 年世界茶叶进口量稳定在一定区间内。

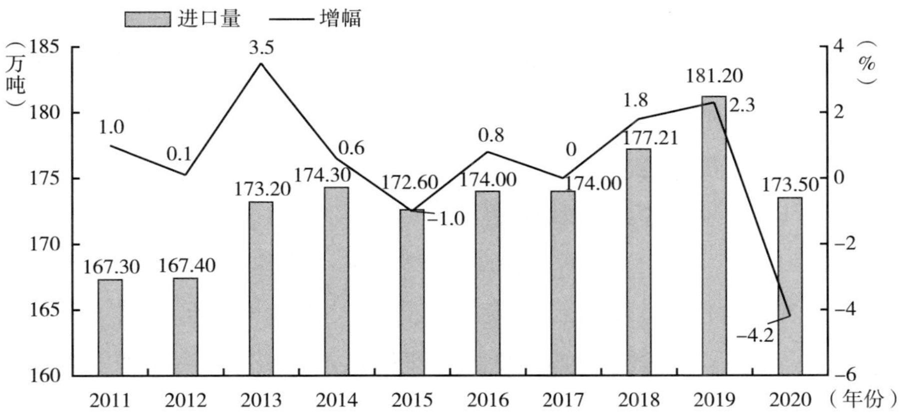

图 7　2011~2020 年世界茶叶进口量变化

资料来源：国际茶叶委员会。

2020 年，世界茶叶进口量排在第一位的是巴基斯坦，达到 25.4 万吨，占世界茶叶进口量的 14.6%，同比增长 22.3%。值得注意的是，中国首次进入茶叶进口国前十。

根据中国茶叶流通协会公布的《2019 中国茶叶消费市场报告》，经历过前两年的震荡，2018~2019 年国内茶叶消费市场整体运行态势趋于平稳。2018 年，茶叶内销总量（不含进口茶）达 191.05 万吨（见表 13），市场整体规模延续了平稳增长的态势，同比增长 5.15%，增速较上年同期回落 1.07 个百分点。2018 年，茶叶内销总额达 2661 亿元（见表 15），均价为 139.28 元/千克（见表 14），同比增长 5.21%。茶叶种类方面，2018 年延续了之前绿茶主导的趋势，黑茶、白茶消费量快速增长，红茶热度继续维持，乌龙茶保持平稳发展态势。

2020 年对中国茶产业来说是极不平凡的一年。面对疫情影响，在党和政府的正确领导及全产业的共同努力下，中国茶产业表现出极强的发展定力与韧劲。茶叶总产量、总产值，内销量、内销额，出口额、出口均价持续攀升，再创历史新高；茶产业作为精准脱贫的支柱产业，助力全国脱贫攻坚战取得决定性胜利。与此同时，以电商为首的渠道端、以新茶饮为首的消费端亮点频出；多家茶企提交登陆主板申请，多家资本再度关注茶产业中欧地理标志协定，为中国茶进军高端国际市场提供重要机遇。但是也应看到，产业供需不平衡，企业经营压力较大，行业创新亮点不多，文化、科技、产业统筹力度不够等情况仍亟待解决。

中国茶叶量额齐增，内销均价持续下降。据统计，2020 年中国茶叶内销总量达 220.16 万吨，比 2019 年增加 17.60 万吨，增幅为 8.69%（见表 13）；中国茶叶内销均价为 131.2 元/千克，较 2019 年减少 4.0 元/千克，降幅为 2.96%（见表 14）；中国茶叶内销总额为 2889 亿元，较 2019 年增加 149 亿元，增幅为 5.44%（见表 15）。

表 13　2011～2020 年中国茶叶内销总量

单位：万吨

年份	2011	2012	2013	2014	2015	2016	2017	2018	2019	2020
内销总量	109.61	124.01	133.83	150.25	167.91	171.06	181.70	191.05	202.56	220.16

资料来源：中国茶叶流通协会。

表 14　2011～2020 年中国茶叶内销均价

单位：元/千克

年份	2011	2012	2013	2014	2015	2016	2017	2018	2019	2020
内销均价	88.5	94.9	103.5	111.1	111.3	125.5	132.4	139.3	135.2	131.2

资料来源：中国茶叶流通协会。

表 15　2011～2020 年中国茶叶内销总额

单位：亿元

年份	2011	2012	2013	2014	2015	2016	2017	2018	2019	2020
内销总额	971	1176	1385	1669	1869	2148	2405	2661	2740	2889

资料来源：中国茶叶流通协会。

此外，国内贸易还呈现此消彼长的态势，茶类格局有一定调整。2020 年，中国绿茶内销量为 127.91 万吨，占内销总量的 58.1%；红茶 31.48 万吨，占比为 14.3%；黑茶 31.38 万吨，占比为 14.3%；乌龙茶 21.92 万吨，占比为 10.0%；白茶 6.25 万吨，占比为 2.8%；黄茶 1.23 万吨，占比为 0.6%。各茶类中，绿茶均价为 132.85 元/千克，红茶 159.09 元/千克，乌龙茶 128.06 元/千克，黑茶 96.11 元/千克，白茶 143.35 元/千克，黄茶 138.06 元/千克。据此推算，中国绿茶内销额 1699.28 亿元，占内销总额的 58.8%；红茶 500.85 亿元，占比为 17.3%；黑茶 301.57 亿元，占比为 10.4%；乌龙茶 280.72 亿元，占比为 9.7%：白茶 89.53 亿元，占比为 3.1%；黄茶 16.96 亿元，占比为 0.6%。

据中国海关统计，2019 年中国进口茶叶 4.34 万吨，同比增加 22.25%；进口总额为 1.87 亿美元，同比增加 5.06%；均价为 4.31 美元/千克，同比下降 13.97%。

受疫情影响，2020 年中国茶叶进口总体呈下降态势。据海关数据，2020 年中国进口茶叶 4.33 万吨，同比减少 0.23%；进口总额为 1.80 亿美元，同比减少 3.74%；均价为 4.20 美元/千克，同比下降 2.55%。

从进口茶的分类看，2020 年进口红茶 3.54 万吨，同比减少 2.71%，占总量的 81.76%；绿茶 0.43 万吨，同比增长 5.14%，占总量的 9.93%；乌龙茶 0.29 万吨，同比增长 9.24%，占总量的 6.70%；花茶 0.06 万吨，同比增长 142.51%，占总量的 1.39%；普洱茶 0.01 万吨，同比增长 215.14%，占总量的 0.23%。

进口额方面，2020 年进口红茶 1.29 亿美元，同比增长 2.38%，占进口总额的 71.67%；绿茶 0.18 亿美元，同比增长 3.63%，占进口总额的 10.00%；乌龙茶 0.28 亿美元，同比减少 25.96%，占进口总额的 15.56%；花茶 0.03 亿美元，同比减少 14.98%，占进口总额的 1.67%；普洱茶 0.01 亿美元，同比减少 21.45%，占进口总额的 0.56%。

进口均价方面，2020 年，红茶进口均价为 3.6 美元/千克，同比增长 5.88%；绿茶进口均价为 4.3 美元/千克，同比减少 2.27%；乌龙茶进口均价为 10.0 美元/千克，同比减少 31.97%；花茶进口均价为 4.8 美元/千克，同比减少 64.96%；普洱茶进口均价为 6.8 美元/千克，同比减少 75.09%（见图 8）。

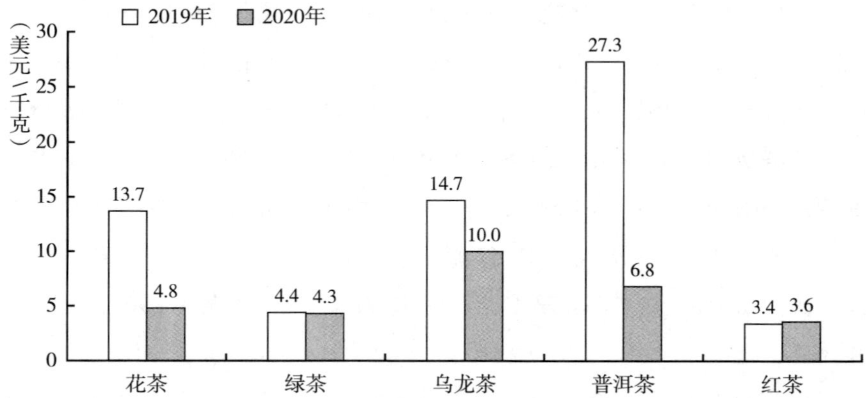

图 8　2019~2020 年中国进口茶类均价

资料来源：中国海关。

四　世界茶业发展趋势分析

全世界已有 50 余个国家（地区）发展茶叶种植。借助有利的自然气候条件和全球经济形势转好的东风，近年来世界茶叶的种植、生产、消费均保持上升趋势，虽然茶叶国际贸易略有下降，但是供销基本持平。分地区看，亚洲茶叶产量占世界总产量的八成以上，非洲占一成左右，欧洲及其他地区占一成左右。1997~2018 年，中国茶产业保持 22 年的增产增收记录。中国产业调研网发布的《中国茶叶行业发展监测分析与市场前景预测报告（2015~2020 年）》显示，很多城市的茶产业已成为政府的扶持项目，行业日趋规范化，生产工艺日趋标准化，行业得到良性发展。另外，茶文化的重要载体——茶馆也是突破区域限制的不可或缺的因素。茶馆承载了悠久的历史、丰富的内涵，以茶文化为主题，以商业运作为方略，人们在茶馆中，既可以阔论文化，又可以细语商业。现代茶馆的发展必将推动茶产业的发展，从而突破区域限制，发展壮大茶产业，进一步发展名茶、名牌、名企。

（一）发展名优茶，培育品牌茶企

中国的茶虽然种类繁多、资源丰富，但名牌名茶却凤毛麟角。名牌不是名茶，名茶有地域性，而名牌不分国界、不分地域；只要企业能真正维护消费者的利益，提供货真价实的茶品，就可以成为名牌茶企。目前，我国茶叶市场形成了多形式、多层次的销售格局，培育了很多品牌专卖店、批发市场、自主品牌散茶专卖店和茶楼。我国的茶叶市场也越来越注重品牌营销，茶叶专卖店正逐步建立起标准化的服务、管理和营销模式。在我国各个黄金路段，经常能够见到各大茶叶品牌的连锁店，它们在视觉形象、产品品质和专业服务方面大大提升了我国茶叶零售行业的专业水准。

（二）茶叶标准化推动茶产业发展

目前，为有效提高茶叶质量，茶叶标准化按照“统一、简化、优选”的原则，通过制定和实施相关标准把茶叶生产的全过程纳入标准生产和标准管理的轨道。实施严格的标准保证了茶叶的质量和竞争力，不仅使茶叶出口渠道畅通，使生产经营者获得良好的收益，而且使消费者能够买到无公害的放心茶叶。21 世纪的经济贸易是全球性的经济贸易，国际竞争日趋激烈。世界贸易组织（WTO）不仅给各茶叶生产国带来更大的机遇，同时对它们提出了更加严峻的挑战。茶叶企业应加快规模化、产业化、标准化进程，积极参与国际竞争，开拓各种渠道，扩大出口，不断提高茶叶在国际上的影响力和竞争力。

（三）多元化消费推动茶产业发展

世界茶叶消费市场正呈现快速扩张、稳步扩大的态势，在新的茶叶消费时代，茶叶的消费群体已悄然改变，茶叶的品种也在发生改变。现在的茶叶生产与消费呈现多元化趋势，茶叶的文化消费与物质消费开始同步增长，以保健、品位为主要追求目标的茶叶消费正逐步升温，茶产业与相关产业的关联度也在提高，而茶叶消费的诸多新方式也丰富了人们的生活。可以说，茶叶消费多元化、多功能、多层次发展的新格局已经形成。

（四）跨国经营成为茶业经济全球化的动力和主体力量

伴随全球化的发展，茶业经济也出现跨国、跨行业的现象。目前茶叶供过于求，成本提高，市场竞争激烈，以扩大内销、增加外销、推行现代茶饮、科技推动和综合开发为新增长点，推动茶业经济持续发展。目前，全世界约有5.3万个跨国母公司和45万个子公司及附属企业从事茶产业，这些跨国公司形成了一个庞大的全球性生产销售体系。这些跨国公司控制了全世界1/3的茶叶生产、2/3的茶叶贸易以及70%以上的专利和技术转让。联合利华是世界百强跨国公司之一，其子公司立顿公司也是跨国公司，该公司在世界茶叶市场占有率达40%～60%。立顿的品牌知名度较高，跨国经营活动有力地推动了茶叶的世界消费。目前，主要产茶国正逐步开始走向世界，组建跨国公司。在经济全球化的过程中，中国也成立了中国茶叶股份有限公司，参与国际茶叶市场竞争，以中国茶叶品牌优势提高竞争力，组建跨国公司，将中国茶叶推向世界。

专题篇

Special Reports

B.2

茶叶传播友谊代表事件

周玉璠　胡 丹*

摘　要： 茶叶作为当前流行的饮品，不仅是商品交换的媒介，也是传播友谊的媒介，在大国外交中扮演着重要的角色。茶文化是世界文化的重要组成部分，增添了世界文化的多样性。茶作为茶文化的重要载体，是一个国家文化传播的重要载体，也是国与国之间传播友谊的重要载体。2018~2021年，在各种外交场合中，习近平总书记多次提到茶叶，并且以茶叙事，共话国与国之间的合作共赢和美好未来。同时，以中国为代表的茶叶生产国依靠国际大平台，相继召开了一系列国际茶叶博览会、茶文化交流会等，推动了茶文化的传播，增进了国与国之间的深厚友谊。

关键词： 茶文化　文化传播　万里茶道

---

* 周玉璠，福建省茶叶学会茶叶研究分会副会长兼秘书长，教授级高级农艺师，主要研究方向为茶科技、茶文化；胡丹，北京林业大学马克思主义学院硕士研究生。

一 “以茶为媒、以茶会友”——听总书记“谈茶论道”与大国外交

在众多外事场合，习近平总书记多次以茶引题，在弘扬中国传统文化的同时，生动阐释中国主张；也常与外国领导人茶叙，在轻松雅致的氛围中共话友好未来。“万里茶道”是中国茶叶传播的代表，2013 年 3 月习近平总书记出访俄罗斯，他在莫斯科国际关系学院演讲时提及了“万里茶道”；2014 年 4 月 1 日，习近平总书记在布鲁日欧洲学院发表演讲时，以茶酒寓意两国“和而不同”，在此基础上共同努力，促进人类各种文明发展；2014 年 7 月 16 日，习近平总书记在巴西国会发表演讲时也谈及了两国以茶为媒介的深厚友谊。短短 16 个月内，习近平总书记在世界瞩目的外交场合多次论及茶叶，足以见得对茶叶传播友谊的关注。[①] 2017 年 5 月 18 日，习近平总书记在对首届中国国际茶叶博览会成功举办的贺信中强调：“希望你们弘扬中国茶文化，以茶为媒、以茶会友，交流合作、互利共赢，把国际茶博会打造成中国同世界交流合作的一个重要平台，共同推进世界茶业发展，谱写茶产业和茶文化发展新篇章。”[②]

2018 年 4 月 27 日至 28 日，习近平总书记与印度总理莫迪在武汉东湖宾馆共品湖北当地产的利川红茶和恩施玉露。2020 年 5 月 21 日，习近平总书记向世界首个“国际茶日”活动成功举办表示祝贺时指出，“中国愿同各方一道，推动全球茶产业持续健康发展，深化茶文化交融互鉴”[③]。“文明因交流而多彩，文明因互鉴而丰富，文明交流互鉴，是推动人类文明进步和世界和平发展的重要动力。”[④] 值得注意的是，茶文化作为世界文明的一种

---

① 《听总书记“谈茶论道”》，求是网，2021 年 3 月 26 日，http：//www. qstheory. cn/laigao/ycjx/2021-03/26/c_ 1127258942. htm。

② 《万里茶道借“一带一路”再复兴 在武夷源头感受茶道今昔》，“新华社客户端”百家号，2020 年 6 月 9 日，https：//baijiahao. baidu. com/s？ id=1668985558106516757&wfr=spider&for=pc。

③ 《习近平致信祝贺首个“国际茶日”》，《人民日报》2020 年 5 月 22 日。

④ 习近平：《文明交流互鉴是推动人类文明进步和世界和平发展的重要动力》，《思想政治工作研究》2019 年第 6 期，第 7~9 页。

表现形式，茶文化交流是文明交流的过程，茶文化发展也促进了世界文化发展。

进入新时代，茶叶在传播友谊方面取得了优异的成绩，“以茶叙事”频频出现于 APEC 峰会、G20 峰会、金砖峰会等重大国际多边场合。在 2018 年厦门金砖峰会上，大红袍、正山小种、铁观音、白茶、茉莉花茶等五种茶和建盏被作为国礼赠送与会各国领导人。[①] 国礼茶外观传统华美，内涵博大精深。“和”是中华茶文化的内在意蕴，更能突出中华茶文化灵魂。其实，就茶本身而言，便是对“和”字最好的诠释，茶叶在传播友谊的过程中深刻地体现了“和而不同”“美美与共”的国际交往原则，也彰显了人类命运共同体的价值内涵。“以茶为媒、以茶会友”是中国的待友之道，茶文化不仅是中国优秀传统文化的重要代表，也体现了中国“和而不同”和“美美与共”的大国文化交流情怀。

二　中国国际茶叶博览会——茶和世界·共享发展

茶是中国与世界各国交流与合作的桥梁，也是各国加深友谊的媒介。表1是四届中国国际茶叶博览会举办的时间和地点。2017 年 5 月 18 日至 21 日，首届中国国际茶叶博览会在杭州举行，吸引了 47 个国家参加。2018 年 5 月 18 日至 22 日，第二届中国国际茶叶博览会在浙江杭州成功举行，本次博览会吸引了 30 多个国家 1540 家中外知名企业参展。[②] 2019 年 5 月 15 日至 19 日，第三届中国国际茶叶博览会在浙江杭州开幕，本次博览会吸引了来自国内 25 个省（区、市）以及境外 30 个国家和地区的 1563 家参展商，3425 家采购商来自全球 46 个国家和地区。[③] 2021 年 5 月 21 日至 25 日，第

---

① 熊李力：《中国茶文化与大国外交相融相通之道》，《人民论坛》2021 年第 23 期，第 100~103 页。

② 《第二届中国国际茶叶博览会圆满闭幕》，《农产品市场周刊》2018 年第 20 期，第 4~5 页。

③ 胡昕然、朱冬艳、董庆鹏：《茶通天下无国界　第三届中国国际茶叶博览会纪实》，《茶博览》2019 年第 6 期，第 44~49 页。

四届中国国际茶叶博览会在浙江杭州成功举行，参展企业有1500多家，采购商超过4000家，这届茶博会向全世界奉献了一场开放、安全、精彩的茶叶盛宴。①

表1　四届中国国际茶叶博览会时间、地点及名称

时间	地点	会议名称
2017年5月18~21日	浙江杭州	首届中国国际茶叶博览会
2018年5月18~22日	浙江杭州	第二届中国国际茶叶博览会
2019年5月15~19日	浙江杭州	第三届中国国际茶叶博览会
2021年5月21~25日	浙江杭州	第四届中国国际茶叶博览会

国际茶博会作为中国同世界各国交流合作的重要平台，也是茶叶传播友谊的代表事件之一。该平台聚焦共建利益共同体，有利于中国与世界各国的互利共赢，共同构建人类命运共同体。

三　“2021国际茶日万里茶道”系列活动——“茶让我们在一起”

2021年5月21日是联合国宣布设立的第二个“国际茶日”，以“茶让我们在一起”为主题的“2021国际茶日万里茶道”系列活动在湖北大学举行。活动由国际茶叶委员会、万里茶道（国际）协作体、中华文化促进会、蒙古和平友好组织、俄罗斯国际合作协会、中国食品土畜进出口商会、湖北大学共同发起，由湖北大学承办。

活动现场讨论万里茶道国际茶叶博览会项目，分享城市茶旅融合案例，倾听万里茶道研究成果，了解万里茶道申遗工作，旨在让万里茶道国际化、年轻态，推动茶旅融合和联合申遗。国内外数十个茶行业组织、城市及社会

① 牛震：《以茶为题　讲述产业振兴新故事——第四届中国国际茶叶博览会侧记》，《农村工作通讯》2021年第11期，第35~37页。

机构通过线上、线下的方式参与了湖北大学主会场活动，共同庆祝第二个“国际茶日”。[①]“国际茶日”是农业领域的国际性节日，充分显示了世界各国对中国茶文化的认可，“2021国际茶日万里茶道”系列活动的召开，有利于加深各国之间的友谊。

四　中蒙俄三国旅游部长会议——共同推动旅游合作与人文交流

以茶为中介传播友谊，促进经济、文化的交流也得到了各国官方的高度重视。表2是六届中俄蒙三国旅游部长会议的召开时间和地点。2016年7月22日，首届中俄蒙三国旅游部长会议在呼和浩特市召开，各方共同见证了中俄蒙“万里茶道”国际旅游联盟的成立。2017年6月21日在俄罗斯联邦布里亚特共和国首都乌兰乌德，第二届中俄蒙三国旅游部长会议成功举行，此次会议签署了《第二届中俄蒙三国旅游部长会议纪要》。2018年7月9日，在蒙古国首都乌兰巴托，第三届中俄蒙三国旅游部长会议成功举行，此次会上签署了《第三届中俄蒙三国旅游部长会议纪要》。2019年6月23日，在内蒙古自治区乌兰察布市，第四届中俄蒙三国旅游部长会议成功召开，并签署了《第四届中俄蒙三国旅游部长会议纪要》。2020年10月20日，第五届中俄蒙三国旅游部长会议以视频会议形式召开，三国探讨了如何应对疫情影响、持续推动“万里茶道”文化交流和合作等事项。2021年12月15日，第六届中俄蒙三国旅游部长会议以视频会议形式召开，三国就推动《“万里茶道”跨境旅游线路实施路线图》交换了意见。[②]

---

① 《2021国际茶日万里茶道系列活动在湖北大学举行》，中新网，2021年5月21日，http://www.hb.chinanews.com.cn/news/2021/0521/357418.html。

② 《第六届中俄蒙三国旅游部长会议召开》，文化和旅游部网站，2021年12月16日，https://www.mct.gov.cn/whzx/whyw/202112/t20211216_929857.htm。

表 2　六届中俄蒙三国旅游部长会议时间、地点及名称

时间	地点	会议名称
2016 年 7 月 22 日	呼和浩特市	首届中俄蒙三国旅游部长会议
2017 年 6 月 21 日	乌兰乌德	第二届中俄蒙三国旅游部长会议
2018 年 7 月 9 日	乌兰巴托	第三届中俄蒙三国旅游部长会议
2019 年 6 月 23 日	乌兰察布市	第四届中俄蒙三国旅游部长会议
2020 年 10 月 20 日	视频会议形式	第五届中俄蒙三国旅游部长会议
2021 年 12 月 15 日	视频会议形式	第六届中俄蒙三国旅游部长会议

茶是中华民族的骄傲，茶文化交流是各国文化交流的重要内容之一。“万里茶道”作为“一带一路”倡议的重要线路，是茶叶传播友谊的重要代表，在国际茶文化交流中起到显著的示范作用。中俄蒙三国是友好邻邦，茶文化交流使三国的关系更加密切，既推进了茶叶经济的交流与合作，又增进了中俄蒙人民的友谊。

五　第十四届禅茶雅会暨中韩禅茶文化交流会——蕉城和高丽的千年茶缘

2018 年 6 月 17 日，韩国国际禅茶文化研究会与宁德市蕉城区佛教协会主办的“第十四届禅茶雅会暨中韩禅茶文化交流会”在宁德市蕉城区支提山（天老山）华严寺举行。中、韩双方开展了学术文化交流，进行了禅茶茶艺表演，还在天冠说法台举行了和平茶礼活动。韩国世界禅茶协会会长崔锡焕一行十余人出席交流活动。宁德市蕉城区佛教协会会长宗海法师、广东丹霞山别传禅寺方丈顿林法师等发表讲话。中、韩双方各自献演了禅茶茶艺，韩国资深茶人崔玉子女士等和中国宁德天山茶艺队茶艺员进行了禅茶茶艺表演。表演中的每一个环节、每一个动作，都把茶与禅的精髓融于一体，蕴含着东方的“神韵”、“茶韵”和“禅韵”，似有静虑修心的“禅定”之感，直指追求禅心的境界。中韩两国法师向唐代入闽到支提山的高丽（韩国）僧人元表法师画像进行了供茶仪式。

当天中韩双方学者还就元表法师与禅茶文化的传播进行了学术交流，并做了《元表大师的茶脉》《元表大师的生涯和华严寺》等学术论文的讲演。

韩国世界禅茶协会会长崔锡焕在学术座谈会上发表了热情洋溢的讲话，提到他曾多次到支提山考察证实元表大师在此的行踪和将天山茶制法传到韩国的史实。6月18日，中、韩双方参会人员专程前往支提山天冠说法台举行茶祭，展示了古代中韩禅茶茶礼和文化，表达了禅宗对茶叶的敬奉。据悉，禅茶雅会以继承世界禅茶交流大会的“正、清、和、雅”为基础，邀请禅、茶界专家，以风光秀丽的山寺为背景，进行禅茶讲课、走路冥想、茶谈、品茶等活动。禅和茶一起流传了1500年，禅茶文化成为中、韩友好交流的精神支柱。①

六　“2020迪拜世博会中华茶文化（茶产业）全球推广”系列活动

2021年10月1日至2022年3月31日，2020年迪拜世界博览会举行。在迪拜世博会期间，中国的茶文化展也亮相博览会，获得了广泛的关注。值得注意的是，中国文化馆以“一叶千年·与世界共享一杯中华好茶”为主题成立了中华茶文化（茶产业）专项委员会，坚持贯彻“一带一路”文化交流的精神，以展现中华优秀的茶文化为目标，以增强文化自信为依托，推动构建人类命运共同体，开启未来智能茶产业“优·善·美”新时代。②2020年迪拜世博会中华茶文化（茶产业）专项委员会还邀请了相关地方政府、行业组织以及优秀企业和个人参与“2020迪拜世博会中华茶文化（茶产业）全球推广”系列活动，为中华茶文化的传承和传播贡献一份力量。③

“2020迪拜世博会中华茶文化（茶产业）全球推广”系列活动作为茶叶传播友谊的重要代表事件，展示了茶叶在国际文化交流中的重要地位，让中国优秀的茶文化走向了世界舞台，加深了世界各国对中国茶文化的认识，有利于各国之间茶文化的交流。

---

① 周玉璠：《蕉城和高丽的千年茶缘——中韩“禅茶”交流于蕉城支提寺举行》，《闽茶会讯》2018年7月5日。

② 《2020迪拜世博会中华文化馆，中国茶飘香全世界》，“中农促茶产业委员会”搜狐号，2021年1月18日，https：//www. sohu. com/a/445189294_ 239838。

③ 2020迪拜世博会中华文化馆官网，https：//www. expo2020. cn/teaCulture。

B.3
2018~2021年世界茶业科技发展与前瞻及茶萃取技术发展

林 智　周绍迁　胡 丹*

摘　要： 2018~2021年，世界茶业科技取得显著进展，其中茶树遗传育种技术、茶树栽培技术、茶叶加工技术、茶叶深加工技术等领域的创新成果突出，助力全球茶叶产业发展。展望未来，茶业科技发展呈现三个趋势：一是茶叶生产技术趋向绿色化、省力化、信息化；二是茶叶加工技术趋向智能化、省力化、节能化；三是茶叶产品趋向特色化、功能化、方便化。同时，茶中间体萃取新技术也在创建多功能萃取生产线、研制新用途功能化产品、着眼新需求生产前沿产品方面取得了新突破。

关键词： 茶业科技　萃取技术　茶业发展

2017~2018年，世界茶业科技研究取得了显著进展。在Web of Science核心合集里，以“tea”为主题词检索研究型论文（Article），共检索到5896篇SCI论文，其中发表论文前24名的国家和地区分别是中国大陆（2097篇）、美国（804篇）、印度（414篇）、日本（365篇）、巴西（249篇）、韩国（236篇）、意大利（234篇）、伊朗（218篇）、土耳其（212篇）、德国（202篇）、英国（182篇）、西班牙（169篇）、澳大利亚（162篇）、波

* 林智，中国农业科学院茶叶研究所研究员，主要研究方向为茶学科技；周绍迁，福建仙洋洋食品科技有限公司董事长，主要研究方向为茶和植物萃取技术；胡丹，北京林业大学马克思主义学院硕士研究生。

兰（140 篇）、加拿大（135 篇）、中国台湾（112 篇）、南非（107 篇）、法国（105 篇）、埃及（86 篇）、巴基斯坦（86 篇）、马来西亚（77 篇）、泰国（73 篇）、沙特阿拉伯（65 篇）、俄罗斯（59 篇）。全球申请与茶叶技术或产品相关的专利排名前 10 的国家和地区分别是中国大陆、美国、印度、日本、韩国、欧洲、澳大利亚、中国台湾、英国和以色列。

一　世界茶业科技进展

（一）茶树遗传育种技术

1. 茶树基因组研究取得突破

2017 年，中国科学家完成了世界上首例茶树全基因组序列的测定，并公布了全基因组序列。2018 年，中国科学家又以舒茶早（中国种）为材料，通过测序和杂合组装，获得了高质量的茶树全基因组信息，基因组大小为 3. 1Gb，重复序列含量为 64%；组装的 contig 和 scaffold N50 长度分别为 67. 07K 和 1. 39M，注释得到 33932 个高可信度的蛋白编码基因。

2. 成功克隆了一批与茶树抗性或品质相关的基因

中国、日本、印度等国相继成功克隆 14 个与茶多酚、茶氨酸、香气物质等品质成分形成相关的基因以及 18 个抗性基因，并利用转录组及代谢组技术，筛选出一批与儿茶素合成、抗旱、抗虫相关的基因或小 RNA，为茶树功能育种和抗性育种奠定了理论基础。

3. 茶树种质资源的收集与保存得到进一步加强

据报道，目前日本已收集保存茶树资源 7800 份；中国国家种质杭州茶树圃和勐海分圃收集保存茶树资源 3500 多份；印度收集保存了约 3350 份种质资源；斯里兰卡茶叶研究所收集保存了约 500 份茶树资源；越南收集保存了 190 多份种质资源；肯尼亚、印度尼西亚和韩国在茶树种质资源收集与保存方面也取得很大的成效，保存的种质资源量分别为 250 份、600 份和 3000 份。

4. 茶树新品种选育取得丰富成果

中黄 2 号、3 号，景白 1 号、2 号、3 号，皖茶 4 号、6 号等 12 个新品种通过省级审定，中茶 126 号、中茶 127 号、中茶 128 号、黄金毫、瑞雪 2 号等 17 个品种获得中国农业农村部植物新品种权；巴基斯坦育成高抗茶轮斑病茶树新品种“Indonesian”；日本茶树品种“Saemidori”、“Sofu”、“Surugawase”、“Fukumidori”和“Asatsuyu”等槲皮素含量高，可以作为槲皮素的重要来源，开发功能饮料；印度“KW”和“AT”等茶树品种具有较强的清除自由基的能力，是抗氧化功能食品的良好原料；花青素含量高、紫色芽叶的茶树品种已成为中国、日本、肯尼亚、印度、斯里兰卡等茶叶生产国的育种目标。

（二）茶树栽培技术

1. 茶园化肥农药减施技术取得重要进展

中国通过实施国家重点研发计划项目“茶园化肥农药减施增效技术集成研究与示范”，在茶园土壤肥力与养分诊断、水肥一体化、茶树叶面肥施用、茶园土壤培肥、性信息素、化学农药施用限量标准、茶园杂草防治等关键技术方面取得突出进展。通过对组装集成的技术模式进行验证筛选，形成了区域主推技术模式，构建茶园化肥农药减施增效技术模式 13 套，建立示范区 6 万余亩。核心示范区可减少化肥施用量 25%～29%，减少化学农药施用次数 1 次，化学农药减量 30%以上。

2. 茶叶机械化、省力化生产技术与装备得到不断推广

继日本实现茶叶生产全程机械化之后，中国目前已基本完成茶园田间管理机械的研发，包括耕作机、施肥机、采茶机、捕虫机、多功能茶园管理机等，茶园机械化管理技术已被列为农业农村部主推技术，并在全国范围内示范推广。世界上其他主要茶叶生产国中，肯尼亚的茶叶生产机械化水平相对较高，印度、斯里兰卡等国相对落后。目前世界各国高档名优茶的鲜叶采摘仍以人工采摘为主，机械化采摘主要用于大宗茶的生产。

3. 气候变化和环境污染对茶叶品质的影响引起普遍关注

中国和美国的联合研究明确了二氧化碳浓度升高对茶树类黄酮代谢的影

响及调控机理；揭示了高温对茶叶品质的影响，并研发了相应调控技术；明确了茶园土壤自养和异养呼吸状况，并探讨了二氧化碳浓度升高条件下土壤微生物群落响应规律；解析了二氧化碳浓度对茶树与炭疽病互作的影响，研发了诱导茶树提高对炭疽菌抗性的技术。英国联合利华以及中国和肯尼亚的学者对肯尼亚地区的茶园进行调查，发现粉尘污染、茶树树龄变大会增加茶叶中的铝含量，而海拔和采摘前的降雨量则刚好相反。印度开始重视茶叶中重金属污染的研究，并对部分地区茶园土壤中的镉、铬、镍和铅含量进行了调查。中国研究发现，不同茶树品种对重金属的富集存在明显差异性，茶树对镉和铅的富集表现出季节性差异。

4. 茶树病虫害绿色防控技术有了较大发展

目前中国已鉴定出13种茶树害虫的性信息素，先后研发出茶小卷叶蛾、茶卷叶蛾、茶细蛾、茶毛虫、茶尺蠖、灰茶尺蠖性信息素等产品，近年来灰茶尺蠖、茶尺蠖、茶毛虫等的性信息素产品在生产上得到广泛应用，并取得很好的防治效果。新一代的天敌友好型色板、狭波LED杀虫灯开发成功，实现了茶园害虫诱杀的精准化、高效化，最大限度地降低了对天敌昆虫的误杀，保护了茶园生态环境。

（三）茶叶加工技术

1. 茶叶加工品质的基础研究得到加强

中国、新加坡、韩国等国的科研人员通过对绿茶、白茶、红茶、乌龙茶、黄茶等茶类加工过程的代谢组学、转录组学和蛋白组学的研究，揭示了不同茶类主要品质成分的形成变化规律及影响因子；日本科研人员发现，采用UV-A（315~399nm）处理茶树，能够提高茶鲜叶中氨基酸的含量，同时降低表没食子儿茶素（EGC）的含量，从而改善成茶品质；印度的科研人员发现低温（20℃）发酵适用于高品质红茶的加工；伊朗的科研人员阐明了7种不同的干燥处理方式对绿茶鲜叶中的总黄酮、多酚以及维生素C等化学成分的含量、抗氧化活性以及色泽的影响。这些研究为今后精准调控茶叶加工品质奠定了基础。

2. 茶叶加工技术与装备水平不断提升

日本是目前世界上茶叶加工自动化水平最高的国家，近年来，日本主要着力于推广大型蒸青绿茶自动化生产线和研发基于互联网的蒸青制茶工程全自动控制系统，以达到建成无人制茶工厂的目标。中国是世界上茶叶种类最丰富的国家，传统茶叶加工工艺极为复杂。近年来，中国在茶叶初制加工和精制加工技术领域均取得显著进展。初制加工方面，已成功开发针芽形、扁形、颗粒形、条形等不同形状绿茶的连续化或自动化生产线；成功研发具有水分在线检测、图像识别等功能的工夫红茶连续化、自动化生产线；乌龙茶、普洱茶的全自动晒青装置也已经研发成功。精制加工方面，成功开发全彩色 CCD 色选机，能真实还原毛茶的颜色信息，色选范围广，可适应不同茶类的分选，在一定程度上可实现对白毫和金毫的筛选，将过去无法发现的细微杂质剔除；茶叶包装设备得到快速发展，实现了自动称量、自动充填、抽真空（充惰性气体）及制袋包装的全过程自动化，称量精准度日益提高（±0.2%），称量速度亦有所提升（40~55 次/分钟）。袋泡茶外观包装由单室袋、双室袋发展到金字塔包，使茶包易于下沉，茶汁更易渗出，内包装采用可降解型材料，更为绿色环保。印度在 CTC 红茶加工方面取得了明显进步，采用超声波加湿、气体交换等技术处理鲜叶原料，并将远红外加温萎凋、远红外干燥等技术集成于 CTC 红茶生产线；采用电子鼻、电荷耦合器件（CCD）对红茶在制品的香气和发酵叶色泽进行在线监测，实现在制品质量的精准控制。

（四）茶叶深加工技术

1. 茶叶功能成分的提制技术不断创新

酶工程、超声波提取、微波提取、超高压提取等新技术的组合应用，有效提高了茶多酚等有效成分的提取效率，超临界 CO_2 和亚临界提取技术使茶叶提取物实现了有机溶剂零残留。反渗透膜浓缩、旋转离心薄膜浓缩、刮板薄膜成形技术和低负压蒸发技术的应用，使茶叶活性成分在浓缩过程中免受高温破坏。木质纤维树脂、壳聚糖树脂、竹叶纤维等新的柱色谱分离介质得到广泛应用。采用模拟移动床色谱仪、大容量三柱串联型高速逆流色谱仪（由多根色谱柱或类似色谱柱的固定床层串联）等，实现了儿茶素混合物的连续进样和分离，单体制备效率显著提高；采用大孔树脂柱色谱分离制备表没食子儿茶素没食子酸酯（EGCG）单体，已实现了吨级规模制备。采用离子沉淀法、离子交换吸附法和膜分离法组合，从儿茶素提制过程的水洗脱液或低浓度酒精洗脱液中分离纯化天然 L-茶氨酸的工艺技术日趋成熟；利用茶叶、枯草芽孢杆菌与硝基还原假单孢菌等不同微生物或混合微生物释放的酶类，进行茶氨酸的生物合成，并取得了新的进展；以儿茶素为原料，通过茶叶、梨和茄子多酚氧化酶（PPO）、Denilite IIS 真菌漆酶催化合成茶黄素，以牛蒡根、PPO 氧化 EGCG3″Me 合成 2 种甲基化茶黄素（TF3MeG 和 TF3MeG3'G）。

2. 速溶茶、茶饮料提制技术取得重要进展

成功研发速溶茶萃取新装置、速溶茶用酶解新工艺、速溶茶专用 RO 膜、高压脉冲电场和冷冻浓缩、新型冷冻干燥装置、连续真空冷冻干燥方法和低温喷雾干燥塔等一些新技术、新方法和新装置，为速溶茶风味品质提升奠定了良好的技术基础。在不添加任何赋形剂的情况下，利用茶浓缩汁的起泡性，成功设计了特殊的均质雾化装置，一次性喷雾即可形成流动性好、溶解性好、抗潮性好的中空颗粒型速溶茶。茶饮料加工技术方面，采用单宁酶降低茶汁苦涩味，细胞壁水解酶（纤维素酶和果胶酶）用于提高茶汁浓度，风味蛋白酶用于提高茶汁鲜味，复合多糖酶用于提高茶汁浓度和改善茶汁整体滋味、品质，添加糖类物质用于提高茶浓缩汁体系稳定性，防止沉淀物的形成。功能型速溶茶、固体茶饮料和液态茶饮料的生产成为茶饮料新的发展趋势。

3. 茶食品与含茶健康产品的种类不断丰富

近年来，食品行业通过添加一定比例的茶多酚或茶提取物研制出了一大批功能型休闲食品，并实现了规模化生产。以茶叶功能成分为活性原料的含茶个人护理用品研发不断取得成功，成为茶叶深加工终端产品的亮点之一，如茶面膜、洁面皂、护手霜、洗颜霜、眼部修复霜等含茶护肤、美妆品，茶湿巾或茶面巾纸、茶护垫、卫生巾、纸尿裤、拉拉裤等含茶卫生用品，已经形成人们“茶生活”中的时尚消费。

二　未来茶业科技发展趋势

（一）茶叶生产技术趋向绿色化、省力化、信息化

绿色发展是茶业现代化的重要标志。过去为了茶叶增产，长期过量使用化肥、农药等投入品，导致茶园土壤质量下降，面源污染加重，茶叶质量安全风险增多，制约茶业持续发展，所以必须加快茶叶绿色生产技术的研发应用。省力化是化解劳动力紧缺矛盾的必然要求，近年来，茶叶生产过程中出现的劳动力短缺、劳动力成本不断攀升等问题越来越突出，所以要加快茶叶生产过程的机械化。信息化是推动茶业升级的关键手段，要将信息技术应用于茶产业链各环节，实现管理、生产、加工和流通信息化，逐步向智慧茶业迈进。

（二）茶叶加工技术趋向智能化、省力化、节能化

随着人力资源紧缺和劳动力成本的不断增加，茶叶加工的机械化、自动化步伐加快，并向智能化方向迈进。研发茶叶加工在制品品质的无损检测技术和装置、茶叶自动化和智能化加工生产线、茶叶加工节能技术以及节能茶叶加工设备，是今后茶业科技发展的必然趋势。

（三）茶叶产品趋向特色化、功能化、方便化

随着经济的快速发展，消费者对茶叶的需求出现变化，不同群体对品质风味、质量安全、功能等方面有着不同的要求，茶叶产品整体趋向特色化、功能化。同时，随着工作节奏加快和户外休闲活动的增加，消费者更加关注茶叶产品的方便化。茶叶加工和深加工是实现产品多元化、开拓产品功能的有效手段，研究茶叶功能成分的作用，研制适合不同人群的功能产品、方便化茶叶新产品和新用途茶叶产品，是茶叶加工和深加工技术的重点发展方向。

三　茶中间体萃取新技术

（一）创建多功能萃取生产线

21 世纪以来，世界茶中间体萃取技术有了长足的发展，新工装、新工艺不断出现，促进茶和植物浓缩、速溶科技的不断进步。

以成立于 2002 年的福建仙洋洋生物科技有限公司为例，据董事长周绍迁介绍，该司是我国专业从事天然植物中间体萃取开发、研究、生产、销售、服务的国家高新技术企业，位于福建省宁德市东侨经济技术开发区，占地 18 公顷。在 18 年的创业历程中，始终把创新精神贯彻企业发展的各个环节，坚持思路创新、技术创新、模式创新，不断激发企业活力、提升市场竞争力，茶及植物提取浓缩技术处于行业领先水平。

公司密切关注未来植物提取方向，不断增加研发投入，开发具有自主知识产权的全自动、多功能植物提取生产线，由复合罐组提取系统（含香气回收）、冷却换热系统（含能量回收）、离心分离系统、膜分离纯化浓缩组合系统（含 FMC 热浓缩）、无菌灌装和干燥系统、混合包装系统等先进系统组成。同时，重视生产线的节能降耗，采用拥有世界先进热源回收技术的阿姆斯特朗公司方案，对设备系统热源在生产过程中产生的蒸汽与冷凝水等进行分段回收，并根据不同工段进行循环利用，真正做到节约能源、降低能耗。在创新建设该生产线的过程中，取得发明专利、实用新型专利 26 项。

在研究分析茶叶及植物有效成分提取旧工艺技术的基础上，该公司着眼于研制下一代产品，瞄准市场发展方向，紧紧围绕茶浓缩液提取工艺展开技术攻关，研究提升膜浓缩及相关应用技术水平，采用超滤与反渗透相结合的膜联合浓缩新技术，对热敏感产品进行低温提取、浓缩，消除产品热损害，使提取物具有最佳化感官质量。创新适用于各种珍贵原料的多功能浓缩处理工艺，使其广泛应用于茶叶、植物、中药原料单一品种及复配提取，建立了国内最大的茶及植物有效成分提取浓缩生产加工线，提高了生产效率，年产量达到 3 万吨，年产值 10 亿元。

该公司经创新的“利用膜分离和膜浓缩技术提取鲜茶浓缩汁技术”取得重大成果，获科技部颁发的《国家级星火计划项目证书》。鲜茶浓缩汁的研制开发主要利用大宗鲜茶老叶和废弃的中低档茶叶资源，采用国内外先进的设备及高科技生物技术，将膜分离和膜浓缩技术、超高温瞬时杀菌、无菌灌装等关键技术融合；采用“粗滤+精滤+超滤”过滤工艺及反渗透、浓缩技术等萃取浓缩汁，研究原料破碎度、温度、时间等因素对提取鲜茶叶中的茶多酚、粗纤维、维生素 C、咖啡因、总黄酮、氨基酸等有效成分的影响，寻求最佳参数，达到控制和制成鲜茶浓缩汁的目的。探索以“粗过滤+硅藻土精过滤+RO 反渗透浓缩”为主的工艺流程，在一定温度下浸提茶叶，将茶叶中的茶多酚、咖啡因、总黄酮、氨基酸等有效成分提取制成鲜茶浓缩汁。此外，公司还研究开发以乌龙茶、花茶和红茶等为原料的茶浓缩汁。

（二）研制新用途功能化产品

目前能够加工提取物的植物不仅有茶叶，还有药用植物、食用菌等，经深入研究，发现这些植物的提取物又有新的用途。

仙洋洋公司从事茶和植物精深加工及有效成分提取，包含茶叶（六大茶类）提取物、植物（国家市场监督管理总局公布的食品、保健品原料目录）提取物以及食用菌提取物的研发、生产与销售。以水为提取媒介，可以提取植物的花、果、叶、根、茎、籽、菌。产品广泛应用于饮料工业、食品工业、食品添加剂行业、日化产品、保健品配料及医药单体等行业领域。

在创新自动化工装后，公司的生产规模不断扩大，茶叶下脚料被充分利用，开创“变废为宝”的新途径。福建省宁德市茶园面积约 100 万亩，为我国设区市茶园种植面积最大的市。全市从事茶叶种植、加工、销售等相关行业的人口超过 100 万人，传统茶农和茶商都以茶叶初制加工为主，主要面向茶叶终端消费者，这类人群对茶叶品质要求较高。夏秋茶以及粗老茶并不适合加工为消费茶，造成极大浪费。如何将这些茶叶变废为宝、增加茶农收入，公司对此进行了持续探索。近年来，公司专注研究茶和植物深加工，提取茶叶有效成分，将其广泛应用于食品、饮料、保健品领域，每年为当地茶农增加近亿元收入。

（三）着眼新需求生产前沿产品

近年来，在茶中间体萃取技术取得许多创新成果的基础上，公司紧跟市场发展趋势，着眼消费需求，不断开发、生产前沿产品。例如创制低咖啡因茶浓缩液、茶粉，推出天然低咖啡因蒲公英提取物、天然高咖啡因冬青茶提取物。“低咖啡因茶浓缩液、茶粉项目”获得国家四部委（科技部、商务部、环保部、质量检验局）颁发的《国家重点新产品证书》，其创新点在于采用组合吸附技术脱除茶咖啡因，以磷酸钙、硅藻土、活性炭和活性白土作为组合吸附剂原料，运用“粗滤+超滤+反渗透浓缩+超高温瞬时灭菌+喷雾干燥”的主要工艺。与其他传统工艺相比，采用该技术脱除茶咖啡因具有以下几个创新点：第一，对茶浓缩汁添加组合吸附剂（活性白土、活性炭、硅藻土和磷酸钙），较好地保留茶叶中的有效成分，并有效地吸附茶浓缩汁中的咖啡因；第二，采用高温瞬时杀菌，不仅提高了杀菌效率，同时避免了传统杀菌技术带来的不利影响；第三，生产成本较低，适合连续大批量生产，应用到实际生产中能够获得很好的市场回报。

根据市场需求，仙洋洋公司不断研发适用于不同消费人群、不同功效特点的植物提取物，例如该公司新型产品天然低咖啡因蒲公英提取物，采用超临界最新技术，产品咖啡因含量低，具有安眠效果，适用于儿童、孕妇，并成功打入日本保健品市场。公司研发的天然高咖啡因冬青茶提取物，其主要原料来自南美洲，咖啡因含量高，已在美洲得到广泛应用。茶及植物系列产品销往欧洲、日本、美洲、中国台湾及东南亚等国家和地区。

B.4
国际茶公益事业与茶叶扶贫

冯廷佺　周玉璠　郑乃辉　陈百文　蔡昕佚*

摘　要： 茶在我国有悠久的历史，自古有“柴米油盐酱醋茶”，茶是人们日常生活的必备品；也有“琴棋书画诗酒茶”，茶亦是通往精神世界的桥梁。茶公益活动有助于增加茶叶与人们日常生活的联系，使世界各地的人们在活动中感受公益的力量，进一步了解茶文化。除此之外，茶叶在我国扶贫事业和乡村振兴中发挥了重要作用，福建省“以茶扶贫”支援西部，助力西部乡村发展，让广大茶农脱贫致富，体现了茶叶在公益及扶贫事业中的重要力量。

关键词： 茶公益事业　国际活动　茶产业　乡村振兴

一　世界重大茶公益文化活动回顾

（一）国际茶业大会概况

2005年9月，“2005国际茶业大会暨茶·咖啡展览会”在中国杭州成功举办。来自世界31个国家和地区的茶叶采购商、生产商、茶叶协会、茶叶局代表

* 冯廷佺，福建省茶叶学会名誉会长、首席专家，教授级高级农艺师，主要研究方向为茶学科技、茶文化、茶产业；周玉璠，福建省茶叶学会茶学研究分会副会长，教授级高级农艺师，主要研究方向为茶科技、茶文化；郑乃辉，福建省农科院茶科所副所长；陈百文，福建省茶叶质量检测与技术推广中心技术推广负责人、质量工程师，国家一级评茶技师；蔡昕佚，北京林业大学马克思主义学院硕士研究生。

300余人，中国各产茶省（区、市）以及香港、台湾地区的种植、加工、批发、零售企业共200余人参会。该次展览会参会国家和地区之多、人员之广、规模之大、等级之高，业内罕见，获得与会国内外茶叶界人士的高度评价。

19位资深、权威业界人士及专家分别进行了专题演讲，并现场回答各国代表的问题。300个展位展示了来自中国、印度、斯里兰卡、日本等国家和地区的名优特色茶产品及茶器具、茶机械等。会展期间，全球茶叶主要经销商及跨国投资商与中国企业广泛开展贸易及投资洽谈，为加强合作奠定了基础。印度最大的跨国投资企业塔塔集团与浙江省就投资设厂进行了实质性洽谈。比利时茶叶进口商评价说："这次会展上有很多具有吸引力的增值产品，以及富有创意的新包装。"会展为到会中外茶叶界人士创造了无限商机。万人同品茶，欣赏不同民族的茶艺表演，吸引并激发了全球茶人对茶饮、茶艺、茶道的热情。

继"2005国际茶业大会暨茶·咖啡展览会"在杭州成功举办后，"2007国际茶业大会暨茶·咖啡展览会"于2007年5月18~20日在湖南省长沙市隆重举行。欧盟、独联体、东欧、美国、加拿大、日本、韩国、非洲、中东、东南亚、澳大利亚、新西兰、南美洲等国家和地区的茶种植、加工、贸易企业，茶业行业组织代表，茶文化、茶科研机构的专家、学者及茶叶主要生产国、消费国政府主管部门参会、参展，特别是俄罗斯、美国、加拿大、欧盟等主要茶叶进口国家和地区的茶业协会组织及当地进口商、批发商前来参会，中国各茶叶主生产省以及主要消费城市的茶种植、加工、零售、批发、进出口企业，茶文化、茶科研机构，以及香港地区的茶叶企业参会、参展，参会人数达600人，参展标准摊位近500个。为应对全球消费者对饮茶安全的要求，提高茶饮料在世界饮料市场的份额，帮助众多中国企业进一步开拓国际市场，大会组委会以"全球茶叶界联手打造健康、安全、有竞争力的茶产业"为中心议题，邀请国际茶叶界的精英、专家及各国茶业协会的业界人士，就各国茶叶标准、法规、检验、卫生管理及质量监控体系建设、国际市场产销形势、食品安全、茶叶新产品开发、新包装、新技术、新市场营销、品牌培育等进行专题演讲、研讨。大会提供同声传译服务，方便代表沟通、交流、互动。

（二）北京奥运中华茶文化活动

福建省茶叶学会、北京奥运经济研究会、国际友好文化节组委会等部门，于2006~2008年连续3年在北京人民大会堂举办了3次“人文奥运与中华茶文化高峰论坛暨‘人文中国·茶香世界’中华茶文化宣传活动”，开展了中华名茶评选、“中国申奥茶”基地遴选以及名茶展示。除此之外，组委会于2007年在北京举行了“驻华使节中华品茗赏月联谊会”。

3年中各类应征论文150余篇，有103篇论文被分别收编于3册论文集，经评选有81篇获优秀论文奖，其中荣誉奖2篇，一等奖22篇，二等奖31篇，三等奖17篇，优秀奖9篇。这些作品首次论述了奥运精神与中华文化精髓，同时全面反映海峡两岸的中华茶文化、中国名茶发展的历史和现状，展现了中国茶叶科技创新、产业发展状况，探寻饮茶对人体的保健功效，以及茶与体育健身的关系，等等。

（三）中国成立国际茶文化研究会

中国国际茶文化研究会在茶文化的传播方面起到至关重要的作用。第一届国际茶文化研究会于1990年10月在杭州市召开，日本、韩国、美国、斯里兰卡以及全国各省（区、市）的代表共187人参加。第二届国际茶文化研究会于1992年3月在湖南省常德市举行，日本、韩国、新加坡以及全国各省（区、市）的茶叶界专家、学者共260余人参加，会议以“茶文化的传播及其社会影响”为主题，会上还进行了茶艺、茶道、茶礼表演。国际茶文化研究会每两年举办一次，至2007年已成功举办九届。参会的国家和地区逐届增加，第八届国际茶文化研究会已有美国、欧盟、韩国、日本、英国、法国、巴西等28个国家和地区的代表和港澳台地区代表前来参会。历次研究会都编印出版了论文集，向全世界传播关于茶的科技、经济和文化。

（四）日、美、越茶叶访华团

福建省茶叶学会、福建茶叶进出口有限责任公司、福州市茶叶协会、福建农林大学等近年来积极开展对外合作与交流，采取互访、考察、讲学等形式，加强茶叶学术交流、对外贸易和科技研讨。2002 年 9 月 3 日，日本神户流通科学大学副校长白石太良及教务主任、商学部教授等率领该校师生代表 16 人到福建重点茶区考察，在榕期间福建省茶叶学会会长冯廷佺及荣誉理事李一金、理事周玉璠等会见了日本客人，并与他们进行了学术座谈交流。9 月中旬，由美籍华人张大仁先生为团长的美国茶叶访华团一行 10 人，在中国友谊促进会办公室主任欧阳春及王军的陪同下，在福州参加“2002 年中国（福建）国际茶、茶具、茶文化博览会”，9 月 15 日与福建省茶叶学会、福建茶叶进出口有限责任公司的专家、领导进行了座谈，双方对茶叶科技、品质、名茶、贸易及国内、国际市场等进行交流，该访华团对与福建开展茶叶贸易、把闽茶推向全球表示了浓厚的兴趣，会后美国客人应邀到福建茶叶进出口有限责任公司福兴加工厂及福州西营里茶叶市场实地参观考察，为今后的茶叶贸易交流奠定基础。

2002 年 12 月 3 日，由越南农业部发展项目专家主任委员杨文绿为团长的越南农业部茶叶访华团一行 17 人到福州西营里茶叶市场考察，随团的有越南 4 个产茶省农业厅厅长及农业部有关部门、中央银行的领导和工作人员。越南茶叶访华团详细考察了设立于该市场内的所有茶艺居、茶铺。当日下午，越南茶叶访华团驱车前往安溪县进行参观考察。

（五）中、日、韩茶文化交流

“2005 年中日韩星级茶王电视公开赛”在厦门电视台演播大厅隆重举行。2 次全新的尝试，2 次精心的专业制作，把传统的茶王赛搬上现代的电视传媒平台。大赛由世界茶文化交流协会、日本中国茶叶研究会、韩国国际茶文化研究会、福建省农业厅、福建省茶叶学会、厦门市农业局、厦门市茶叶学会、漳平市人民政府等联合举办，由今日展览有限公司承办。大赛首次把现代电视传媒与传统的民间茶王赛相结合，是茶产业的一次重大尝试。出席本届大赛的有各国家、地区及全国各省（区、市）的参赛者、采购商及茶业界人士。本届茶王电视公开赛规格高、规模大、内容丰富，促进了多渠道、多形式、多层次的茶文化交流。

（六）斯里兰卡茶叶观光团

斯里兰卡民主社会主义共和国茶叶技术参观考察团一行26人，于2009年4月19日至26日到福建省闽东、闽北茶区参观、考察、旅游，并进行茶叶技术交流。其间举行了“福建—斯里兰卡茶叶技术交流研讨会”，双方就红茶、绿茶的加工及品种、流通等领域的问题相互交流，获得共识。在福州，考察团参观了五里亭茶叶批发市场，在海峡茶都满堂香茶城进行座谈。其后到生产基地的茶园和制茶厂考察，参观新生产线及色选分辨拣梗机、杂物光电吸附拣梗机等先进设备，了解工夫红茶的加工工艺程序以及蒸青绿茶的生产线与加工工艺。

（七）上海国际茶文化节

2009年第十六届上海国际茶文化节于4月15日在上海东方艺术中心举行开幕式文艺晚会。闭幕式于4月23日在安徽省六安市举行。

本届茶文化节以“茶，品味健康生活”为主题，由主体活动、经济活动和文化活动三大板块组成，共安排13项活动：开幕式、闭幕式、茶业交易会、闸北区“服务企业、促进消费”展示展销活动、上海总部经济论坛、茶乡和都市茶文化旅游活动、分会场活动、吴觉农茶学思想研讨会、“茶与都市人的生活”讲坛、“茶，品味健康生活”系列讲座、“茶天茶地悦性怡情”系列活动、上海国际少儿茶艺邀请赛、茶联征集和书法笔会。形式多样、丰富多彩的活动使得本届茶文化节呈现诸多亮点：一是“茶”与“世博”相结合；二是经济与文化相融合；三是服务“三农”促发展；四是开发旅游拓外延；五是人民群众得实惠。至此，上海国际茶文化节已连续举办16年，累计有10多个国家、全国各省（区、市）以及港澳台地区共300多万人次参加过历届活动。

（八）中企在美召开新闻发布会

2010年12月16日，福建省蓝湖食品有限公司在美国洛杉矶召开了新闻发布会，凤凰卫视、东森卫视等 9 家电视台，《世界日报》《国际日报》等媒体及洛杉矶市相关领导和代表参加了新闻发布会。

会上，董事长刘郑美就蓝湖食品有限公司于 2010 年上海世博会举办期间，参加“上海世博会名茶评优”等活动取得的骄人业绩，做了详细的介绍。据悉，蓝湖食品有限公司的天湖山牌天山御春芽、茉莉花茶两大名茶在上海世博会名茶评优中获得 2 块金牌，同时该公司在此次活动中还荣获“企业精英奖”。刘郑美董事长亦荣获上海世博会事务协调局颁发的荣誉纪念证书。

（九）中国茶叶博物馆馆庆

在杭州西湖腹地双峰茶乡，有一座远离杭城的中国茶叶博物馆。自 1991 年 4 月 24 日诞生的那一天起，博物馆以“一杯茶”确立了其文化地位。为了纪念中国茶叶博物馆建馆 20 周年，充分发挥茶在构建和谐社会、让城市生活更加美好方面的特殊作用，由杭州西湖风景名胜区管委会主办、中国茶叶博物馆承办的“第十四届西湖国际茶会暨中国茶叶博物馆 20 周年馆庆系列活动”开幕式，于 2011 年 4 月 16 日上午 10 时半在该馆举行。出席会议的中外宾客有全国茶业界、社科界、旅游界专家、教授、学者及茶友代表等。曾为建馆做出贡献的茶叶专家、顾问等在台上与大家见面。专程来杭的韩国茶艺队表演了精彩而独特的韩国五色茶艺，展现“仁”“义”“礼”“智”“信”的人生道德风范及茶礼。

这次系列活动包括以“低碳生活，科学饮茶”为主题的科学饮茶周活动、《物我两悦——茶博二十年捐赠特展》开幕式和《岁月留香——茶博二十周年回顾展》开幕式等。除此之外，还在该馆茶学堂、贵宾接待室、七槐居、茶艺教室等处，开设青藤新茶、龙谷丽人茶、江南春等品种的品鉴会；举行韩国莲茶试饮，举办“铁瓶之具——武林茶会暨百年铁壶展”“器之道——古今茶具对话”，以及四季茶、创新茶礼展演，开展茶与健康讲座、茶终端产品品鉴等。该馆建馆 20 周年恰逢“吴觉农茶学思想研究会”成立 10 周年，4 月 17 日于此举行成立 10 周年纪念活动。

（十）在欧洲交流茶文化

2014 年 4 月 1 日，习近平在比利时布鲁日欧洲学院演讲时，特别提到茶与酒的关系。他说："茶的含蓄内敛和酒的热烈奔放代表了品味生命、解读世界的两种不同方式。但是，茶和酒并不是不可兼容的，既可以酒逢知己千杯少，也可以品茶品味品人生。中国主张'和而不同'，而欧盟强调'多元一体'。中欧要共同努力，促进人类各种文明之花竞相绽放。"①

2014 年 3 月 23 日，在柏林的德国文化艺术中心举办了中外茶文化交流讲座。当外国友人看到白茶的汤色时，形容它为中国的香槟；当他们喝到大红袍时，又惊呼闻到了顶级烘焙咖啡豆的火香；当他们喝到普洱茶的时候，却发出一连串疑问，"到底什么才是 Black tea?"这次活动，驻华的参赞、大使，附近几个城市的政要和德国文化界名流均有出席。

（十一）世界茶人传递计划

2014 年，中华茶人联谊会发起、湖南中茶茶业有限公司承办了"百年味道——世界茶人传递计划"活动。

茶是文化交流的一大媒介，自唐代至元代，日本使节和僧人将茶的种植知识、煮泡技艺以及中国传统的茶道精神带到了日本，进而推动了日本茶道的产生与发展。循着这一历史渊源，中华茶人联谊会组织的"世界茶人传递计划"来到了日本。

这次"世界茶人传递计划"的唯一指定茶品为中茶百年木仓黑茶，它与安化黑茶均有着深厚的历史文化底蕴，中茶百年木仓黑茶更是有"百年制茶活文物"之称。中茶公司特制了 5 公斤鉴藏级茯砖茶助力本次活动的举办。此次赴日，既是一场中日茶文化交流，也是两国茶人情感的联络。会

① 《听总书记"谈茶论道"》，"天眼新闻"百家号，2021 年 3 月 27 日，https://baijiahao.baidu.com/s?id=1695356299645471446&wfr=spider&for=pc。

上，中华茶人联谊会执行理事长、中联集团总裁助理朱福堂受中华茶人联谊会理事长王震先生的委托，向日本中国茶协会会长王亚雷传递中茶百年木仓典藏手筑茯砖茶，开启海外首站茶人传递。

“世界茶人传递计划”日本站于 2015 年 3 月 3 日在日本东京幕张国际展览中心圆满结束。

（十二）柬埔寨媒体参观六堡茶文化馆

六堡茶因产于广西梧州市苍梧县六堡乡而得名，其产制历史可追溯到 1500 年前，在国内各省（区、市）及东南亚、日本、欧美等国家和地区十分畅销。

2015 年 10 月 26 日，柬埔寨主流媒体记者一行来到广西农业化龙头企业茂圣茶业有限公司参观。在六堡茶文化馆内，公司代表全面而详尽地介绍了梧州六堡茶的沿革。记者们还实地了解了企业传统工艺与机械化生产标准化流程，并细细品尝不同年份和等级的六堡茶。

“茶是中华文化的标志性符号，柬埔寨很多人特别是华人喜欢喝茶。我会把此次行程的所见所闻介绍给更多的柬埔寨朋友，他们收到我的六堡茶礼物肯定会特别高兴。”《金边邮报》记者 TaingVida 说。[①]

（十三）《茶的人生》被美国国会图书馆收藏

中国茶界泰斗张天福先生在福建协和大学农学院任教时的学生陈同光先生，于 2015 年 12 月从美国（侨居）给张天福先生及师母张晓红寄来一封信。信中谈及 2014 年回国到张老家拜访的情景，并向张老报喜说《茶的人生》一书已被美国国会图书馆收藏。陈同光说，美国有关方面和有关人士对张老一生事茶、以茶为生的追求和执着精神给予高度评价。

---

① 《柬埔寨主流媒体记者体验广西梧州千年茶文化》，中国新闻网，2015 年 10 月 27 日，https：//www. chinanews. com/df/2015/10-27/7591049. shtml。

二　中国茶叶公益扶贫事业

（一）茶产业是扶贫、振兴乡村的主导产业之一

茶是大自然送给人类的珍宝，茶产业在我国是极具特色的优势产业，在国际上具有竞争力，承担了促进茶区经济循环、满足人们的健康饮食需求、扩大就业市场、助力乡村振兴的重任。

茶业是扶贫、振兴农村、增加茶农收入的重要支撑力量。在我国主要茶叶产区，县域茶业经济发展水平在很大程度上决定着当地经济发展水平和农民财富水平。茶业对地方经济社会发展、农民脱贫致富和乡村振兴具有重要意义。通过整合涉农资金、扶持贫困地区茶产业基地建设，贫困山区出现一批优质茶叶生产基地和专业茶乡茶村，初步实现茶叶种植集中化、规模化、标准化。为促进茶业等富民产业更好更快地发展，按照人人参与、人人尽力、人人享有的要求，坚守底线，突破重点，完善制度，引导预期。在大力发展茶产业的过程中增加了城乡居民收入，使广大人民群众在精准扶贫工作中获得了更多实惠。目前，我国茶园面积约为150万公顷，覆盖近20个省（区、市），近1000个县（市）。在脱贫攻坚关键期，各省（区、市）根据当地茶产业发展的不足与短板，纷纷研究出台相应政策，从宏观层面、全局角度引领茶产业发展，助力脱贫攻坚。以智能茶园、智能化数字生产线和可追溯防伪为主的数字茶业技术已逐渐成熟，并在浙闽茶区得到广泛应用。

（二）福建支援西部，以茶脱贫

我国西部许多地区受环境条件制约，经济欠发达或发展严重滞后。为了帮助西部地区发展，多年来福建省的茶叶管理部门、省茶叶学会对西部地区给予很大关注和支持，许多领导干部及广大茶叶科技工作者、茶企业家等都曾深入西部地区，探索以茶扶贫的致富之路。早在20世纪30年代，著名茶学家张天福就点燃了在西南发展茶叶脱贫的“星星之火”，并在贵州湄潭创

办茶叶试验场。十多年来，福建省茶叶学会配合有关部门，响应党中央的召唤，支援西部脱贫，发动企业和科技人员到西部办场设厂，并帮助解决科技培训、技术指导、种苗供给、产品研发、品牌推介、发展流通、民众就业等问题，加快西部地区以茶脱贫的进程，为脱贫攻坚战的全面胜利贡献了一份力量。

1. 增援茶树种苗

自20世纪70年代以来，福建省宁德地区的福安市、原宁德县等地专门发动茶叶产区的茶农，投入大量的劳动力到集中成片的茶园中采集大量茶籽、茶苗，每年用火车调运到四川、重庆、湖南、贵州、广西、陕西等省（区），共调去几十万斤茶籽，帮助西部地区解决开荒种茶的种苗困难，为西部发展茶叶生产提供优良茶树品种，如今这些省（区）茶叶生产蒸蒸日上，这与当年福建省茶叶界的大力支持密不可分。

贵州省在20世纪有47个国家级贫困县，人称“天无三日晴，地无三尺平，人无三两银”。为了帮助贫困农民脱贫致富，贵州省有关部门认真总结湄潭及福建茶叶生产的经验，十多年来全省兴起开山种茶热潮。首先，种茶要有茶树种苗，福建茶树育苗基地为贵州省调去几十亿株茶苗，仅福安市甘棠镇一年就繁育了700多亩无性系茶苗6亿株。贵州省推广种植的多为良种茶苗，其中福鼎大白茶（全国良种）种植面积占茶园总面积的60%。

在中央及福建省茶叶界的大力支援下，贵州省茶叶生产快速发展，茶园面积从2006年的102万亩（6.8万公顷），发展至2015年的628万亩（41.9万公顷），种茶面积位于全国前列。2015年，贵州省茶叶产量达11.8万吨，综合总产值近200亿元。

2. 聘请专家传播新科技

为了支援西部地区发展茶叶产业，搞好茶园基本建设，推动茶叶生产的持续发展，针对西部地区缺人才、缺技术、缺管理、缺贸易经验等问题，福建等省市积极支持茶叶科技工作者或行家到西部传授茶树栽培、茶叶加工知识，传播茶叶流通贸易的先进经验，为西部地区培养人才，推广先进茶叶科技。前些年，福建省农业厅和福建省农科院茶叶研究所高级农艺师专程赴西藏自治区林芝市，一边实地指导开荒种茶，一边为当地培训茶叶科技人才，让林芝市的农民学会种茶、制茶，学会茶叶生产的工艺技术和操作技能，培养当地的农民技术员和茶叶生产管理人员，传授茶叶流通贸易的经验，提高茶叶的经济和社会效益。

3. 搭建茶市拓展就业

多年来，福建省茶叶学会等部门与云南省茶叶学会广泛开展合作交流，普洱市曾派专员到福建与该会名誉会长张天福先生、原会长冯廷佺等座谈交流，寻求普洱茶的推广和发展之路。福鼎市茶业代理商周庆贺帮助云南茶农在福建开设 150 家经销店，代理推销普洱茶。仅安溪县茶商在全国多省（市、区）就开设有 5 万多家茶楼、茶店（其中白马 3000 多家，日春 300 多家），既推销福建铁观音等，又推介云南普洱茶。日春茶叶有限公司 2019 年总营业额达 8 亿多元，其中云南普洱茶经销额 1 亿多元，税收 8000 多万元。云南勐海大益茶叶有限公司，曾为寻求销路来到福建省“取经”，该企业通过参加京、沪、穗、闽等地的茶博会，宣传品牌，提高了企业信誉，在福州、闽东、闽北开设了“大益茶楼”，扩大了企业品牌影响力。

自 21 世纪以来，福建茶企、茶商走向西部地区开办茶城，拓展茶叶销售市场，带动当地村民就业。多年来，“闽宁合作”成为福建茶人为宁夏谋发展、求脱贫的自觉行动。十多年来，西部茶企、茶品多次在福建省茶叶学会组织的名茶评选或评优活动中获得奖项。如广西凌云县茶园示范场、农垦百合茶叶公司、龙北茶厂、古障茶厂、云南下关茶厂、临沧市星星茶叶公司、昆明展帆九品轩茶庄、双江双龙古茶园茶厂、西双版纳洪海茶叶公司、昆明十里香茶厂、长兴号茶叶公司、四川雅安茶厂、遂川县汤湖茶叶合作社、贵州正隆红茶叶有限公司等茶企均赢得盛誉，促进茶叶产品销往国内外市场。

福建省茶商在银川等地办起茶城，各地出现一条条茶叶街，许多当地人成为茶叶营业员、推销员。茶叶流通贸易活动促进交通、场地租赁、服务等行业的兴起，繁荣了当地的商品经济。武夷山市政府还组织茶企到宁夏银川开办茶博会，促进贸易交流。福安市茶商郑榕也在贵阳开办茶城，带动当地群众就业。此外，青海、陕西、四川、重庆等省市也都有福建茶企、茶商开办的茶城，许多茶城开业时，福建茶企会派人去指导，交流总结经验，为发展西部地区的茶叶经济献计献策。曾配合中国茶叶学会在贵州都匀市召开交流推介会，帮助该市将“都匀毛尖”等茶叶推广到外省，仅在上海市“蒂夫特”茶城就包销茶叶 50 多亿元，大大缓解了茶叶销路问题，促进当地茶叶流通，达到以茶致富。

福建于商周时期就开始利用和发展茶叶，是茶树原产“隔离区域”，历史上，茶叶作为重要农作物产品，给茶区人民带来经济收入，促进当地社会发展。近几十年来，福建茶人以无私奉献的精神，把茶树良种壮苗方法、茶叶产制技艺、产品流通渠道带给西南五省区，帮助西部人民脱贫致富，过上了更好的日子。

参考文献

[1] 党凯、李海鹏、杨海晨：《贫困山区“以茶扶贫”存在的问题及对策探析》，《农村经济与科技》2021 年第 7 期，第 116~118 页。

[2] 王强：《抓好茶产业发展　助推精准扶贫工作》，《中国茶叶》2017 年第 9 期，第 7~8 页。

[3] 王昶：《拓宽以茶扶贫的新路子》，《中国茶叶》2017 年第 1 期，第 15~16 页。

[4] 周玉璠、冯廷佺：《支援西部开发　扶植以茶脱贫》，《福建茶叶》2020 年第 11 期，第 1~2 页。

B.5

世界茶文化发展情况

赖凌凌　蔡昕佚　朱迎迎*

摘　要： 中国是茶的故乡，早在唐代以前，中国生产的茶叶便通过陆路及海运的方式远销亚洲各地。首先到达了日本和韩国，然后传到印度和中亚地区。在明清时期，又传到了阿拉伯半岛。17世纪初期，中国茶叶远销至欧洲各国，很多上层社会的贵族都养成了喝茶的习惯。如今，亚洲、欧洲、大洋洲、美洲和非洲都有不少国家拥有独特的茶文化，各种茶事交流活动日益丰富，茶已经从最初单纯的饮品逐渐发展为一种文化象征。

关键词： 茶文化　文化交流　文化传播

一　亚洲茶文化发展

（一）东亚茶文化发展情况

1. 日本茶文化发展情况

日本的每个茶道流派都有自己的“家元”，即掌门人，负责继承上代的茶艺，向外传授茶艺，在茶道上有绝对的权力和威望，使得日本茶道流传百年而不衰。值得一提的是，日本茶道在明治维新之前是男人的专利，明治维

* 赖凌凌，福建农林大学讲师，主要研究方向为茶叶审评、茶文化；蔡昕佚，北京林业大学马克思主义学院硕士研究生；朱迎迎，北京林业大学马克思主义学院硕士研究生。

新之后，女人才参与其中。如今日本学习茶道的绝大多数都是女性，女子出嫁前，如能娴熟于茶道，常被认为是有教养的表现。

日本茶文化的形成和发展与中国密切相关，大体上经历了三个阶段。

首先是奈良和平安时代的基础奠定期。主要代表人物是从浙江天台山学禅归日的最澄、都永忠和空海，他们带回了中国的茶种、制茶工艺、器具和饮茶方式。因此，该时期的日本茶文化在精神和物质方面均与唐代饮茶文化高度一致，多使用饼茶煮饮法。

接下来是从镰仓时代至室町时代的茶道草创期。该时期入宋学禅的荣西和尚著成了《吃茶养生记》，首次将宋代的点茶法带到了日本；南浦昭明禅师将径山茶宴仪式引入日本。宋代“点茶”法在日本经历了从杂乱、拜物、奢华的“茶数寄”到融入“清与静”禅宗思想的“书院茶”的转变，为村田珠光奠基、武野绍鸥发展、千利休集大成的“抹茶道”奠定了基础，形成了日本茶道的基本精神——“和、敬、清、寂”，统称为“四规”。

最后是从江户时代至明治维新的茶道成熟与发展期。该时期形成了日本茶道的三大流派——“三千家”流派、“利休七哲”流派、煎茶道。“三千家”流派和“利休七哲”流派均为抹茶道。“三千家”流派分别指一翁宗守创立的武者小路千家流派、江岭宗左创立的表千家流派以及千利休创立的里千家流派，“利休七哲”流派由千利休的弟子及再传弟子创立，主要代表流派有以豁达自由、雄健豪放、阳刚华丽为特点的织部流派，以健康、典雅、优美、平凡为特点的远州流派。煎茶道由隐元隆琦和卖炭翁柴山元昭在江户时期创制，承袭了中国明代的散茶冲泡法，具有风雅、清贫、无为、自然的内涵，文人色彩浓厚。

随着现代生活节奏的加快和居住环境的西洋化，讲究“四则”和“七规”、注重多重程式与器具、身着华丽的和服、需要专门茶室才可实现修行的日本茶道显然无法适用于现代的日本人。自 20 世纪 70 年代起，受到汽水、咖啡、快餐等西式饮食的影响，日本茶叶市场出现低迷，但在 80 年代，随着茶叶保健功效的进一步研究与宣传，茶叶再度回归日本市场，以罐装和塑料装的茶饮料为主，其中中国的乌龙茶因其降脂减肥的功效而风靡日本。

进入21世纪，功能性茶饮料和能量性茶饮料推动了日本茶叶消费量的提升；以茶叶为原料加工成的各类食品流行于市；使用茶叶制作除臭剂、清洁剂、牙膏、颜料、化妆品等化工产品成为日本茶产业的一大特色。气氛轻松、形式灵活多样、品饮方便的中国茶艺开始进入日本人的视野。在日本，一些民间机构如日本中国茶协会、日本中国茶艺师协会、中国茶指导员协会、中国茶普及协会等正在致力于推广中国茶和中国茶艺；日本工学院大学孔子学院开设了中国茶艺课，游茶株式会社开设了茶艺师专修班等；在日本首都东京开设的中国茶馆进一步推动了中国茶艺在日本的传播和发展。2002年9月，中日茶文化学术交流研讨会在浙江湖州举行，日本茶之汤文化学会与湖州陆羽茶文化研究会进行了广泛而深入的交流，促进了两国对彼此茶文化的了解。

2. 朝鲜半岛茶文化发展情况

朝鲜饮茶始于善德女王时期（632~647年），兴于兴德王时期（825~836年），其时有用茶祭祖、置茶会、用茶赐臣民、以茶供菩萨等记载，饮茶方法与陆羽《茶经》中的煎茶法相同。在统一新罗时代（668~901年），随着佛教文化的兴盛和贵族社会的发展，献茶礼仪兴起，为修道僧、花郎、郎徒、贵族之所好。

高丽王朝时期（918~1392年），出现了茶房、茶院、茶所、茶店等与茶事相关的机构或场所，设立了茶军士制度和司宪府的茶时制度，建立了朝廷和王室的茶礼制度，创立了以李奎报为代表的“茶禅如一”、以李穑为代表的“思无邪”等茶道思想。

李氏朝鲜时期（1392~1910年）沿袭了高丽时期的饮茶文化，并进一步深化了茶礼制度，出现了会讲茶礼。但从李氏朝鲜初期起，王室中大小事需举行的茶礼逐渐减少，部分只剩下了形式，不用茶而用酒的情况也有。将道教、儒教和佛教融为一体的茶文化体系开始形成，出现了刻有“茶”字的用于道教祭祀的坛盏、杯底刻有“仰”字的国家级道教茶礼中所用的茶杯等。近代以来，朝鲜半岛进入日本殖民时期，其传统的茶文化逐渐衰退，在韩国出现了日本式茶道。

自20世纪70年代起，韩国爱茶人士开始复兴当地的茶文化，先后成立了50多个茶业社团组织，旨在发展传统茶文化和享有精神文化，带动培育了500多万名习茶者。时至今日，韩国已形成了以“和、敬、俭、真”为基本精神的茶礼，行茶法可分为佛教式行茶法、儒教式行茶法、实用茶法、生活茶礼、仪式茶礼和规范茶道法。韩国茶礼多在特殊的场所、特别的时间进行，从迎客、茶室陈设、茶具造型与排列，到投茶、煮茶、注茶、吃茶等，均有严密的规范和程序。随着城市现代化进程的加快、生活压力的增加，各类传统茶馆纷纷涌现，为人们提供放松心情、休闲养生的场所，选址或闹中取静，或在名人故居或美术馆中，既提供传统的韩国茶品，也有现代创新的调饮茶、药用茶和各式茶点，比较有特色的茶馆如仁寺洞的Bric-a-brac、Dawon、Tteuran Tea House、Shin Old Tea House、“闵家”茶轩、“景致茶馆”（풍경이있는찻집），三清洞的Gahwadang、Haengrang，益善洞的Graang Gallery Tea & Bar。

江陵市是唯一保留了新罗时期茶文化遗产的地区，在Han Song Jeong Pavilion中保存着新罗时期花郎徒组织（为了培养治理国家方面所需要的人才而建立的贵族青少年组织）使用过的茶具，在Heo Gyun/Heo Nanseolheon纪念公园中建有楚姬传统茶体验馆，由韩国茶文化协会于2012年创办，旨在推动韩国茶文化的发展。韩国南海岸的河东县是韩国绿茶的主产区，建有绿茶展览馆和绿茶体验馆，人们能够亲自参与绿茶的加工全过程，学习韩国茶礼。韩国雪绿茶博物馆于2001年在济州岛森林保护区内开馆，馆内展示韩国茶文化的变迁和发展史、茶传播的途径、茶的制作过程、茶的种类以及不同时期、来自不同国家的茶具等。

20世纪90年代开始，韩国多个茶文化社团组织来华开展茶事交流，如韩国《茶谈》月刊主办单位和汉城市礼茗院、韩国嘉衍茶人会代表分别于1990年和1993年来到中国杭州参加国际茶文化研究会；1993年11月，韩国茶道协会、釜山女子大学代表来到浙江湖州市参加茶圣陆羽诞辰1260周年纪念活动；1996年5月，由中国国际茶文化研究会和韩国茶人联合会联合主办的“第四届国际茶文化（研讨）汉城大会”在韩国召开；2002年10

月，韩国中华茶文化研究会组团访问陆羽故里湖北天门市；2003 年 5 月，在“韩国茶圣”草衣禅师的诞生地——全南务安郡三乡面隆重举行了草衣茶文化节暨草衣茶思想学术研讨会；2006 年 12 月，以“21 世纪韩国茶文化复兴和未来的展望”为主题的中韩日三国茶文化研讨会在韩国首尔召开。

（二）南亚茶文化发展情况

1. 印度茶文化发展情况

19 世纪 40 年代，印度开始从中国引进茶籽、茶苗，茶叶产销逐渐兴起，发展至 20 世纪初，印度共有 3 种主要特色茶叶，即大吉岭茶、阿萨姆茶和尼尔吉里茶，茶叶主要被运回英国本土。英属印度时期，英印商人通过广告宣传、政治运动、免费供应等手段推广茶饮，但直到 1947 年，印度的饮茶人群仍很少，以印度精英阶层和小部分下层民众为主，人均年消费量仅仅为 0.4 镑。

印度南部多喝咖啡，北部多喝茶。印度以生产 CTC 红茶和传统红茶为主，同时小规模生产绿茶，销售茶饮料、速溶茶和风味茶，茶多酚提取物也有少量生产。印度靠近中国云南，云南的景颇族和傣族自古就有煮野茶当饮品和腌野茶当菜的习惯。印度的热带季风气候使那里的人们更倾向于饮用热茶，以祛湿散热。印度人喜饮调味茶，如著名的“辛香茶”，便是以大吉岭红茶为底，再加上豆蔻、丁香、胡椒、肉桂和姜等多种香料制成。阿萨姆红茶汤色深红，口感厚重，茶味浓烈，素有“烈茶”之称，因冷却后易产生“冷后浑”而不适用于“冰红茶”的制作，最宜制成“奶茶”，即在茶汤中加入鲜乳、柠檬汁等，这种饮用方式主要来自英国和我国西藏地区。印度拉茶是印度人的一种民俗茶饮，主要制作方法是将茶粉（以立顿红茶为主）、炼乳和滚水混合后，将茶水反复倾倒在两只茶杯间，两只茶杯距离越远，茶就拉得越多。“马萨拉茶”（Masala）是印度最流行的一种传统茶饮，没有固定配方，具有一种很独特的浓醇香味，又有淡雅的茶味，从印度北部到印度南部，不同的地区，其味道也有所不同。在印度的北部，到处都是卖 Masala 的茶店，提供摇摇奶茶（Chaimilkshakes）、巧克力茶（Chocolatechaitea）和低脂肪茶

（Low-fatchaitea）等饮品。

印度于2005年12月15日在新德里创立了“国际茶叶日”（International Tea Day），旨在提升对茶叶工人工作条件和贡献的关注度，现如今已有斯里兰卡、孟加拉国、尼泊尔、印度尼西亚、马来西亚、越南、肯尼亚、乌干达、坦桑尼亚和马拉维等茶叶主产国加入其中。

2. 斯里兰卡茶文化发展情况

斯里兰卡原名“锡兰”，中国史书和佛经中称其为“狮子国”。与印度一样，斯里兰卡茶产业开始于殖民者对殖民地资源的侵占和利用。1842年，中国成为第一个将茶种引入斯里兰卡的国家，1866年，苏格兰人詹姆斯·泰勒（斯里兰卡茶叶之父）把茶叶种植方式介绍到斯里兰卡，再加上对英国工业革命技术成果的利用和发展，斯里兰卡茶产业开始蓬勃发展，以“锡兰红茶”闻名于世。1970年，联合阵线政府把国名“锡兰”改成“斯里兰卡”，锡兰红茶开始对外称作斯里兰卡红茶。鉴于斯里兰卡红茶要取得之前同样的世界知名度是一项艰巨的任务，茶叶行业请求政府同意继续保留锡兰红茶的名称。直至今天，斯里兰卡出口的茶叶罐头上还标着“锡兰”的字样。2017年8月，斯里兰卡在科伦坡班达拉奈克国际会议中心举行了锡兰茶150周年庆祝活动。

茶是斯里兰卡人生活中的必备品，一个普通的斯里兰卡人每天至少要饮用3杯茶，并且有“无茶不成宴”的说法。斯里兰卡最初以生产传统红茶为主，1980年引进了CTC红茶生产技术；20世纪90年代开始大力发展小包装茶、袋泡茶；进入21世纪，开始发展茉莉花茶、有机茶及多种速溶茶，并试制高档绿茶。斯里兰卡的高档绿茶外形紧结细嫩、香气高雅，茶味饱满甜润。近年来，研发茶叶新产品被视为提升斯里兰卡茶产业附加值的重要方向，已经陆续有茶巧克力、茶饼干、茶酒、冰茶、茶香皂等茶产品问世。斯里兰卡国内有被称作Changuang、Chasi、Chalio、Chatan的茶馆，可见中国茶文化对斯里兰卡茶文化影响深远。

斯里兰卡康提的“锡兰茶博物馆”（Ceylon Tea Museum）被评为“斯里兰卡旅游必到之处”，该博物馆翻修自1925年建成的Hanthana茶工厂：一层和二层展示该地制茶的历史和当地人民在较早时期的制茶工具；三层是茶店；四层是茶餐厅。整座博物馆环绕在茶园之中，环境怡人。2014 年锡兰茶博物馆入选了 Lonely Planet's Top Pick 排行榜。

3. 巴基斯坦茶文化发展情况

巴基斯坦位于南亚次大陆西北部，南部属热带气候，其余地区属亚热带气候。巴基斯坦是伊斯兰国家，95%以上的居民信奉伊斯兰教。以上种种因素使得饮茶成为当地人解渴消暑、提神生津和消食除腻的必需品。巴基斯坦是茶叶消费大国，并且以进口为主。与其他曾是英属殖民地的国家一样，巴基斯坦人爱饮牛奶红茶，并配有糕点，一般每天要饮茶 5~6 次，即起床后一次，早、中、晚饭后各一次；客人来到家中，也以牛奶红茶招待。在家庭生活中，主妇每天起床后的第一件事就是为全家烹煮红茶。

巴基斯坦对绿茶的消费量不大，绿茶受众主要集中在西北部，以及靠近阿富汗边境的地区。当地人认为绿茶是偏温的，红茶是偏凉的。因此往往一到冬天，一些习惯饮用红茶的消费者也有临时改饮绿茶的，饮用方式是在冲泡或煮沸的绿茶茶汤中加入糖或牛奶。

4. 尼泊尔茶文化发展情况

尼泊尔的种茶历史始于 1863 年，种植区主要集中在东部靠近印度大吉岭地区的丘陵山区和平原。茶叶种类以红茶和绿茶为主，红茶主要包括红碎茶和红条茶；绿茶主要包括炒青绿茶、烘青绿茶和蒸青绿茶等，随着中国机械的引进，偶尔能看到毛峰型、扁形和单芽型绿茶。无论是到餐馆就餐，还是在家招待客人，尼泊尔人都会用一壶茶来表达欢迎之情。

近些年来，尼泊尔成立了尼泊尔茶叶和咖啡发展委员会（NTCDB）等政府机构，以及尼泊尔喜马拉雅传统茶叶制造商协会（HOTPA-NEPAL）、尼泊尔特种茶叶协会（STAN）等社团组织。从 1997 年开始，尼泊尔规定每年 Chaitra 15th（4 月下旬）为国家茶叶日。2004 年举办了“尼泊尔茶叶与世界——国际茶叶大会”；2006 年在中国云南组织的“茶马古道国际文化之旅”中，与中国进行了茶文化方面的交流。这些都大大促进了尼泊尔与世界产茶国之间的交流和学习，推动了尼泊尔茶产业的发展。

（三）东南亚茶文化发展情况

1. 马来西亚茶文化发展情况

马来西亚的饮茶习惯最早可追溯到17世纪南迁至此的闽粤人。1885年，英籍探测家威廉·金马仑在一个测图行动中发现了喀麦朗高地（Cameron Highlands），并将其命名为金马仑高原。之后的1929年，J. A. Russell在此处开辟了首座茶园，从此这里成为马来西亚主要的产茶区，英国传统下午茶文化在此流传至今，现如今该庄园成为马来西亚人的避暑胜地。马来西亚茶文化呈现多元化特色，马来西亚街头到处可见极具中国特色的茶档、茶馆、茶行、茶楼等，这主要得益于紫藤集团在茶文化传播方面做出的贡献，该集团开办了多处茶坊、茶艺中心、茶餐厅，不仅让马来西亚人在茶艺馆中领略浓厚的中国茶文化，而且让侨民有了寄托思乡之情的处所。

肉骨茶是马来西亚人特有的茶食。马来西亚的上班族在每天下午3点左右拥有一段休息时间，在户外或花园中品尝下午茶是他们的传统。约上三五知己或带上家人，以自制的松饼或三明治作为茶点，摆上精致优美的陶瓷茶具，在铺有白色蕾丝桌布的茶桌上边品肉骨茶边吃茶点，享受难得的悠闲时光。近年来，马来西亚也出现了专供英式下午茶的具有现代时尚感的茶沙龙。

马来西亚人喜欢较浓烈的茶，约80%的当地人为红茶消费者，红茶中产自金马仑的全叶茶和碎茶滋味浓厚爽口，片茶及茶末则浓郁厚重；华人喜饮的茶类众多，包括红茶、绿茶、乌龙茶、普洱茶、花茶等。20世纪90年代后期，普洱茶被中国台湾人带入马来西亚，2013年，中国“一带一路”倡议的提出使得中马茶产业交流日益频繁，贵州仡佬族的油茶被引入马来西亚，诸如福鼎白茶、武夷岩茶、正山小种、茉莉花茶等福建茶也被带到了东南亚国家。

1997年，紫藤茶艺中心在吉隆坡主办了“无我茶会研习营”，中国台湾茶人与马来西亚的茶人进行了茶艺展示、无我茶会的交流学习；2000年，吉隆坡茶艺协会等部门主办了中秋茶艺文化周系列活动，设有茶艺比赛、

“无我茶会”、“普洱与古琴对话”茶艺讲座会等项目；2002 年，第七届国际茶文化研讨会在马来西亚举行，会议期间有世界各国茶产品、茶具、茶服等的展示。

2. 越南茶文化发展情况

越南植茶、产茶地区广泛，主栽阿萨姆种和中国云南大叶种的茶树，茶类以绿茶和红茶为主。在早期的越南社会中，喝茶仅在权贵阶层流行。越南饮茶文化因茶类的不同而各具特色，大致可以分为鲜茶文化、干茶文化、红茶文化、绿茶文化、花茶文化和漫茶文化。

花茶文化指品饮用鲜花窨制而成的绿茶，主要包括莲花茶、茉莉花茶、米籽兰花茶、金粟兰花茶、鹰爪兰花茶、菊花茶等。其中，莲花茶的制法源自中国元代倪瓒所著《清閟阁全集》一书，由于莲花在越南具有类似“国花”的地位，因此莲花茶备受民众喜爱。漫茶是一种极具越南特色的茶类，主产区在河江省。其制法与普洱茶相似，将鲜叶杀青、揉捻后，摊散在屋内或在阳光下任其自然干燥（也有少数是烘干的），未到十足干时装入容器内，过一段时间后取出蒸制、风干。如果窨以莲花，则称作莲漫茶，即使在晚上喝也不会导致失眠。除此之外，越南人也喜欢饮用加入大茴、小茴、甘草等多种香料的香味浓厚的茶。饮茶是越南人待客、社交的重要方式，但越南人对喝茶环境的要求不高，普通老百姓更喜欢露天喝茶，因此在路边的树荫下，流动式茶摊随处可见。在越南有“最后的茶好，最先的酒好”的谚语，因此主人一般先倒满自己的茶杯才给客人斟茶，旨在把味道浓郁的好茶留给客人。

进入 21 世纪，随着与中国茶产业的交流进一步加强，越南不仅引进了优良的茶树品种以提高本国茶叶品质，还引入了“无我茶会”等形式的茶文化，并且意识到可以借助文化交流向世界推广越南茶，如越南太原省太原市于 2011 年和 2015 年分别举办了以“越南茶走向世界”为主题的国际茶文化节和“春茶香色”节。

3. 印度尼西亚茶文化发展情况

自唐朝以来，尤其是清朝之后，中国与南洋贸易往来密切，茶叶被华侨带到了印度尼西亚。1728 年，爪哇首次真正植茶，茶种来自中国，1878 年开始改植来自印度的阿萨姆茶种；1912 年，苏门答腊开始大规模有组织植茶，茶种来自印度。印度尼西亚主产红茶，以传统红茶为主，也有少量 CTC 碎茶，主要用于出口；其次是绿茶，以炒青眉茶和珠茶为主，主要用于内销，有少量的蒸青茶出口日本；茉莉花茶采用中国炒青绿茶制法，以茶坯与茉莉鲜花拌和窨制而成，主要满足内销的需求。印度尼西亚生产的茶叶主要作为餐厅、宾馆和企业的免费饮料，在印度尼西亚国内几乎看不到成品茶的宣传，缺少著名品牌，茶饮料最受欢迎。

4. 新加坡茶文化发展情况

当今新加坡的人口中有六七成是华人，他们的祖父辈主要是下南洋谋生的福建人和广东人，把饮茶的习惯带到了新加坡，受到身份地位和经济状况的影响，他们喝茶主要是为了解渴。到了 20 世纪 80 年代，出现了港式茶饮，以及“肉骨茶”，即一边品尝肉骨汤，一边喝铁观音或水仙茶以缓解油腻。虽然有历史悠久的“四大金刚”老茶行——林和泰茶庄、高铭发茶庄、张馨泰茶庄和高芳圃茶庄，但是新加坡早期的茶文化并不追求优雅的品位。自 90 年代开始，一些茶馆纷纷涌现，诸如乐壶茶坊、一壶轩、怡心轩、书香雅集、留香茶艺馆、三阳茶宫、安祥馆等，这些茶馆除了提供卖茶、泡茶、品茶服务之外，还兼售茶具、字画、古玩等，开办茶艺基础班、少儿茶艺班、壶艺班等，创办自己的刊物（如《乐壶茶讯》），编写自己的教材（如《留香茶艺教材》），提供与茶相关的资讯杂志，并且定期举办茶艺表演活动，展示传统的中国茶艺，如闽粤工夫茶、花茶道、云南三道茶、唐代宫廷茶、竹筒茶，在一些迎宾和节俗活动中也表演日本的抹茶道、英国的红茶道、印度的拉茶，等等。各个茶艺馆还成立了自己的茶友会员俱乐部或茶艺俱乐部，组织“茶之旅访问团”。1990 年，新加坡茶馆业同行和一批爱茶人士申报成立了“新加坡茶艺联谊会”，旨在宣传茶文化，在每年的端午、中秋、重阳和春节都举行品茗游艺会，还举办过茶具、茶艺评比大会，于 1997 年举办了首届“无我茶会”。

5. 泰国茶文化发展情况

泰国北部的清迈省和清莱省是泰国茶叶的主要产区，其中的美斯乐山区被誉为“小阿里山”“小安溪”，主栽印度阿萨姆种、云南大叶种、台湾青心乌龙茶、金萱、软枝乌龙、日本薮北种等，生产的茶类主要包括红碎茶、乌龙茶、烘青绿茶（当地人也称为“乌条茶”）。泰国是以佛教为主要宗教的国家，男性一般年满 18 岁就要去当 3 个月的和尚。寺院里的和尚在午后是不能吃东西的，但可以饮水和淡茶，一些人给寺庙送去的茶叶就是产自福建的小包装茉莉花茶。泰国常年气候炎热，本地人喜欢在冰水中加入茶汤，饮冰茶。泰国山区还生产梱茶（也称为“酸茶”），具体加工方法是采摘嫩芽叶或野生茶树的叶片，蒸汽闷捂杀青，之后不经揉捻，由叶片堆积酸化而成。由于泰国山区缺乏蔬菜，当地人多用梱茶蘸盐巴下饭，将其当成一日三餐必不可少的副食。20 世纪 80 年代，泰国有 10%左右的人口为华人，多来自广东潮汕一带和福建闽南地区，故进口的乌龙茶主要用于满足他们的需求。

（四）西亚茶文化发展情况

西亚以热带和亚热带气候为主，气温较高，干燥少雨；西亚人多食牛羊肉，缺乏多种维生素；西亚国家大多信奉伊斯兰教，其教规禁酒。上述地理和人文因素，使中国茶叶自 5 世纪传入西亚后得到了广泛的传播和发展。西亚主要产茶国有伊朗、格鲁吉亚、土耳其等，茶类以红茶为主。

西亚饮茶最具代表性的国家之一是土耳其。土耳其语中“茶”的发音与汉语一模一样。土耳其被称作“泡在茶水里的国家”，人们早晨起床未曾刷牙用餐，先得喝杯茶；下午、晚上睡觉前或者晚饭之后都要喝茶；在城市有走街串巷、挨门挨户送茶的服务员，在车船码头有专门卖茶的人，在单位还有专人负责煮茶、卖茶和送茶，以至于土耳其人有了“叫茶”的习惯。土耳其人喝茶用的杯子比较小，材质多为玻璃或水晶，为了纪念本国种植郁金香的历史，土耳其人将茶杯制作成郁金香花的形状，这种杯子成为国外游客争相购买、收藏的特色物品。土耳其自 2008 年开始生产绿茶，并于当年成立了土耳其茶叶协会，至 2014 年已经可以零星生产白茶。

西亚人喜饮红茶，传统饮用方式是煮茶。阿富汗牧区的人们有喝奶茶的习惯，这种奶茶类似于中国蒙古族的咸奶茶。随着生活节奏的加快，西亚各国的饮茶方式也逐渐向着方便、快捷、实用的方向发展，直接饮用泡饮茶或袋泡茶、速溶茶、浓缩茶、鲜茶饮料、苹果茶、薄荷茶等的人群越来越多。随着中国茶文化思想的传播，一些西亚的国家出现了讲究静谧雅洁、和谐统一意境的茶艺馆，如在伊朗有各种档次、各种大小、风格各异的茶馆，满足不同人群的身心需求。

二　欧洲茶文化发展

（一）南欧茶文化发展情况

南欧最早饮用茶叶的国家当属葡萄牙共和国。葡萄牙人从 16 世纪开始接触茶叶，葡萄牙神父 Gasparda Cruz 在《中国志》（1557 年左右）中、葡籍耶稣会士 Álvarode Semedo 在《大中国志》（1663 年）中均讲述了中国人以茶待客的风俗。1431 年，亚速尔群岛成为葡萄牙领土，该群岛由火山爆发而形成，其中的圣米格尔岛（Sao Miguel）地理环境与气候非常适合茶树的生长。1820 年，中国茶种从中国澳门传至巴西，再传至亚速尔群岛。1878 年，来自澳门的种茶专家刘阿彬和刘阿定带来了中国和印度的茶种。亚速尔群岛制茶业在 20 世纪初开始繁盛，并出口至葡萄牙和欧洲其他国家。经历了战乱之后，圣米格尔岛上只有高雷安娜茶厂和美丽港茶厂被保留下来。

（二）西欧茶文化发展情况

1. 英国茶文化发展情况

1603 年，英国在爪哇万丹设立了万丹东印度公司，旅居于此的英国商人和海员受当地华人、葡萄牙人和荷兰人的影响，也开始饮用中国茶，并将它们带回英国赠送亲友，饮茶的习惯由此在英国慢慢传播开来。18 世纪末期，英国真正成为全民饮茶的国家，火车、轮船、机场、宾馆，甚至电影院、剧场都有茶水供应。在饮茶成风的维多利亚时代，医学家们曾针对因劳动阶层"酗茶"和不恰当的饮茶方法而产生的社会文化问题做过调查和研究，为科学饮茶奠定了基础；茶党、茶会引导的禁酒运动，客观上促进了茶文化在英国的传播和发展。英国文人或以茶诗抒情，如埃德蒙·沃尔特的《饮茶王后之歌》、拜伦的《为中国之泪水——绿茶女神所感动》、西伯的《茶颂》、英国自由党人的 *The Rolliad*；或以茶画叙事，如爱尔兰画家 N. 霍恩的《饮茶图》、E. 爱德华兹的饮茶风俗画等。狄更斯《匹克威克外传》中的非正式英国茶会、劳伦斯《儿子与情人》中普通矿工家庭的喝茶习俗等，都充分展现了当时英国盛行的茶文化。

由于英国有着早餐、午餐与晚餐间隔时间较长的饮食习惯，贝德福德公爵的第七位夫人安娜开创了在下午邀约好友喝奶茶、吃点心、聊天的下午茶习俗，并在之后逐渐发展、完善，形成内涵丰富、形式优雅的正统英式下午茶会，被称为"afternoon tea"。下午茶一般在下午三点半到五点之间举行，对茶具摆放、茶点摆设、冲饮方式、饮茶环境和礼仪等都有规定，随之还出现了专门消费茶饮料的茶园，甚至诞生了茶舞这样的艺术形式。因此，下午茶所体现出的更多的是以茶会友、以茶待客、以茶怡情、以茶联谊等社交功用。下午茶发展到 19 世纪末，其形式已与今日接近，并在中层和上层阶级中流行。除了备有用散茶冲泡的茶汤、糖和牛奶之外，最好的标配是放置在茶杯边的脂粉玫瑰、生菜心、薄面包和黄油、清晨已烤好的小脆饼干等。除了下午茶，英国人通常早晨起床饮茶一次，称为"early morning tea"；上午饮一次，称为"morning tea"；晚餐时再饮一次，称为"high tea"。其中，"high tea"始于 1825 年，是英格兰北部的方言，通常盛行于工人阶级中，除了喝茶外，还有热菜（或冷盘的火腿沙拉）、蛋糕、面包、黄油和果酱，传统上是有更重要的正式晚餐的中层或上层阶级给自己的孩子准备的。

随着现代化工业的发展和生活节奏的加快，袋泡茶成为英国人消费茶叶的主要形式，普通家庭的下午茶通常泡的就是茶包。品类繁多是英国袋泡茶最大的特色，某些特定的消费者群体需要的茶叶被称为“special teas”，以中高档质量的产品为主，注重标志和商标。随着东方文化的普及和追求至简、自然生活理念的发展，嗜茶的英国消费者已经越来越倾向于品饮原叶茶，消费茶类从绿茶、红茶拓展到乌龙茶、白茶、普洱茶、茉莉花茶等，即便是信阳毛尖、黄山毛峰、金骏眉、冻顶乌龙等高价优质的名优茶也拥有了一定的消费群体。消费茶类仍以红茶为主，但随着人们健康意识的日益增强，绿茶、果茶和草药茶的增长势头强劲。

长期以来，英国还致力于成立各种社团组织，推动本国乃至全球茶产业的发展。1933 年，国际茶叶委员会（The International Tea Committee）成立，总部设在英国伦敦。2005 年，英国华夏文化协会（UK China Culture Association）成立，为在英国大力推广中国茶、帮助中国茶打开英国市场等做出了突出贡献。

每年的 4 月 21 日是英国的“国家茶叶日”（National Tea Day），意在表达英国人对茶叶的喜爱。英国人无论身在何处，都可以用多种方式进行庆祝，如参加英国红十字会组织的募集善款的茶会，救助有危难的人、患癌儿童和伤残人士，或者去参加一场正统的英国下午茶会，或者组织一场茶叶品鉴会。

2. 法国茶文化发展情况

1636 年，荷兰人将来自中国的茶叶经爪哇转运至法国巴黎。法国人嗜好咖啡和葡萄酒，气候不像英国那般湿润、多雾、寒冷，再加上英国垄断了欧洲的茶叶市场，因而茶叶仅仅作为一种奢侈品在贵族之间流行，且通常被看作治病、防病的良药，如法国神父 Alexander Dekhodes 所著的《传教士旅行记》、菲利普·杜福尔 1685 年出版的法国最早论述茶叶的书籍《关于咖啡、茶与巧克力的新奇论文》、法国远东学家 Eusèbe Renaudot 1713 年翻译的《印度和中国古代记事》、史学家 Madamede Sevigne 的作品中都涉及以茶治病的内容；“太阳王”路易十四及其祖父马萨林枢机主教（Cardinal Mazarin）、雷瑙杜德也都留下了用茶叶治愈疾病的逸事。20 世纪以来，随着法国工业化后人们生活节奏的加快，法国人用餐时间开始与英国人接近，供应点心的下午茶逐渐在法国流行开来，法国下午茶的做法是在茶水中加入牛乳、砂糖或柠檬。

20 世纪 60 年代以来，法国人均茶叶消费量实现了快速增长，仅次于爱尔兰和英国，与德国相差无几。法国人的饮茶方式分为“清饮”和“调饮”两种。“清饮”即只用沸水冲泡饮用。“调饮”则分为绿茶调饮和红茶调饮：绿茶调饮多加入方糖或新鲜薄荷叶（汁），红茶调饮则多加入糖或牛奶。旅法中国人主要饮用花茶。在 90 年代，方便、健康、天然的罐装茶饮料在法国市场上受到欢迎，其主要是以红茶茶水调配蔗糖、葡萄糖、柠檬或果汁等制成。

法国人与生俱来的浪漫气质，以及其对美食的追求，使得法国茶文化具有以下三个特点。

第一，茶类产品丰富。一方面，法国人喜爱加味茶，内外销的茶产品以香料茶、水果风味茶为主，被多数茶人视为“法国风味”茶。另一方面，法国人对食物拥有独特的理解，他们优选世界各地品质突出的好茶，直接从原产地进口，称之为特种茶，并且评价每一种茶的特点，给予其不同的品质证明。在法国，热冲的特种茶地位稳固，原本在优质的食杂店和酒店餐厅中被售卖，现如今则多在品牌茶店或茶馆里被直接卖给消费者。快销的罐装茶、瓶装茶或便利店里的袋泡茶无法替代特种茶在法国人心中的地位。

第二，茶馆文化兴盛。法国茶馆由来已久，但多类似于餐馆、咖啡馆等，以满足法国人外出饮茶的需求。自 1980 年老舍的《茶馆》在法国演出后，中国式茶馆开始流行于法国，东方茶文化开始在这个浪漫国度生根发芽。法国茶园公司总经理北歌·娜嘉女士是代表性人物之一，她在里昂开了 7 家中国茶馆，每天都有不少法国、中国客人慕名前来，大部分中国茶客知道的名茶，这里几乎全有。而日本等外国茶馆也渐渐进入法国，甚至有法国人还将具有法国特色的茶馆开到了中国，如上海永嘉路的“宋芳茶馆”，出售 40 种中国茶和 20 种进口自法国的香料茶；上海古北的一家法国餐厅则用法国品牌的茶叶作为主打产品，提供伯爵奶茶、科尔特风味茶、印度黑茶等，让人们领略到典型的法国下午茶风格。

第三，茶文化交流频繁。法国国内成立了多种多样与茶叶有关的社团组织，如法国饮茶者俱乐部、法国国际茶文化促进会、法国茶道协会、法国（里昂）中国茶文化协会等。这些组织一方面在国内推广多样的茶文化，另一方面积极与其他产茶国家开展茶事交流活动。通过中法互办文化年（2003~2005年）的契机，法国频繁邀请中国的茶叶机构和相关人士到当地开展茶文化交流活动，如“中国茶文化节”“东方清韵——中国茶文化展览会”“巴黎中国茶文化周”“自然与茶·紫砂陶艺术展”等，内容主要包括品茗会、茶艺展示、茶具展览、中华茶文化展览等。

3. 荷兰茶文化发展情况

荷兰有“低地之国”之称，年平均降水量700毫米，天气多变，一年只有60~65天的晴朗日子，故荷兰不产茶，但它却是将茶广泛传播到欧洲的国家。1596年，荷兰在爪哇岛和班达群岛建立了东印度公司；1607年，荷兰人通过该公司将购自中国澳门的茶叶运至荷兰的阿姆斯特丹港，转运至英国、法国等其他欧洲国家，开启了中国茶叶在欧洲大陆的商业之旅。在荷兰的中餐厅中，幽香的茉莉花茶最受欢迎。荷兰所销售的茶叶70%以上是袋泡茶，而随着现代化生活步伐的加快，传统的“午后茶”也逐渐消失了。

（三）中欧茶文化发展情况

1. 波兰茶文化发展情况

17世纪，茶叶被传教士 Michat Boym 带入波兰，并作为药品被波兰人所认识和使用，故波兰语中“茶”的发音为“herbata”，与草药“herb”相近。18世纪初，茶叶开始作为饮料进入波兰上层社会。如今，波兰已成为欧洲三大茶叶消费国之一，仅次于俄罗斯和英国，这与波兰的膳食结构以肉类、黄油、奶油为主，爱喝烈酒以御寒不无关系。

波兰茶叶市场的主要产品是袋泡茶，茶类以红茶为主，兼有少量绿茶、花茶，花草茶、果茶也有一定的市场。波兰人饮茶有冲泡法和调饮法：冲泡法与中国相同，其中东部波兰人通常采用很大的金属壶将水烧开，然后把水冲入放有茶叶的小茶壶之中，一般泡上5分钟左右，由于时间较长，茶汤很浓，饮茶者会根据个人的口味在自己的杯中加入适量的白开水，将其稀释后再饮用，这种饮茶方式是在俄式茶炊“沙玛瓦特”的基础上改良的；调饮法则通常是在茶水中加入糖、柠檬片或挤入柠檬汁。

2. 德国茶文化发展情况

17世纪50年代，茶叶进入德国。德国因被称为“咖啡烘焙的理想黄金国”而闻名于世，茶叶能在此占有一席之地，与消费者健康意识的日益增强、茶产品种类的多样化和时髦茶店越来越多有关，甚至咖啡馆也开始供应各种高品质的茶。

德国人以饮用散茶为主，散茶占总体茶叶销售量的60%，袋泡茶占40%。其中，红茶稳占81%的市场份额，随着健康生活潮流的兴起，绿茶的市场份额正在稳步上升，具有保健和营养功效的花草茶、果茶也快速地发展起来。

此外，德国的高度工业化使其在开发茶叶机械方面具有极大优势。如由TEEPACK公司开发的双囊袋泡茶设备，始终处于同行业领先地位；捷科纳食品工程机械有限公司开发的茶叶自动化处理与包装及后台自动化技术，使该公司成为东欧目前最大的茶叶自动化设备供应商；Glatfelter公司则是全球最知名的袋泡茶包装用滤纸制造、供应商之一。

随着中国茶文化影响力的不断扩大，中德两国间的茶事交流活动也日益频繁。2010年，中德两国茶友在石家庄三字禅茶院举行习禅问茶活动；2013年，柏林中国文化中心举办茶文化展示及品茗活动，老舍茶馆亮相柏林国际旅游博览会；2016年底，德国最大的茶道馆“茶道——中国茶与艺术中心”在法兰克福市中心建成，成为推广中国茶文化的重要场所。

（四）东欧茶文化发展情况

19世纪中期，莫斯科已经有多家茶叶专卖商店和茶水作坊，甚至连军队也越来越离不开茶。1886 年起，俄军正式把茶叶和砂糖列入军需食品，配发给条件比较艰苦的部队；苏俄国内战争结束后，苏军中更是普遍供应“军茶”。著名画家巴·库斯托季耶夫的油画《商妇品茗》以饮茶为题材，画中桌子上一把高高立着的铜制茶炊，充分展示了俄罗斯的茶文化；列夫·托尔斯泰《战争与和平》一书中，有关茶具、茶炊、茶礼的内容就有 41 页之多。19 世纪 50 年代之后，俄国能成为欧洲少数几个植茶国之一，中国茶师刘峻周功不可没。

俄罗斯人饮食油味重，爱吃肉食和带酸味的食品，爱喝烈性酒，所以他们期望通过喝茶以缓解或消除饮食习惯对身体的不良影响，大部分俄罗斯人都不会否认茶在俄罗斯的“国饮”地位。目前，俄罗斯主要从中国、印度和斯里兰卡进口茶叶，以红茶为主，而 1968 年以前，中国的绿茶和茉莉花茶则更受俄罗斯人的喜爱。在漫长的饮茶历史变革中，俄罗斯人形成了自身的茶文化，主要表现在以下几个方面。

1. 独特的茶具

“茶炊”在俄罗斯辞典中的定义是“烧开水用的金属器皿，内部有烧煤的炉膛”或者是“烧茶用的带烟囱的铜器皿”，发明了茶炊这种制作热茶的器皿的地点在离莫斯科不远的图拉市。茶炊分为银制、铜制或铁制，更有装饰了宝石和黄金的皇室茶炊；形状有筒形、锥形、正多边形、高脚杯形、球形、花瓶形、梨形、喇叭形、橄榄形等，并装饰有美丽的花纹。

在俄国沙皇时代，手工茶炊价格昂贵，贫民阶层通常合伙购买，轮流坐庄，“请喝茶”就意味着“请客”，而现如今，不少俄罗斯人家中都有两个茶炊，分别在平时与节假日使用。随着现代生活节奏的加快，尽管茶炊仍是俄罗斯人日常生活的必需品，但多以电茶炊代替传统茶炊，且主要用于烧水，而传统茶炊更多的时候只起到装饰品、工艺品的作用，其上有栩栩如生的动物形象的把手、支脚和龙头等，别具俄罗斯特色。每逢隆重的节日，俄罗斯人一定会把茶炊摆上餐桌，亲朋好友则围坐在茶炊旁饮茶，感受节日的气氛。传统意义上的“围着茶炊饮茶”的习俗在俄罗斯乡村的木屋里一直流传至今。

2. 独特的饮茶方式

俄罗斯人用茶炊沏茶时，多冲煮成浓茶，然后从小茶壶里倒一点浓茶至杯里，视个人口味，用大壶里的热水加以稀释即可饮用。品饮时“用茶碟喝茶”是一种从十八九世纪的俄罗斯乡村流传下来的饮茶方式。苏联解体前的格鲁吉亚南部喜清饮茶叶，泡法类似中国云南的烤茶。蒙古式饮法流行于西南伏尔加河、顿河流域，即在碾碎的紧压绿茶中加入牛奶、羊奶或骆驼奶，以及动物油、油炒面粉、谷物和盐，共煮 15 分钟即可饮用。卡尔梅族饮法则是将散茶与大量动物奶共同烧煮、过滤后饮用。

此外，与多数亚欧国家相似，俄罗斯人喜饮甜茶，除了在茶汤中加入糖外，俄罗斯人还会根据个人口味加入牛奶、蜂蜜、果酱、柠檬、山楂等，也有人加入白兰地和朗姆酒，同时佐以大盘小碟的蛋糕、饼干、面包、奶渣饼等茶点，甚至发明了专为喝茶而做的“饮茶饼干”。与英国人相同，俄罗斯人在上午 10 点和下午 4 点，都有上午茶和下午茶的习惯。

3. 茶馆文化兴起

随着俄罗斯茶文化的发展，专门的茶馆兴起，这些茶馆中近一半主营中国茶，出现了东方茶馆、茶文化俱乐部、铁观音俱乐部等众多富有中国文化色彩的品茗场所。1727 年中俄签订的《恰克图条约》开启了中俄茶叶贸易的黄金时期，而 2013 年“一带一路”倡议的提出让中俄两国的茶文化交流迎来了新纪元。

三　大洋洲茶文化发展

澳大利亚是大洋洲最主要的茶叶消费国。澳大利亚是岛国，其北部位于热带，内陆为大片荒漠区，东南部位于温带，适宜种茶，主要产茶区在东部的昆士兰州北部。

作为英国曾经的殖民地，澳大利亚保留了饮用浓醇口感的红碎茶和佐以糖、牛奶、柠檬或其他果汁的调味茶的习惯。过去，澳大利亚每个政府部门、工作单位都有“茶伺”（tea lady）。在澳大利亚的偏僻农村，至今还流行着一种奇特的“茶壶舞”，当茶壶中的水烧沸时，人们提着茶壶跳舞，但并不会将茶汤溢出或溅出，然后速度减慢，最后停止舞动，这时茶汤已变得香浓，主人便开始向宾客按顺序敬茶。

20 世纪 90 年代末，大量亚洲移民来到澳大利亚，形成了“唐人街”、“好诗围”（“小广东”）、“爱士菲”（“小上海”）等华人聚居区。华人建茶庄，销售散装的中国名茶，其经营的酒家、餐室除了供应茶水外，早、午两个茶市还提供菜肴和茶点。澳大利亚白人经营的超市则主要售卖以袋泡茶为主的小包装茶，还有一些无公害的果味茶、草药茶等。近年来，澳大利亚出现了由当地人开办的售卖精品茶、茶点和熟食等的茶馆。

澳大利亚是一个多民族、多元化的国家，为了向各国移民推广茶文化，由中国、马来西亚、印度尼西亚、新加坡、印度等 18 个国家的澳大利亚籍爱茶人士和澳洲本土茶叶公司联合发起成立了澳大利亚茶文化研究会。2011 年 12 月，由福建省文化厅、福建省对外贸易经济合作厅主办，福建省茶叶学会及澳中文化科技促进会承办的“澳大利亚中国文化年——2011 年中国茶文化产业博览会”在澳大利亚悉尼国际展览中心举行，为推动中国茶叶和茶文化走进澳洲发挥了积极作用。

四　美洲茶文化发展

（一）北美洲茶文化发展情况

1. 美国茶文化发展情况

（1）茶文化发展概况

1492 年哥伦布发现美洲新大陆，17 世纪初期美国成为英国的殖民地，自此，美国茶文化深深地烙上了殖民色彩。因茶叶在当时的英国是宫廷贵族身份的象征，故茶叶在美国成为财富、上流社会、有教养和懂礼貌及优先权利等的标志。美国的饮茶方式与欧洲大致相同，有些家庭会定期举行类似英国下午茶的茶会，茶类以来自中国的武夷茶或红茶为主。在波士顿、纽约各地的药房出现了印有“出售乌龙茶和绿茶”的广告，饮茶成为一种医疗手段。与茶叶消费相配套的茶器也应运而生，出现了陶瓷、玻璃、白锡及银质的茶托、茶碗、茶勺等茶具，以及制作它们的手工艺人。

美国取得独立后，茶叶与咖啡的博弈更加激烈，但是长期形成的饮茶习惯已在美洲大地生根发芽。1784，“中国皇后”号从纽约港起航，开启了中美直接进行茶叶贸易的新时代。美国茶文化开始加速向中产阶级和下层社会传播，茶叶成为朋友、亲戚社交间的物品；美国黑人为了恢复体力，也有了固定的饮茶时间。这个时期生产的茶壶的样式比美国革命末期的茶壶更加简单、体积更大，但是设计优雅，颇具古希腊和古罗马的遗风。同时，随着加工技术的日益进步和完善，茶叶相关产品（如茶具）实现低成本生产，价格的降低提高了人们的购买能力，进一步促进了茶叶的消费。19 世纪 30 年代之后，美国开始从印度和斯里兰卡进口茶叶，到 20 世纪初，美国已经成为世界上主要的茶叶进口消费国之一。

20 世纪 30 年代，红茶、绿茶各占美国茶叶消费市场 40%的份额，余下的主要是乌龙茶。然而，第二次世界大战的爆发使产自中国和日本的绿茶货源被切断，美国只能从印度进口红茶，印度红茶的消费比重达到 99%。50 年代的朝鲜战争让美国再次出现了茶叶货源不稳定的情况，美国开始寻找其他的供应者。此后，阿根廷成为美国茶叶的主要进口国，美国食药局化学家和茶叶专家 Robert Dick 解释道：“尽管那里无法生产出品质优异的茶叶，但是茶树在那里能够快速生长，因而能够生产大量的茶叶。”

美国饮茶方式多元，袋泡茶、速溶茶等便捷饮用方式的盛行让传统的中国茶被边缘化为“特种茶”（special teas）或“散茶”（loose teas），逐渐淡出美国的茶饮主流界。1983 年，40 岁的 John Harney 创立茶叶公司 Harney&Sons，开始推广“散茶”“特种茶”，并在 1994 年举办了哈尼茶叶峰会（Harney Tea Summit），在教人如何经营特种茶的同时，使特种茶再次进入美国人的视野，促成了旨在宣传特种茶、传播茶叶基础知识的“美国至尊茶学院”（The American Premium Tea Institute）的诞生。1995 年，美国法令通过了进口中国普洱茶的合法证书，特种茶逐渐深入人心。2013 年，

Teavana 公司的一份市场调查显示，青年人是增长最快的茶叶消费群体，并且更喜欢尝试喝绿茶和其他特种茶类。绿茶所具有的预防和治疗疾病、延缓衰老等保健功能是推动绿茶销售量快速增长的主要原因。近年来，冰茶、冷泡茶和即饮茶（ready-to-drink，RTD）成为美国茶叶市场的主要产品。冰茶成为美国餐馆饮料菜单上的主要饮品，比起传统茶，美国消费者更偏爱点冰茶。美国茶叶协会 2016 年的一份调查报告显示，美国饮茶人群中，84%喜欢冰茶，75%喜欢热茶，美国中西部的饮茶者相较南部饮茶者更喜欢在茶中加冰，而南部人更喜欢加糖。冷泡茶含有较少的咖啡因、更多的抗氧化成分，在口感上不易苦涩，因而受到越来越多的人的推崇。2018 年 Beverage Marketing 的调查显示，即饮茶是美国茶叶市场中唯一在销量和销售额上呈增长趋势的茶产品。此外，一种被称为"酵母茶饮"（Kombucha）的功能性饮料的消费量开始快速增加。Kombucha 是将菌类和酵母加入甜味茶汤后再放置一星期制成，具有令人愉悦、振奋精神和有益健康的作用。调查显示，美国大学生放假结束回到校园后，到附近茶店饮用的主要茶产品有珍珠奶茶、酵母茶饮、冷泡茶和水果茶等。

美国将每年 1 月和 1 月 12 日分别定为"国家热茶月"（National Hot Tea Month）和"国家热茶日"（National Hot Tea Day）。在这段时间，美国人一般通过以下五种方式来庆祝：第一，在当地的茶馆或茶室举办一场或参加一场下午茶；第二，将旅行杯或玻璃杯装满茶，然后出门远足；第三，参加一场传统的茶道仪式；第四，以茶为调料加入酱料、汤或面粉中；第五，与一位喝咖啡的朋友分享一杯茶，并向他们介绍茶叶的好处和风味特点。与之相对应的是，每年的 6 月和 6 月 10 日被定为"国家冰茶月"（National Iced Tea Month）和"国家冰茶日"（National Iced Tea Day），在这段时间，人们可以尽情品尝调饮冰茶、珍珠奶茶、冷泡茶、气泡茶、草药茶等，美国茶叶协会为了推动该活动的进行，还特意在"喝茶运动"（Drink Tea Campaign）的图表中加入了"喝茶，加冰！"（Iceit Drink Tea）的口号。值得一提的是，尽管根据国际茶叶委员会的数据，美国是世界第三大茶叶进口国，但目前已有美国本土种植的茶树鲜叶加工成的茶叶在市场上销售，其主要来自夏威夷州和密西西比州。茶树品种来自印度、中国和日本，成品茶具有花香，甜度高，带有焦糖和巧克力风味。

（2）茶馆文化开始兴起

1993 年，一位热爱中国茶文化的香港人 RoyFong 在旧金山创办了全美首家中国茶馆“皇家茶苑”（Imperial Tea Court），并著成《中国茗茶》（*Great Teas of China*）一书，推动了中国茶文化在美国的传播；1997 年，具有禅宗风格的茶馆“Ching Ching Cha”开业，主要销售中国茶、茶具以及书籍。之后，越来越多的美国本土人被茶文化吸引而辞去原本的职业，来从事茶馆或茶室的经营，至 2014 年美国已有超过 3000 间的茶室和茶叶零售商。它们有的建在自然环境优美的乡村，提供传统的饮茶方式，如佛蒙特州的 Setting Sun TeaHut；有的建在都市中为顾客提供各类茶产品，如伯克利市的 Asha Tea House；有的通过茶室的氛围调节顾客的心情，如 Tea Smith 专门为下班后不想去酒吧或餐馆但又想享受夜生活的人设计了一份“5 点后的饮品菜单”（After 5 Menu），又如旧金山的两家茶馆中开设了“静观茶”项目，即提供给客人一杯免费的茶，唯一的要求是关闭所有的电子设备，安静地泡茶和饮茶，两家茶馆分别在上午 10 点前和 8 点前提供该服务，旨在让人们静思、放松身心，而后投入工作；有的则建在风景名胜区或博物馆之中，如华盛顿汤森港的茶馆 Pippa's Real Tea，其特色之一是店内有一面“嗅香墙”，游客或当地人可以在嗅香后选择自己喜爱的茶，又如 Abigail's Tea Room 则建在 Boston Tea Party Ships&Museum 中，为了纪念“波士顿倾茶事件”，该茶馆有 5 种固定不变的茶产品，再如迪士尼乐园的 Steakhouse55 茶店在每年的情人节、母亲节和万圣节都会举办主题茶会，在 11 月 16 日至 12 月 31 日期间，还会举办“快乐假期茶会”（Avery Merry Holiday Tea Party）。2018 年，Destination Tea 对全美提供下午茶的场所数目进行了统计，其中排名前 3 的州为加利福尼亚州（119 所）、佛罗里达州（72 所）、纽约州（66 所），排名前 3 的城市为纽约、洛杉矶和华盛顿。

（3）茶事交流活动日益丰富

自 20 世纪末期以来，美国开始加深与中国茶文化的交流，并在本土开展相关的茶事活动。1998 在美国洛杉矶市举办的“走向 21 世纪中华茶文化国际学术研讨会”，旨在发展、培养美国茶文化和人们的品茗情趣，为美国茶文化爱好者提供一次了解中国茶文化的良好机会；2009 年在美国罗得岛州布莱恩特大学孔子学院举办了以“中国茶文化”为主题的晚会；2012 年中国茶文化代表团参加美国亚洲节；2014 年 11 月，夏威夷中华总商会在檀香山主办了第十二届“中国风情节”大型文化和商业展览活动，其间举办了以“王者之香”为主题的黑茶历史文化图片展；2018 年 11 月，“北美中华茶文化高峰论坛暨福建名优茶推介交流会”在美国新泽西州纽瓦克市召开，旨在弘扬中华茶文化、以茶会友。

从 2003 年起，美国茶叶协会开始承办“世界茶叶博览会”（World Tea Expo）和“北美茶叶大赛”（American Tea Championship），旨在让更多的美国人了解了茶叶知识和茶文化。2018 年该协会还提出了“茶叶工匠认证项目”（World Tea Academy Live's Tea Craftsman Certification Program），让一线的茶叶工作者不仅懂得如何倒茶给顾客，更被训练为一名茶叶专家，对茶叶冲泡、加工、拼配、风味、茶文化等方面都有所了解。

从 2012 年开始，美国每月都会举办地区性的茶叶节，将当地的风俗与茶味结合在一起，让人们有机会与朋友和邻居分享茶叶，同时主办方还会邀请其他地区加入其中，这些节日主要有西南部茶叶节（Southwest Tea Festival）、纽约咖啡与茶叶节（Coffee and Tea Festival NYC）、中西部茶叶节（Midwest Tea Festival）、落基山茶叶节（Rocky Mountain Tea Festival）、西北部茶叶节（Northwest Tea Festival）、洛杉矶国际茶叶节（Los Angeles International Tea Festival）、旧金山国际茶叶节（San Francisco International Tea Festival）等。茶叶节一方面促进了人们对茶叶的了解，另一方面也鼓励更多的社团或公司来承办活动，展示它们的风采和理念。

2. 加拿大茶文化发展情况

1716 年，Hudson's Bay 公司一艘装载茶叶的船在航行了 1 年多后抵达加拿大港口，从那时起，加拿大人成为茶叶的爱好者。加拿大不产茶，茶叶依赖进口，在茶餐厅、茶馆、中国茶铺、中国超市、中国茶叶公益组织等地方都能买到中国茶。

加拿大人保留了英国人喝下午茶的习俗，并配以牛奶和白糖，以沿海地区的人群消费量为最高。随着人们保健观念的日益增强，越来越多的加拿大人开始饮用绿茶和有机茶。该国调查机构的报告显示，年轻人是加拿大最大的速溶茶消费群体，青少年既喝袋泡茶也喝速溶茶，喝袋泡茶的新一代正在成长。加拿大人对餐馆饮茶时的茶杯、茶盘和茶壶颇为讲究，认为其是优质服务的重要标志，并且有90%的加拿大人要求餐馆使用沸水泡茶。魁北克人对饮茶尤为重视，他们喜欢在不同的社会场所选择不同种类的茶，当地还开设了约25家专业、时尚、富有中国特色的茶叶店。多伦多是中国侨民的聚集地，地级市的福建同乡会（如平潭、泉州、厦门、福州等）较多，年纪较大的侨民成立的老人会、联谊会等机构有消费茶的需求。近年来，在加拿大还陆续成立了加拿大茶文化协会、加拿大福建华联总会、多元文化茶协会等社团组织，旨在积极推动中国茶文化在加拿大的传承与发展；此外还举办了“加拿大‘嘉茗杯’茶艺大赛”，来自中国的留学生和当地的爱茶之人都积极参加。

（二）南美洲茶文化发展情况

1812年，南美洲开始从中国引进茶种，在巴西里约热内卢植物园中试种。1850年，茶园已初具规模。在这一过程中，来自中国的种茶经验丰富的茶农起到了关键作用，同时把中国茶文化和饮食文化传到了巴西，至今仍矗立在里约热内卢蒂茹卡国家森林公园的中国亭就是这段历史的见证。

南美消费的茶叶种类以红茶为主，还有少量的蒸青绿茶。在阿根廷则流行一种非茶之茶——马黛茶，味虽苦，但具有消暑降火、提神醒脑、助消化、减肥瘦身的功效。饮用马黛茶的器皿常用竹筒或葫芦瓢制成，呈扁椭圆形或扁梨形，容量为0.2~0.3升，饮用时将马黛茶倒入器皿后加适量热水至杯口处即可，然后用一支长15~18厘米、直径约0.7厘米的金属吸管插入茶水中吸饮。据说，主人看重你才会请你品味马黛茶。每年11月份的第二周是阿根廷法定的马黛茶节。在整个节日期间，会有许多身着漂亮民族服装的妙龄少男少女向路人赠送小盒装的马黛茶，与此同时，民间还要评选出一位“马黛茶女王”。2013 年 8 月 2 日，阿根廷颁布了相关法律，马黛茶被正式定为“国饮”。

五　非洲茶文化发展

（一）肯尼亚茶文化发展情况

肯尼亚在英国统治时期自印度引进了阿萨姆茶树品种，于 1903 年在利穆鲁（Limuru）栽种了第一片茶园，1920 年之后开始了商业化的茶叶种植。1963 年肯尼亚独立后，在政府的重视及相关产业技术政策的支持下，已发展为世界第二大红茶生产和出口国，除了种植阿萨姆茶树品种外，还积极引进中国茶种和日本茶种，2008 年以来成功选育了紫茶无性系品种，制得的成品茶已出口美国和加拿大。肯尼亚生产加工的茶类以 CTC 红碎茶为主，也开始小规模地对包括绿茶、白茶以及乌龙茶在内的产品进行多样化研究。近年来，肯尼亚政府正在尝试开辟中国、加拿大、欧洲和北非等国的市场，以应对埃及、英国和巴基斯坦等传统茶叶进口国价格波动的问题。

（二）马里共和国茶文化发展情况

马里人的饮茶习惯，始于北方的图阿雷格人，茶叶是北部牧民的生活必需品。但是，马里位于举世闻名的撒哈拉大沙漠南端，每年有长达 7 个月的旱季，终日万里无云，气温多超过 35℃，空气异常干燥，相对湿度常在 50%以下，在马里植茶几乎不可能。因此，长久以来，殖民统治者将手中的茶叶作为压迫当地人的一种“武器”。直至 1960 年马里独立后，来自中国的林桂镗、谌介国等茶学专家来到马里援助当地植茶并取得成功，在西非地区产生了十分深远的影响，受到了国际舆论的赞扬和世界茶界人士的好评，马里也开启了自主种茶、制茶的时代。

马里人喝茶喜煮饮。在马里首都巴马科，家庭主妇每日清晨的第一件事就是点炉、烧水、煮茶；流动的排子车上和固定的大茶档里都有中国绿茶贩卖。马里人饮茶讲究一个“浓”字。烹制办法是用一只搪瓷壶，放进茶叶和重量数倍于茶叶的砂糖，注水后放在一只被称作“马尔加什”的炭炉上熬煮成一小杯浓茶后倒出，加水后再煮。如此再三，称为“三巡制”——一巡浓、二巡适中、三巡淡如清水。在斋月，每天日落，茶君子们最迫不及待的就是先痛饮茶水三巡。艺术家出国演出或运动员参加国际比赛，行囊中也少不了茶炉和茶壶。在马里，小费被称作“茶资”，意为“些少茶资，不成敬意，请务必收下”。

（三）其他非洲国家茶文化发展情况

非洲国家受到地理位置的影响，气候炎热，因此非洲人通过饮茶解渴消暑，提神醒脑，并喜欢在茶水中加入白糖、薄荷叶等。毛里塔尼亚有“沙漠之国”的称号，当地人喜饮中国绿茶，一般是将茶叶放进小瓷壶或铜壶里煮滚，加入白糖和薄荷叶，倒入酒杯大小的玻璃杯内饮用；当地还有煮甜茶招待客人的“见面一杯茶”礼仪习俗。摩洛哥人在日常的社交鸡尾酒会上有饭后饮“三道茶”的礼仪，即敬三杯用茶叶（一般为中国绿茶）加白糖熬煮的甜茶，一般茶叶与糖的重量比为 1 ∶ 10，饮后有提神解酒的功效；茶具是摩洛哥国王和政府赠送来访国宾的礼品之一，一套考究的摩洛哥茶具重达 100 公斤；在繁忙热闹的市场里，窄小的街道上，随时可见手托锡盘、脚步匆匆，从身旁擦身而过的伙计，盘中放着一把锡壶，两个玻璃杯，为老板或商店送茶；在流动旧货市场里，煮制加入了白糖和薄荷叶的甜茶的茶棚也是最热闹的地方。埃及人从早到晚都喝茶，喜欢饮用加入了蔗糖的红茶茶水，一般将茶叶放入茶杯用沸水冲沏，杯子里再加入 1/3 茶杯容积的白糖，待其充分溶化后便可饮用，甜腻无比；埃及人泡茶通常用玻璃器皿，糖茶是招待宾客的最佳饮料。

参考文献

[1] 乌普尔·维克拉马辛哈、檀生兰：《斯里兰卡的茶产业》，《中国投资》2018 年第 9 期。

[2] 湘茗：《印度茶业》，《茶叶》2017 年第 3 期，第 184~188 页。

[3] 许兰、屠幼英：《斯里兰卡茶产业发展综述》，《茶叶》2017 年第 3 期，第 129~133 页。

[4] 陶艳红、张健：《日本静冈茶文化生态式旅游资源的开发及启示》，《世界农业》2017 年第 2 期，第 44~47 页。

[5] 周惠芳：《浅析印度茶为“国饮”的历史推力与现实阻力》，《商》2016 年第 28 期，第 144、130 页。

[6] 谷津阳子（Yatsu Yoko）：《中国茶艺在日本推广现状及前景实证研究》，硕士学位论文，上海交通大学，2015。

[7] 吴宁：《印度的“茶为国饮”》，《中华合作时报》2012 年 6 月 12 日。

[8] 刘朴兵：《略论日本茶文化的演变》，《农业考古》2012 年第 2 期，第 282~289 页。

[9] 申素熙：《韩国现代茶文化的发展历程及阶段性特征》，《茶叶》2011 年第 4 期，第 258~259 页。

[10] 林更生：《斯里兰卡及其茶文化》，《农业考古》2011 年第 5 期，第 353~355 页。

[11] 罗龙新：《印度茶区考察散记（四）》，《中国茶叶》2010 年第 12 期，第 9~11 页。

[12] 林更生：《印度茶文化》，《农业考古》2010 年第 2 期，第 237~239 页。

[13] Hasitha de Alwis、李清泽：《日本茶叶市场概况》，《中国茶叶》2008 年第 5 期，第 10~12 页。

[14] 朱敏：《以提高国民素质为终极目标的韩国茶文化——中韩日茶文化发展研讨会纪实》，《农业考古》2006 年第 5 期，第 247~248 页。

[15] 赵宣平：《走进斯里兰卡》，《广东茶业》2004 年第 1 期，第 14~17 页。

[16] 碧水天：《草衣禅师茶文化节暨草衣茶思想学术研讨会在韩国隆重举行》，《茶叶》2003 年第 2 期，第 97 页。

[17] 饮茗：《韩国茶文化代表团访问湖北陆羽故里》，《农业考古》2002 年第 4 期，第 52 页。

[18] 徐荣铨：《日本 NHK 电视台来湖州市拍摄陆羽茶文化专题片》，《农业考古》2002 年第 4 期，第 358 页。

[19] 吴洋嘉：《韩国茶文化的历史及现状》，《当代韩国》2002 年第 3 期，第 13~17 页。

[20]《2001 世界茶文化和茶科学国际会议（ICOS）在日本静冈市举行》，《茶叶》2001 年第 4 期，第 42 页。
[21] 金永淑：《韩国茶文化史（续）》，《茶叶》2001 年第 4 期，第 56~58 页。
[22] 金永淑：《韩国茶文化史》，《茶叶》2001 年第 3 期，第 62~65 页。
[23]《“第四届国际茶文化（研讨）汉城大会”在韩国举行》，《农业考古》1996 年第 4 期，第 22 页。
[24] 冯英：《韩国茶文化活动速写（四幅）》，《农业考古》1996 年第 4 期，第 27~28 页。
[25] 蔡文治：《韩国传统茶文化》，《当代韩国》1994 年第 2 期，第 84~88 页。
[26] 殷鸿范：《振兴中的斯里兰卡茶业》，《茶叶》1992 年第 3 期，第 56 页。
[27] 谢天祯：《印度茶业的历史与现状》，《南亚研究》1987 年第 3 期。
[28] 麦赫迈特·丹尼诗：《共品茶文化　共谋茶产业》，《农村工作通讯》2018 年第 11 期，第 12 页。
[29] 刘津池、TWG Tea：《从 1837 到 2008 的茶叶故事》，《中华手工》2018 年第 2 期，第 32~35 页。
[30] 姜绍丰、杨建榕、苏峰：《多彩闽茶　丝路帆远——“闽茶海丝行东南亚站”活动启示》，《中国茶叶》2017 年第 8 期，第 4~5 页。
[31] 许思敏、郭雅玲：《马来西亚饮茶多元化及其发展思考》，《安徽农业科学》2017 年第 13 期，第 256~258 页。
[32]《遇见——土耳其与希腊茶业见闻》，《茶世界》2015 年第 9 期，第 37~42 页。
[33]《越南“春茶香色”节推崇茶树种植业》，《世界热带农业信息》2015 年第 4 期，第 15 页。
[34]《马来西亚探索茶》，《茶世界》2014 年第 3 期，第 68~69 页。
[35] Nian jun Shen、韩文炎：《印度尼西亚茶叶生产现状及发展趋势》，《中国茶叶》2013 年第 4 期，第 4~7 页。
[36] 权启爱、黄剑虹：《尼泊尔的茶叶（二）》，《中国茶叶》2013 年第 2 期，第 8~10 页。
[37] 蒙启宙：《土耳其茶：一半是茶叶　一半是水果》，《新经济》2013 年第 3 期，第 52~54 页。
[38] 权启爱、黄剑虹：《尼泊尔的茶叶（一）》，《中国茶叶》2013 年第 1 期，第 4~6 页。
[39] 耿祝芳：《越南及其茶文化》，《农业考古》2012 年第 5 期，第 300~302 页。
[40] 河合优吉、Toshihide Kajiwara：《英式下午茶　马来西亚升禧茶沙龙》，《室内设计与装修》2012 年第 4 期，第 112~115 页。
[41]《越南茶走向世界主打文化牌》，《中国茶叶》2012 年第 1 期，第 27 页。
[42] 莫小燕：《金萱茶在越南茶区的创新利用》，《中国热带农业》2011 年第 6 期，

第 28~30 页。
[43] 吴平：《六堡茶风华再现　渐成海外媒体新宠——海外报道六堡茶掠影》，《中国茶叶》2010 年第 9 期，第 31 页。
[44] 张育松：《泰国茶事见闻》，《农业考古》2009 年第 5 期，第 310~311 页。
[45] 关剑平：《越南茶的文化与产业》，《饮食文化研究》（2009 年下），浙江工商大学中国饮食文化研究所，2009，第 8 页。
[46] 李文杰：《西亚茶文化探析》，《饮食文化研究》（2009 年下），浙江工商大学中国饮食文化研究所，2009，第 5 页。
[47] 刘卫国：《茶攻巴基斯坦》，《中国经贸》2004 年第 7 期，第 78~79 页。
[48]《越南向台日大陆购高级茶种提高茶叶品质》，《茶世界》2003 年第 2 期，第 11 页。
[49]《第七届国际茶文化研讨会在马来西亚首都吉隆坡举行》，《农业考古》2002 年第 4 期，第 312 页。
[50] 蔡泉宝：《南洋茶情　别有情趣——马来西亚见闻录》，《农业考古》2002 年第 4 期，第 313~315 页。
[51] 权启爱：《马来西亚拉茶与花草茶》，《中国茶叶》2002 年第 6 期，第 36~37 页。
[52] 陆德彪：《越南茶业考察团考察浙江茶业》，《茶叶》2002 年第 3 期，第 135 页。
[53] 寇丹：《草根与茶——2000 年 11 月 12 日在新加坡国际茶艺研讨会上的讲话》，《农业考古》2001 年第 2 期，第 322~323 页。
[54]《马来西亚举办“中秋品茗园游会”》，《农业考古》2000 年第 4 期，第 281~283 页。
[55] 刘凯欣：《新加坡茶文化》，《农业考古》2000 年第 2 期，第 294~295 页。
[56] 童启庆：《印度尼西亚茶叶生产见闻》，《茶叶》1999 年第 2 期，第 110~113 页。
[57] 寇丹：《新加坡问茶记》，《农业考古》1997 年第 4 期，第 339~341 页。
[58] 涂国瑞：《“无我茶会研习营”在马来西亚》，《农业考古》1997 年第 2 期，第 298 页。
[59] 陈龙：《方兴未艾的新加坡茶艺事业——访新加坡茶艺联谊会主席李自强先生》，《农业考古》1996 年第 2 期，第 251~253 页。
[60] 陶德臣：《荷属印度尼西亚茶产述论》，《农业考古》1996 年第 2 期，第 254~258 页。
[61] 赵晋谦、胡新光：《泰国茶区行》，《茶叶》1995 年第 2 期，第 58 页。
[62] 吴英藩：《巴基斯坦饮茶风俗》，《农业考古》1994 年第 2 期，第 276 页。
[63] 王金贤：《巴基斯坦首届茶贸易、茶文化研讨会散记》，《中国茶叶加工》

1994 年第 2 期，第 47 页。
[64] 许赋季：《以茶会友，以友辅仁——新加坡茶馆积极发扬茶文化》，《农业考古》1993 年第 2 期，第 215、6 页。
[65] 刘凯欣：《新加坡茶文化的发展》，《农业考古》1992 年第 4 期，第 252 页。
[66] 华铁民：《印度尼西亚及土耳其的茶业》，《茶业通报》1992 年第 3 期，第 47~49 页。
[67] 罗龙新：《印度尼西亚的茉莉花茶》，《茶叶》1990 年第 4 期，第 30~31 页。
[68] 刘典秋：《泰国的茶叶生产》，《福建茶叶》1982 年第 1 期，第 30~31 页。
[69] 王加生：《巴基斯坦饮茶风俗》，《中国茶叶》1982 年第 1 期，第 39 页。
[70] 陈幼农：《泰国茶业考察随笔》，《福建茶叶》1981 年第 4 期，第 32~34 页。
[71] 孔宪乐：《越南民主共和国茶叶产制概况》，《茶叶》1957 年第 2 期，第 37~40 页。
[72] 中国茶叶博物馆：《中华茶文化走进法国人的生活》，《茶叶》2017 年第 2 期，第 112 页。
[73] 林有鸿：《禁酒运动中的英国茶文化刍议》，《中国茶叶》2017 年第 5 期。
[74] 李田田：《中国茶文化在俄国的传播》，硕士学位论文，黑龙江省社会科学院，2017。
[75] 林有鸿：《对英国劳动阶层茶文化之深描》，《农业考古》2016 年第 5 期，第 212~215 页。
[76] 叶果（Potapov Egor）：《中俄茶文化的比较研究》，硕士学位论文，河北大学，2016。
[77] 王利琳：《外国文学作品中的英国茶文化》，《农业考古》2015 年第 5 期，第 104~107 页。
[78] 李怀莲：《述论德国茶文化》，《农业考古》2015 年第 5 期，第 254~256 页。
[79] Barbara Dufrene、林璇：《从好酒到好茶：法国人的坚持》，《茶世界》2015 年第 8 期，第 22~25 页。
[80] 梅宇：《在路上：伦敦茶业见闻》，《茶世界》2015 年第 6 期，第 60~65 页。
[81] 江健：《法国咖啡文化与茶文化发展及启示》，《旅游纵览》2015 年第 10 期，第 286~287 页。
[82]《中国宜兴陶艺家亮相法国“自然与茶·紫砂陶艺术”展》，《江苏陶瓷》2015 年第 2 期，第 33 页。
[83]《汉家刘氏茶挺进俄罗斯》，《茶世界》2015 年第 2 期，第 64~65 页。
[84] 梅宇：《德国、瑞典茶产业考察见闻》，《茶世界》2013 年第 1 期，第 32~39 页。
[85] 李怀莲：《述论波兰茶文化》，《农业考古》2012 年第 5 期，第 297~299 页。
[86] 吴宏岐、赵超：《葡萄牙与茶在欧洲的传播、种植》，《农业考古》2012 年第 2

期，第 298~301 页。
[87] 李怀莲：《论俄罗斯茶文化的演变》，《农业考古》2012 年第 2 期，第 306~312 页。
[88] 王春华：《中法茶文化交流探析》，《贵州茶叶》2011 年第 4 期，第 50~51 页。
[89] 刘朴兵：《略论英国茶文化的演变》，《农业考古》2010 年第 5 期，第 324~333、338 页。
[90] 刘朴兵：《略论法国茶文化的演变》，《农业考古》2010 年第 2 期，第 231~236、239 页。
[91] 林更生：《荷兰及其茶文化》，《农业考古》2009 年第 5 期，第 312~313 页。
[92] 王俊暐：《英美接受中国茶文化之比较》，《农业考古》2009 年第 2 期，第 256~260 页。
[93] Manfred Korner、张昕晔：《德国茶叶市场　抢手货，高利润》，《茶世界》2005 年第 9 期，第 16~17 页。
[94] 黄华涛：《法国茶风，茶文化周与茶展》，《茶叶》2004 年第 4 期，第 239 页。
[95]《江西茶艺再次轰动法国》，《农业考古》2004 年第 4 期，第 8~9 页。
[96] 谢来法、林清杰：《福建安溪茶艺表演在法国博览会独放异彩》，《福建茶叶》2004 年第 3 期，第 42 页。
[97] 范琼：《俄罗斯茶文化的形成与特色》，《饮食文化研究》2004 年第 3 期，第 86~90 页。
[98] 赵大川：《走向世界的中国茶艺——中法茶文化交流纪实》，《农业考古》2003 年第 4 期，第 13~29 页。
[99] 郑雯嫣：《论维多利亚时代红茶文化的形成与发展》，《农业考古》2003 年第 2 期，第 322~325 页。
[100]《中俄茶文化交流会在俄罗斯举行》，《广东茶业》2003 年第 3 期，第 24 页。
[101] 梅宁钧：《竹炉汤沸红初红——记法国茶人北歌·娜嘉》，《农业考古》2000 年第 4 期，第 279~280 页。
[102] 黄华涛、钱祖愿：《海外饮茶风情·茶艺拾掇——Ⅲ. 法国市场上的罐装茶饮料》，《茶叶》1993 年第 1 期，第 54 页。
[103] Jack Cohen：《中国茶在加拿大的发展情况》，《茶世界》2018 年第 5 期，第 45 页。
[104] 皖茗：《21 世纪肯尼亚茶产业》，《茶叶》2017 年第 4 期，第 241~245 页。
[105] 盛敏等：《论当代美国茶文化复兴》，《茶叶科学》2017 年第 4 期，第 420~427 页。
[106] 李岩：《肯尼亚茶业经济百年发展进程及其影响研究》，硕士学位论文，云南大学，2015。
[107] 朱利勇：《美国早期茶文化的社会意义研究》，《农业考古》2015 年第 2 期，

第 310~313 页。

[108]《邛崃黑茶 美国檀香山演绎中国茶文化》，《中国茶叶》2014 年第 12 期，第 29 页。

[109] 伍萍：《寻茶记：魁北克见闻》，《茶世界》2014 年第 12 期，第 56~58 页。

[110]《听习主席讲故事：中国茶曾是“巴西梦”》，《中国茶叶》2014 年第 8 期，第 1 页。

[111] 黄剑、涂雨晨：《论美国茶史及美国茶文化特色》，《农业考古》2014 年第 2 期，第 311~314 页。

[112] 仲玖：《阿根廷将葡萄酒和马黛茶定为“国酒”和“国饮”》，《中国酒》2013 年第 9 期，第 83 页。

[113] 傅军：《阿根廷马黛茶》，《上海茶业》2013 年第 1 期，第 37 页。

[114] 冯廷佺、林云兴、周玉璠：《中华茶韵 誉满澳洲——祝贺澳大利亚中国文化年 2011 年中国茶文化产业博览会成功举办》，《福建茶叶》2012 年第 1 期，第 2~4 页。

[115] 林更生、林心放：《澳大利亚及其茶文化》，《福建茶叶》2011 年第 6 期，第 52~54 页。

[116] 林更生：《马里共和国茶文化》，《农业考古》2008 年第 2 期，第 312~313、316 页。

[117] 林更生：《福建种茶制茶技术传马里——纪念林桂镗诞辰 80 周年》，《福建茶叶》2005 年第 4 期，第 3 页。

[118] 游建章：《加拿大茶叶市场分析与营销对策》，《中国茶叶》2005 年第 1 期，第 20~21 页。

[119] 郑乃辉：《茶叶在美国的传播与消费》，《茶叶科学技术》2003 年第 2 期，第 40~41 页。

[120] 丁俊之：《澳大利亚茶叶考察见闻》，《福建茶叶》1999 年第 2 期，第 47~48 页。

[121] 袁学培：《赴美国参加中华茶文化国际学术研讨会的情况报告》，《农业考古》1999 年第 2 期，第 90~91 页。

[122] 杨富国：《马里人与茶》，《广东茶业》1996 年第 2 期，第 46~47 页。

[123] 谌介国：《忆援马种茶》，《茶业通报》1993 年第 2 期，第 42~44、38 页。

[124] 陈文怀：《美国茶事掠影》，《中国茶叶》1984 年第 5 期，第 40~41 页。

[125]《德国老人的中国茶道（传播中国文化的外国人）》，人民网，2017 年 12 月 11 日，http：//world. people. com. cn/n1/2017/1211/c1002-29697362. html。

B.6
世界主要知名茶叶发展状况

周玉璠　蔡昕佚*

摘　要： 茶及其衍生的茶文化均发源于中国，流传千年，影响深远。千百年来，茶叶在全球广泛传播，中国的饮茶器具、制茶工艺连同中国传统的茶道文化和独特的东方哲学一起播撒四方。自古以来，茶叶贸易一直是许多国家与中国商贸交往中极其重要的一部分，中国茶走向了世界，赢得了世界人民的广泛喜爱。今天，茶叶发展成为世界三大饮品之首，全球160多个国家和地区的30亿人饮用茶叶。茶叶为全人类的身体健康与精神生活做出了不可磨灭的贡献。茶，已经不再是一片简单的叶子，而是一种富有生命力的文化，其跨越民族和国家的界限，成为各国人民经济、文化和情感交流的纽带。

关键词： 茶叶　高香红茶　全国名茶

一　世界最早输出的红茶

中国武夷山是世界红茶的诞生地。早在16世纪中国武夷茶（红茶）就传到西方，17世纪初随着其他中国茶由荷兰人从澳门运到印度尼西亚的爪哇，后远销欧洲。中国最早输出的红茶就是武夷茶——正山小种和工夫茶。

小种红茶，最早从武夷山传到西方，被称为世界红茶的始祖，是世界唯一的特种红茶，独具风味。最早西方称红茶为武夷茶。元末之前红茶就已诞

* 周玉璠，福建省茶叶学会张天福茶学研究分会副会长兼秘书长，教授级高级农艺师，主要研究方向为茶科技、茶文化；蔡昕佚，北京林业大学马克思主义学院硕士研究生。

生，当时没有具体的品名。武夷山的“小种”与“工夫”同时出现于明末崇祯十三年（1640年）。清雍正十三年（1735年）陆廷灿撰《续茶经》道：“武夷茶……其最佳者名曰工夫茶，工夫之上又有小种……”当时把“小种”当高级茶，“工夫”略逊一筹，后来“工夫”茶区扩大，遂把“小种红茶”和“工夫红茶”分开。1886年后英国人用出口的“小种红茶”及后来的祁红等拼配印度或斯里兰卡生产的红茶，以提高印度或斯里兰卡茶叶商品的质量及价值，此种做法一直保留至今。

正山小种红茶工艺包括7个过程：鲜叶→萎凋→揉捻→发酵→过红锅（杀青）→复揉→熏焙。正山小种红茶的主要品质特征为外形条索壮实，色泽乌润，冲泡后汤色橙红又明亮，滋味醇厚无苦涩，回甘持久。其干闻具有独特的松脂香和桂圆干香，内质有特有的高山韵和桂圆干味。尤其是经松明熏焙后的正山小种红茶，茶叶香味不减，无论清饮或加糖、加奶饮用均很适合，冲泡四、五次后各种品质特征仍很明显，其风味很受国内外消费者青睐。

正山小种红茶原产于福建武夷山市星村镇桐木关村一带，主产地为周边邵武市观音坑、光泽县司前的干坑、建阳区黄坑的坳头，以及江西省铅山县石隆乡，范围达600平方千米。它地处武夷山脉之北段，地势高峻，平均海拔700~1200米，主峰黄冈山海拔2200米，年均气温11~18℃，降雨量2000毫米左右，终日烟雾缭绕，年均相对湿度80%左右，昼夜温差较大，有利于茶树营养物质的积累，该气候条件孕育了正山小种的优异品质。产于桐木关的正山小种被称为“桐木关小种”，又因为正山小种的集散地在星村镇，故又称“星村小种”。其他地方生产的小种红茶，统称“外山小种”。18世纪至19世纪中叶，小种红茶畅销世界，福安坦洋、政和、屏南、古田、闽侯东北岭等地还用工夫红茶再经熏烟仿制小种，称为“人工小种”或“烟小种”。

二　世界三大高香红茶

世界上有三大茶区的三种红茶被誉为“世界三大高香红茶”，它们分别是：中国祁门工夫红茶、锡兰红茶、印度大吉岭红茶。

（一）中国祁门工夫红茶

中国祁门工夫红茶简称“祁红”，它被誉为“世界三大高香红茶”之首。其品质上乘，具有清新持久的甜香和醇厚的滋味。国内外茶师和消费者称其香气为“祁门香”，认为它的香气有砂糖香或苹果香，兼有兰花香。单独泡饮最能领略它的独特香味，加入牛奶、糖混饮也很可口。18 世纪后半叶，英国皇室及贵族曾把祁红当作时髦的饮品，并用以向女王祝寿，女王称赞其为茶中的“群芳最”。在英国伦敦市场，祁红曾被列为茶中的“英豪”。还有诗人赞誉，在中国的茶香里发现了春天的芬芳。

祁红之所以被誉为茶中的“英豪”，与其优异的产地及自然生态条件密不可分。祁红的产地在安徽省西南部的祁门县及其毗邻的石台、东至、黟县、贵池等地，这里村村有山，山山有茶，林木翠竹遍野，春夏时节更是“晴时早晚遍地雾，阴雨成天满山云”。祁红的主产地祁门县，地处东经 117°12″~117°57″，北纬 29°35″~30°08″，地势北高南低，有低山、中山、高山的地貌，溪流纵横，峰峦起伏，山间盆地和窄长河谷平原相交织。祁门县与石台县交界处有牯牛降主峰，该山海拔 1727 米，三县（祁门、石台、东至）交界的仙寓山，主峰海拔 1375 米，这里是祁红优质茶叶原料的主要产地，茶园多分布于海拔 100~350 米的山谷和丘陵地带。祁红茶区属于亚热带季风气候，四季分明，年均气温 15.6℃，年均日照时数 1861.6 小时，无霜期 200~230 天，年活动积温 4900~5000℃，年降水量 1600~1800 毫米，树多林密，雨多雾浓，“云以山为体，山以云为衣”，构成适合茶树生长的气候和优越的自然生态环境。

祁门，自唐朝就开始产茶，曾因生产“雨前高山茶”闻名。古时祁门一带皆产绿茶，制法与六安茶相似。清光绪元年（1875 年），工夫红茶制法从福建坦洋工夫红茶区的福安市传到安徽祁门县一带，试制成功后，祁门县成为中国红茶的后起之秀，蜚声中外。分别在 1913 年意大利都郎博览会和 1915 年巴拿马国际博览会及南洋劝业会上荣获金奖和头等奖。2015 年又获意大利米兰世博会中国茶金奖。1980 年、1985 年两次获国家金质奖章。

1986 年在福州举行的第二次全国名茶评选会上获得“全国名茶”之誉。在 1987 年比利时布鲁塞尔第 26 届世界优质食品评选会中，祁门茶厂生产的祁红毫芽获金质奖。1988 年获首届中国食品博览会金奖。祁门红茶的制作技艺已被列入第二批国家级非物质文化遗产项目名录。祁红，被授予中国地理标志。

（二）锡兰红茶

斯里兰卡原称锡兰，故其于 1873 年后生产的红茶仍称“锡兰红茶”，锡兰红茶是世界三大高香红茶之一。锡兰红茶主要以海拔高度来界定品质，分为高山、平地、低地 3 个种类，其中海拔 1200~2400 米的高山茶品质最佳，味浓且带有优雅的芬芳，最有名的高山茶是乌瓦红茶。乌瓦红茶的品质特征是香气独特，淡雅的玫瑰香中带有一丝薄荷的清凉，滋味醇厚且带鲜爽的涩味，口感宜人，汤色呈明亮的橘黄色，适于清饮。

乌瓦红茶，产于斯里兰卡正中央山脉东侧，每年 6~9 月是采茶的最佳日子，新鲜采摘的乌瓦红茶充满浓郁的树、草、苔的混合香气。这里是世界上最好的红茶产地之一，有独特的地理位置和较大的昼夜温差，山间终年气候温润。乌瓦红茶代表着高地茶，醇香怡人，享誉欧洲乃至全世界。

锡兰红茶，曾被称为“送给世界的礼物”。于最佳季节采摘的红茶，尤其是 BOP 级茶，更适合制作奶茶。1841 年锡兰引入中国武夷山小叶种茶苗，其种出的茶叶在英国伦敦等市场很受欢迎。锡兰以生产传统分级红茶为主，也生产少量的 TCT 红茶，此类茶适于做袋泡茶。

（三）印度大吉岭红茶

印度红茶以阿萨姆奶茶与大吉岭红茶闻名世界。阿萨姆位于印度东北部，是世界最大的红茶产地。而大吉岭红茶产于印度北部临近尼泊尔的喜马拉雅山麓，海拔 500~2000 米的高地，是世界三大高香红茶之一。这里昼夜温差大且多云雾，孕育了风味独特的大吉岭红茶。它是 19 世纪从中国引种的小叶种茶树的后代，有约 80 个茶园（场）。其风味别具一格，受到红茶爱好者青睐。其品质特点是汤色呈淡橘黄色，具有高雅的芳香和独特的涩味，兼有果甘舒爽、丰郁的滋味。品大吉岭红茶如品酒，让人回味无穷，故又有“红茶中的香槟”“红茶之王”的美称。大吉岭红茶全年分春、夏、秋三季。3~4月采的称为“初摘”红茶，5~6月采的称为“次摘”红茶，7~8月雨季采的称为“秋摘”红茶。据阮逸明先生介绍，初摘大吉岭红茶，汤色金黄，带温和清新的香气，适于清饮，或佐以口味清淡的蛋糕、饼干、日式点心；次摘大吉岭红茶，汤色呈琥珀色，滋味浓郁清爽，既甘甜又有淡淡的涩，独特的麝香、葡萄风味熟果香更为迷人，适合下午茶时间清饮；大吉岭秋茶，汤色铜红色，滋味浓厚，涩味突出，适合加牛奶及糖调饮。大吉岭红茶以7~8月“秋摘”的红茶为最佳，茶汤滋味浓厚，汤色红艳，有独特的“胡桃香”，被人称颂。

20世纪印度曾为世界第一产茶国，20世纪末被中国赶超，居世界第二位，出口量居世界第四位。大吉岭红茶主要产品有卡斯尔顿的DJ初摘、麝香葡萄DJ次摘、瑟波细碎DJ红茶、欧凯蒂DJ红茶、芙古丽DJ红茶、玛格丽特红茶、桑格玛红茶、瑟利朋红茶、卡洛其山谷红茶、里斯希赫红茶等。

三　世界知名茶叶

印度：阿萨姆红茶、大吉岭红茶、海连奇红茶、锡金红茶、新宿高野红茶；

斯里兰卡：乌瓦红茶、金佰莱红茶、努瓦拉埃利亚红茶、坎地红茶；

肯尼亚：GTG红碎茶、肯尼亚红茶；

印度尼西亚：爪哇第一红茶、爪哇红茶；

尼泊尔：柯蓝塞红茶、麦伊拉姆·柯蓝塞红茶；

日本：日东红茶、伊藤园红茶、神户红茶、绿碧茶苑、金佰莱红茶；

法国：馥颂、艾迪雅、马瑞格·佛芮勒斯、达洛瓦伏、银塔红茶、蓝带红茶、皇家玛丽娜；

英国：敦宁、福特纳姆·玛森、布洛克邦德、立顿红茶、利福乐、维达德切尔西、艾迪雅、杰克森、哈罗斯、密柔斯、罗列兹红茶、皇家道尔顿、碧菜红茶、利吉威红茶、东印度公司红茶、狄得利红茶、皇家哥本哈根、明顿红茶；

德国：达乐麦耶红茶、达洛瓦伏红茶；

各国香草茶：红玫瑰、粉玫瑰、老玫瑰、紫罗兰、野蔷薇果、甘菊、胡椒薄荷、柠檬草、薰衣草、甘草茶、迷迭香、菩提、玫瑰茄、柠檬马鞭草、柠檬香蜂草、荨麻、桉树；

风味茶：伯爵茶、苹果茶、栗子茶、巨峰葡萄茶、焦糖红茶、柚子茶、桃子茶；

调饮茶：大吉岭冰红茶、俄式红茶、葡萄柚果汁冰茶、冰红茶、果汁冰茶、浆果茶、巧克力印家奶茶、鸡尾酒冰茶、甘菊花奶茶、生姜茶、芒果冰茶、茶潘趣、坚果茶、香蕉冰茶、婚礼茶、咖啡。

四　中国两次评选全国名茶

中国茶叶名品，即名茶，过去只是历史流传或名人赞誉。20 世纪 80 年代，先后两次举行了由茶叶购销主管部门组织全国各省（区、市）专家、教授组成评委会的全国名茶评选活动。

由当时国家茶叶购销主管部门——商业部组织全国 14 个产茶省（区）和 6 个销区省（市）的专家、代表开展的全国性茶叶优质产品评比活动有两次：第一次是 1982 年 6 月 10 日至 16 日在湖南长沙举行的“全国名茶评选会议”，评选出全国名茶 30 个；第二次是 1986 年 5 月 26 日至 6 月 2 日在福州举行的“全国花茶、乌龙茶优质产品和名茶评选会”，评选出全国名茶 43 个。1982 年 7 月 20 日，商业部发布《关于转发〈全国名茶评选会议纪要〉的通知》。该通知附件《全国名茶评选会议纪要》指出，商业部茶畜局于 1982 年 6 月 10 日至 16 日在湖南长沙召开全国名茶评选会议。参加会议的有来自 14 个产茶省（区）的企业代表，来自北京、天津、上海、山东、辽宁等销区省（市）的企业代表和商业部杭州茶叶加工研究所、浙江农业大学、公安部十一局的代表；福建省农业厅高级农艺师张天福、湖南农学院副教授陆松候应邀参加了会议，共计 53 人。会议根据 1981 年南京名茶预评会确定的全国名茶评比条件和要求，对各省份选送的 82 个样品进行了细致慎重的审议（红茶类、紧压茶尚缺）。本着实事求是、严肃认真的科学态度，以明评和密评结合、计分和推荐结合的办法，评选出全国名茶 30 个（见表 1）。

表 1　1982 年全国名茶评选会议评选出的 30 个全国名茶

名称	地区	名称	地区	名称	地区
西湖龙井	浙江	黄山毛峰	安徽	江山绿牡丹	浙江
涌溪火青	安徽	顾渚紫笋	浙江	六安瓜片	安徽
金奖惠明	浙江	峨眉毛峰	四川	庐山云雾	江西
覃塘毛尖	广西	婺源茗眉	江西	金水翠峰	湖北
碧螺春	江苏	南糯白毫	云南	雨花茶	江苏
古丈毛尖	湖南	太平猴魁	安徽	保靖岚针	湖南
青岩茗翠（即大庸毛尖）	湖南	信阳毛尖	河南	武夷肉桂	福建
都匀毛尖	贵州	铁观音	福建	天山绿茶	福建
凤凰单枞	广东	鹿苑茶	湖北	茉莉闽毫	福建
君山银针	湖南	茉莉苏萌毫	江苏	白毫银针	福建

资料来源：《关于转发〈全国名茶评选会议纪要〉的通知》。

第二次全国名茶评选会是中国有史以来规模空前的、由当年茶叶贸易主管部门组织的、重大而有历史意义的茶叶质量“大检阅”。1986 年 7 月 29 日，商业部发布《关于印发〈商业部花茶、乌龙茶优质产品和名茶评选会纪要〉的通知》，记载商业部茶畜局于 1986 年 5 月 26 日至 6 月 2 日在福州召开“全国花茶、乌龙茶优质产品和名茶评选会”。参加会议的有 23 个产（销）区省（区、市）主管茶叶公司的同志和茶厂（场）代表，有中国农科院茶叶研究所，福建省茶科所、商业部杭州茶叶加工研究所，浙江农业大学，安徽、湖南、福建、皖南农学院等科研教学单位，以及福建省经贸、商检和标准部门的有关专家、教授和学者，司法部和有关新闻单位也派员出席了会议，与会代表共 99 人。

此次评选会改变了过去历次评选会的取样办法，即把从产区单方取样改为从产区、销区双方取样，同级样品取样后作为参加评选样。会前各省份对此都做了充分细致的准备工作，为开好此次评选会奠定了良好的基础。出席会议代表之广泛、送选样品之繁多都是空前的，是对当时我国花茶、乌龙茶和名茶品质状况的一次“大检阅”，也是一次生产经验的总结。此次会议本着交流经验、鼓励先进、继承和发扬传统的制茶工艺和技术，提高产品质量、增加经济效益、适应消费、促进生产的目的，根据《商业部花茶、乌龙茶优质产品和名茶评选办法》，采用“密码审评、综合计分、结合评语、择优评定”的方法，经过会议样品资格审查，由 8 个组的专家、学者和评茶师对各省（区、市）推荐的 35 个花茶、9 个乌龙茶优质产品和 94 个名茶样品，共计 138 个样品，进行了认真、细致评比。在综合各组评审记分的基础上，结合有关专家的意见评选花茶、乌龙茶优质产品和名茶。经会议评选委员会的审议，推选出花茶优质产品 12 个、乌龙茶优质产品 5 个和名茶 43 个（见表 2、表 3）。

表 2　1986 年全国花茶、乌龙茶优质产品和名茶评选会评选出的茉莉花茶和乌龙茶优质产品

茉莉花茶	乌龙茶
特种茶：天山银毫宁德茶厂	特级铁观音：安溪茶厂
超级茶：天山明毫宁德茶厂	特级黄金桂：安溪茶厂
特级花茶：金华茶厂	一级佛手：永春华侨茶果场
一级：金华茶厂、杭州茶厂、诸暨茶厂、苏州茶厂	一级闽南水仙：永春华侨茶果场
二级：金华茶厂、福州茶厂、苏州茶厂	一级闽北水仙：建瓯茶厂
三级：政和茶厂、金华茶厂	

资料来源：《关于印发〈商业部花茶、乌龙茶优质产品和名茶评选会纪要〉的通知》。

表 3　1986 年全国花茶、乌龙茶优质产品和名茶评选会评选出的 43 个全国名茶

种类	名称	地区	名称	地区	名称	地区
绿茶类	太平猴魁	安徽	齐山名片	安徽	黄山银钩	安徽
	特级尖茶	安徽	黄山毛峰	安徽	磐安云峰	浙江
	鸠坑毛尖	浙江	金奖惠明	浙江	顾渚紫笋	浙江
	临海蟠毫	浙江	西湖龙井	浙江	雨花茶	江苏
	金坛雀舌	江苏	碧螺春	江苏	无锡毫茶	江苏
	茗眉	江西	庐山云雾	江西	小布岩茶	江西
	安化松针	湖南	月牙茶	湖南	洞庭春	湖南
	剑春茶	湖北	云雾毛尖	湖北	羊艾毛峰	贵州
	云海白毫	云南	午子仙毫	陕西	巴山银芽	重庆
	竹叶青	四川	西山茶	广西	信阳毛尖	河南
	天山四季春	福建				
乌龙茶类	铁观音	福建	黄金桂	福建	武夷肉桂	福建
	凤凰单枞	广东	岭头单枞	广东		
红茶类	祁红	安徽	滇红	云南		
黄茶类	鹿苑茶	湖北				
白茶类	白毫银针	福建				
花茶类	闽毫	福建	福寿银毫	福建	苏明毫	江苏

资料来源：《关于印发〈商业部花茶、乌龙茶优质产品和名茶评选会纪要〉的通知》。

新华通讯社《经济参考》（1986 年 8 月 18 日）、中国农科院茶叶研究所《茶叶新闻》（1986 年 8 月 30 日）、《福建日报》（1986 年 6 月 6 日）、《中国食品报》（1987 年 2 月 2 日）及其他茶叶书刊都对此进行了报道。

B.7

茶叶活性成分的功能

刘勤晋　蔡昕佚*

摘　要：　茶是一种对人体新陈代谢具有重要调节作用的功能性饮品，饮茶可以提高人体对疾病的免疫力，可以预防许多对人体有很大威胁性的疾病。茶叶中含有诸如茶氨酸、咖啡碱和茶多酚等物质，这些物质对人体新陈代谢具有重要调节作用。在茶叶的主要活性成分中，儿茶素及其氧化物如茶黄素等有显著抗血凝、促纤溶、防止血小板粘附和聚集的作用；绿茶提取物、EGCG等可以有效抑制脂肪分解产物在消化道内的吸收，进而起到减肥的效果；在肿瘤发展的3个阶段，茶多酚类物质通过对自由基的清除，可以从病源上控制细胞发生突变，从而具有一定的抗癌效果；茶多酚及氧化物具有天然无毒的保鲜功能；茶色素消脂去油效果明显，同样在减肥、防治高脂血症、调节糖代谢等方面发挥积极作用。

关键词：　茶的活性　茶与健康　人体代谢

一　茶叶主要功效

唐代药学家陈藏器在《本草拾遗》一书中提到“诸药为一病之药，茶为万病之药”的观点，现代医学也已揭示茶中诸如茶氨酸、咖啡因和茶多酚等活性物质的化学本质，但是只有正确认识和利用这些活性成分才能实现

* 刘勤晋，西南大学教授，主要研究方向为茶叶生理、生化；蔡昕佚，北京林业大学马克思主义学院硕士研究生。

提高人体免疫力的目的。因此，茶不是“药”，而是一种对人体新陈代谢有重要调节作用的功能性饮品，饮茶可以提高人体对疾病的免疫力，可以预防许多对人体有威胁性的疾病。饮茶的功效可归纳为以下6项。

1. 提神醒脑、消除疲劳、增强体力；
2. 利尿、强心、健脑，提高思考能力；
3. 降低甘油三酯、胆固醇和低密度脂蛋白，预防心血管疾病；
4. 预防糖尿病、高血压、高尿酸血症并软化微血管；
5. 抗细胞突变，预防多种癌症；
6. 延缓衰老，抗菌消炎。

虽然茶一向被视为温和的天然保健品，但因其成分中含有咖啡因等植物碱类，其具有一定的兴奋作用，且茶多酚有收敛性，对口腔及胃肠道黏膜有影响，故不宜空腹饮茶或饮用浓茶。若有贫血、胃肠溃疡、神经衰弱等病症，应遵照医师所嘱饮茶。

二　主要活性成分的功能

（一）儿茶素及其氧化物功能

基础研究和临床实验表明，各类茶叶中儿茶素及其氧化物如茶黄素（TF）等有显著抗血凝、促纤溶、防止血小板黏附和聚集的作用，能显著降低动物血清甘油三酯（TG）、总胆固醇（TC）、低密度脂蛋白（LDL-C）的浓度，同时又能提高高密度脂蛋白（HDL-C）的浓度。其机理是改善血液的流变性，即通过改善红细胞变形性，调整红细胞聚集性及血小板的黏附聚集性，降低血浆黏度，从而降低全血黏度，改善微循环，保障组织血液和氧气的供应，提高机体整体免疫力和组织代谢水平。图1为大脑动脉梗阻即脑血栓示意，说明脑梗是血浆黏度提高、脑部血液循环受阻导致的。儿茶素可以显著发挥抗脑部血凝、预防中风的作用，浙江大学医学院、福建中医学院等均以儿茶素配合相关中药成分，在动物实验和流行病学基础上对大量高血脂患者进行预防脑中风实验，并取得明显疗效。

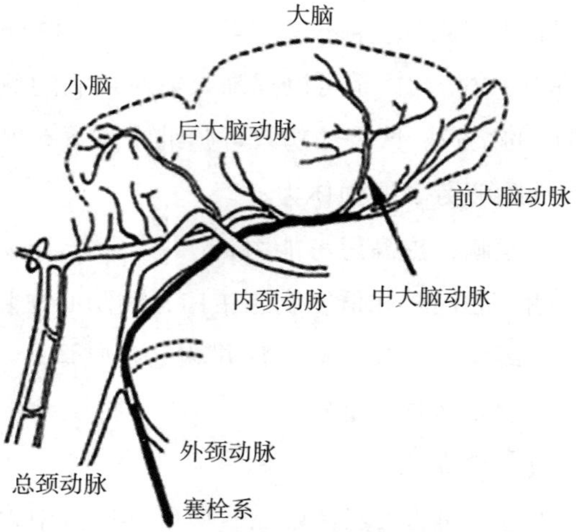

图 1　大脑动脉的梗阻

实验者用断奶小白鼠进行人工造模，饲喂儿茶素 EGCG 混合饲料，并保留喂水对照组。实验结果证实了 EGCG 可以起到有效抑制实验白鼠血浆及肝脏总胆固醇含量上升的作用，能促进脂类从粪便中排出。同时焦磷酸硫胺素（TPP）还有降低血浆纤维蛋白原的作用。高剂量 TPP（200mg/kg · d）能显著降低雄性小白鼠血清总胆固醇、低密度脂蛋白的浓度，升高高密度脂蛋白浓度；对降低甘油三酯、高剂量 TPP 作用显著，而常规剂量不如前者。说明 TPP 高含量（1.0%以上）降血脂疗效优于 1.0%以下添加组。实验结果均能使血浆超氧化物歧化酶（SOD）升高，脂质过氧化物（LPO）降低，与高脂试验组相比有显著差异。

（二）茶叶抑制脂肪合成功能

近年来流行病学、临床研究和动物实验等同样证实了茶叶的减肥作用，并探讨了其作用机理。首先，饮茶可以显著降低实验性高脂血症动物的血清总胆固醇、甘油三酯和低密度脂蛋白的浓度。其次，肥胖是由于脂肪细胞中的脂肪合成代谢大于分解代谢，因此，可以通过减少血液中葡萄糖、脂肪酸和胆固醇的浓度，抑制脂肪细胞中脂肪的合成，以及促进体内脂肪的分解代谢，以达到减肥的效果。

台湾大学医学院林仁混等探讨了以乌龙茶、普洱茶为材料，通过抑制胰脂肪酶活性、刺激儿茶酚胺、去甲肾上腺素诱导的脂肪分解，发挥减肥作用。他在研究中发现，不同来源的低聚多糖物质拥有不同的抑制酶活效果，取来自乌龙茶、绿茶和红茶在 2 毫克/毫升浓度下的茶多酚及茶多糖，发现它们分别能抑制 100%、75%和 65%的胰脂肪酶活性。乌龙茶的多酚类化合物对葡萄糖苷酶和蔗糖酶具有显著的抑制效果，进而减少或延缓人体对葡萄糖的吸收，发挥其减肥作用。

同样，绿茶、绿茶提取物，EGCG 等可通过抑制胃和胰腺中脂肪酶的活性，抑制饮食来源的脂肪在消化道中的分解，降低脂肪分解产物（如甘油三酯）在消化道内的吸收率，进而起到减肥效果，并且两者间存在一定的量效关系。研究还发现，EGCG 可促进脂肪氧化，减小呼吸熵，促进胆固醇代谢，从而降低体内胆固醇堆积；同时茶多酚还能阻止食物中不饱和脂肪酸的氧化，减少血清胆固醇及其在血管膜上的沉积，起到抗动脉硬化的作用（见图 2）。研究人员采用高脂饲料饲喂法建立高脂血症大鼠模型，采用普洱

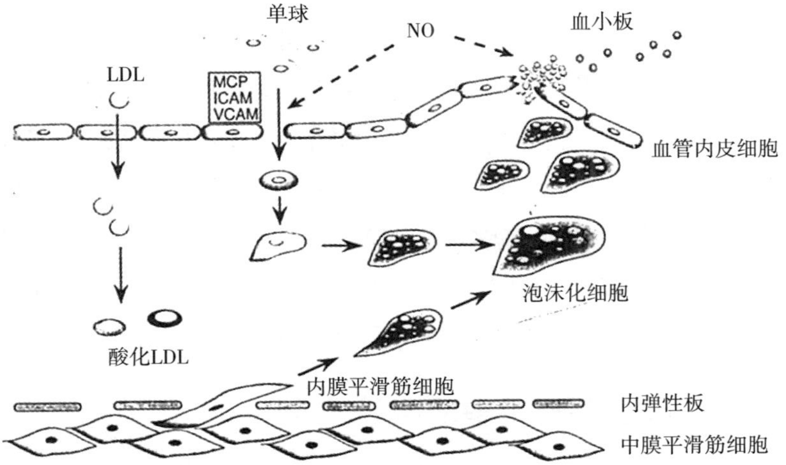

图 2　动脉硬化初期血液 LDL 变性机理

说明：MCP 为化学游离蛋白质，ICAM 为细胞连接分子，VCAM 为脉管细胞连接分子，NO 为一氧化氮。

生茶、熟茶，乌龙茶和药物分别灌胃。实验35小时后，药物、乌龙茶和普洱茶均能明显降低模型大鼠血液甘油三酯、总胆固醇、低密度脂蛋白和丙二醛（MDA）含量，提高高密度脂蛋白、天门冬氨酸转氨酶（AST）和谷胱甘肽过氧化物酶（GSH-PX）的含量，其中，普洱茶处理组显著优于药物对照组和乌龙茶处理组。日本朝日啤酒和朝日饮料公司为抑制人体减肥反弹，利用小鼠，对具有抑制脂肪吸收效果的普洱茶、茉莉花茶、乌龙茶和混合茶进行研究。结果发现，喂食普洱茶粉末的小鼠体重下降显著，下降幅度高于喂食花茶和乌龙茶粉末的小鼠。

（三）茶多酚抗突变功能

正常细胞变为肿瘤细胞是人的基因以及物理致癌、化学致癌和生物致癌3种外部因子之间相互作用的结果。现在公认的化学致癌过程包含启动、促进和进展3个阶段。启动阶段即正常细胞受致癌物或紫外线的作用以及生物因素的诱导后靶细胞的DNA损伤，形成启动细胞；大部分致癌物经过代谢排出体外，少部分未代谢的终致癌物作用于原癌基因的DNA或抑癌基因的DNA，使癌基因得到表达。茶多酚对肿瘤发展的3个阶段均有一定的作用，并且通过对自由基的清除，可以从病源上控制细胞发生突变。

茶多酚对多种致癌物如化学致癌剂杂环胺类、芳香胺类、黄曲霉毒素、苯并芘、1，2-二溴乙烷、2-硝基丙烷等均有抑制效果。作用机理有两种：一是通过促进这些致癌物的新陈代谢以达到抑制作用；二是作用于前诱变剂和其代谢产物，从而降低潜在的诱变性。因此，茶多酚通过双重途径对DNA产生影响，既可保护正常细胞DNA免受化学诱变剂侵害，还可抑制癌细胞的DNA合成。中国和日本对茶多酚抗癌流行病学的研究表明，茶叶饮用量与食道癌发生率呈高度负相关。

（四）茶多酚及氧化物保鲜功能

合成食品抗氧化剂具有潜在的毒性，许多国家逐步淘汰合成食品，推广天然食品，茶多酚的出现正好实现了人们期待以高效低毒的天然食品取代合成食品的愿望。由于茶多酚具有优良的保鲜性能，日本不仅在食用油、植物油中应用茶多酚，而且在肉制品、水产品和高脂食品中都添加了茶多酚，并将茶多酚与维生素 E、柠檬酸、没食子酸、甘油与其脂肪酸酯及环糊精等混合后生产抗氧化剂“多酚”系列产品，还用茶叶作为天然灭菌剂。

人体消化道中有益菌和有害菌的比例决定了肠道的健康，有害菌不仅能引起肠道疾病，还会通过对肠道内营养物质的分解，产生氨、二氧化硫、胺、吲哚、酸等臭味物质。茶多酚不仅可杀死有害菌，而且可以对肠道中的有益菌，如乳酸球菌、双歧杆菌及乳酸杆菌起到激活作用，从而改善肠内微生物代谢状况。

Taiyo 等将茶多酚用于治疗便秘、控制肠道微生物群及改善肠道环境并取得成功，15 位 51～93 岁（进食相同）老年患者服用总剂量 300 毫克的茶多酚后，测得其肠道内乳酸菌数量明显增加，而肠杆菌数量明显降低。在服用过程中，梭状芽孢杆菌数量下降，细菌总数、肠杆菌科细菌和真菌数量明显减少；粪便中氨浓度明显降低，有机酸总量明显增加。

在食品保鲜方面，含油量 15%～24%的中秋月饼，在运输及储存过程中霉变、腐败问题十分突出，货架期一般只有 10 天左右。杨贤强等从 1989 年开始研发以茶多酚为主剂配成的月饼保鲜剂，在月饼中使用后取得了理想的结果，仅需添加 0.02%～0.05%的茶多酚，就能使月饼在室温下存放 35 天左右，且测定其微生物菌落总数仅为 2 个，而对照组高达 116 个；过氧化值的抑制率达 61.3%，酸价比对照组降低 58%，口感得到明显改善。现在茶多酚保鲜剂已经在国内得到广泛应用，但是茶多酚单独使用时并不能防霉，只有配上山梨酸等防霉剂才有效。

（五）茶叶多糖功能

中国民间有粗老茶防治糖尿病的说法。茶叶越粗老治疗糖尿病的效果越好。粗老茶叶治疗糖尿病和茶叶多糖含量有密切关系。茶叶多糖的含量与茶类及原料老嫩度有关。乌龙茶的原料比红茶、绿茶粗老，乌龙茶中茶多糖含量高于红茶、绿茶，达 2.63%，约为六级红茶的 3.10 倍及六级绿茶的 1.67 倍。一般来说，红茶、乌龙茶和绿茶的总糖含量之比为 1∶3∶2，并且低级茶的总糖含量远高于高档茶，茶叶多糖的含量均随原料粗老度的增加而增加。所以，粗老茶防治糖尿病效果比幼嫩茶叶更好。对普洱茶茶色素的研究亦表明，其降糖效果也很显著。云南天士力制药和濮仁茶行生产的“茶褐素”均表现出良好的降血糖效果。

现代药理研究证明，茶叶多糖的降血糖作用是通过 4 条途径实现的：第一，茶多糖进入人体后，对糖代谢的影响与胰岛素类似，能通过促进糖的合成代谢来降低血糖；第二，通过提高机体抗氧化功能，清除体内过量自由基，改善受损伤的胰岛 β 细胞功能，使胰岛素分泌增加，诱导葡萄糖激酶的生成，促使血糖下降；第三，通过抑制肠道蔗糖酶和麦芽糖酶的活性，使进入机体内的碳水化合物减少，多糖特有的黏附作用使肠道内碳水化合物缓慢释放，起到降血糖作用；第四，茶色素是一种大分子水溶性复合多糖，不仅使人体血糖明显下降，且无任何副作用。此外，研究还表明儿茶素氧化物茶黄素、茶红素等茶色素也同样具有降糖效果。

此外，中国各民族十分喜爱的多种黑茶也有较好的降血糖作用。由盛军主持、吉林大学生命科学学院和长春理工大学合作研究发现，人工发酵熟普洱茶对糖尿病相关生物酶抑制率达 90%。动物模型实验结果表明，随着普洱茶浓度增加，其降血糖效果呈显著正相关，而对照组老鼠血糖值却不发生任何变化。通过研究陕西泾阳茯砖、花砖、青砖及四川藏茶等黑砖茶发现，以上富含茶色素及其降解产物没食子酸的多种后发酵茶，不仅消脂去油效果明显，在减肥、防治高脂血症、调节糖代谢等方面都有积极作用。

综上所述，关于茶的化学成分与功能的科学试验研究仍在不断深入发展，现得出以下两点结论。

第一，茶叶中含 700 余种化学成分，部分为一级、二级代谢产物；大多数在采制过程中由自体酶化学作用形成，或为温度、湿度、pH 值反应产物，从而使茶充满令人愉悦的色、香、味，受到人类几千年之青睐。

第二，茶叶中许多活性物质来自人类的潜心研究、实验和长期临床应用。

参考文献

中国茶叶学会编著《2016—2017 茶学学科发展报告》，中国科学技术出版社，2019。

2016 年度、2017 年度茶叶产业技术发展报告。

附　录

B.8
1992～2016年制订的茶叶标准

孙威江　蔡昕佚*

（一）国家标准（106项）

表1　中国国家茶叶标准（2001～2016年）

序号	标准代号	标准名称
1	GB 2762-2012	食品安全国家标准　食品中污染物限量
2	GB 2763-2012	食品安全国家标准　食品中农药最大残留限量
3	GB 7718-2011	食品安全国家标准　预包装食品标签通则
4	GB/T 8302-2013	茶　取样
5	GB/T 8303-2013	茶　磨碎试样的制备及其干物质含量测定
6	GB/T 8304-2013	茶　水分测定
7	GB/T 8305-2013	茶　水浸出物测定
8	GB/T 8306-2013	茶　总灰分测定

* 孙威江，福建农林大学教授，博士生导师，主要研究方向为茶叶制造、标准化、有机茶；蔡昕佚，北京林业大学马克思主义学院硕士研究生。

续表

序号	标准代号	标准名称
9	GB/T 8307-2013	茶　水溶性灰分和水不溶性灰分测定
10	GB/T 8308-2013	茶　酸不溶性灰分测定
11	GB/T 8309-2013	茶　水溶性灰分碱度测定
12	GB/T 8310-2013	茶　粗纤维测定
13	GB/T 8311-2013	茶　粉末和碎茶含量测定
14	GB/T 8312-2013	茶　咖啡碱测定
15	GB/T 8313-2008	茶叶中茶多酚和儿茶素类含量的检测方法
16	GB/T 8314-2013	茶　游离氨基酸总量测定
17	GB/T 9833. 1-2013	紧压茶　第 1 部分:花砖茶
18	GB/T 9833. 2-2013	紧压茶　第 2 部分:黑砖茶
19	GB/T 9833. 3-2013	紧压茶　第 3 部分:茯砖茶
20	GB/T 9833. 4-2013	紧压茶　第 4 部分:康砖茶
21	GB/T 9833. 5-2013	紧压茶　第 5 部分:沱茶
22	GB/T 9833. 6-2013	紧压茶　第 6 部分:紧茶
23	GB/T 9833. 7-2013	紧压茶　第 7 部分:金尖茶
24	GB/T 9833. 8-2013	紧压茶　第 8 部分:米砖茶
25	GB/T 9833. 9-2013	紧压茶　第 9 部分:青砖茶
26	GB 11767-2003	茶树种苗
27	GB/T 13738. 1-2008	红茶　第 1 部分:红碎茶
28	GB/T 13738. 2-2008	红茶　第 2 部分:工夫红茶
29	GB/T 13738. 3-2012	红茶　第 3 部分:小种红茶
30	GB/T 14456. 1-2008	绿茶　第 1 部分:基本要求
31	GB/T 14456. 2-2008	绿茶　第 2 部分:大叶种绿茶
32	GB/T 14456. 3-2016	绿茶　第 3 部分:中小叶种绿茶
33	GB/T 14456. 4-2016	绿茶　第 4 部分:珠茶
34	GB/T 14456. 5-2016	绿茶　第 5 部分:眉茶
35	GB/T 14456. 6-2016	绿茶　第 6 部分:蒸青茶
36	GB/T 14487-2008	茶叶感官审评术语
37	GB/T 18526. 1-2001	速溶茶辐照杀菌工艺
38	GB/T 18625-2002	茶中有机磷及氨基甲酸酯农药残留量的简易检验方法　酶抑制法
39	GB/T 18650-2008	地理标志产品　龙井茶
40	GB/T 18665-2008	地理标志产品　蒙山茶
41	GB/T 18745-2006	地理标志产品　武夷岩茶
42	GB/T 18795-2012	茶叶标准样品制备技术条件

续表

序号	标准代号	标准名称
43	GB/T 18797-2012	茶叶感官审评室基本条件
44	GB/T 18798. 1-2008	固态速溶茶　第 1 部分:取样
45	GB/T 18798. 2-2008	固态速溶茶　第 2 部分:总灰分测定
46	GB/T18798. 3-2008-2008	固态速溶茶　第 3 部分:水分测定
47	GB/T18798. 4-2013-2013	固态速溶茶　第 4 部分:规格
48	GB/T18798. 5-2013-2013	固态速溶茶　第 5 部分:自由流动和紧密堆积密度测定
49	GB/T 18957-2008-2008	地理标志产品　洞庭(山)碧螺春茶
50	GB 19296-2003-2003	茶饮料卫生标准
51	GB/T 19460-2008-2008	地理标志产品　黄山毛峰茶
52	GB/T 19598-2006-2006	地理标志产品　安溪铁观音
53	GB/T 19691-2008-2008	地理标志产品　狗牯脑茶
54	GB/T 19698-2008-2008	地理标志产品　太平猴魁茶
55	GB 19965-2005-2005	砖茶含氟量
56	GB/T 20014. 12-2008	良好农业规范　第 12 部分:茶叶控制点与符合性规范
57	GB/T 20354-2006	地理标志产品　安吉白茶
58	GB/T 20360-2006	地理标志产品　乌牛早茶
59	GB/T 20605-2006	地理标志产品　雨花茶
60	GB/T 21003-2007	地理标志产品　庐山云雾茶
61	GB/Z 21722-2008	出口茶叶质量安全控制规范
62	GB/T 21726-2008	黄茶
63	GB/T 21727-2008	固态速溶茶　儿茶素类含量的检测方法
64	GB/T 21728-2008	砖茶含氟量的检测方法
65	GB/T 21729-2008	茶叶中硒含量的检测方法
66	GB/T 21733-2008	茶饮料
67	GB/T 21824-2008	地理标志产品　永春佛手
68	GB/T 22109-2008	地理标志产品　政和白茶
69	GB/T 22111-2008	地理标志产品　普洱茶
70	GB/T 24710-2009	地理标志产品　坦洋工夫
71	GB/T 26530-2011	地理标志产品　崂山绿茶
72	GB/T 22291-2008	白茶
73	GB/T 22292-2008	茉莉花茶
74	GB/T 22737-2008	地理标志产品　信阳毛尖茶

续表

序号	标准代号	标准名称
75	GB/T 23193-2008	茶叶中茶氨酸的测定　高效液相色谱法
76	GB/T 23204-2008	茶叶中 519 种农药及相关化学品残留量的测定　气相色谱
77	GB/T 23205-2008	茶叶中 448 种农药及相关化学品残留量的测定　液相色谱
78	GB/T 23376-2009	茶叶中农药多残留测定　气相色谱/质谱法
79	GB/T 23379-2009	水果、蔬菜及茶叶中吡虫啉残留的测定　高效液相色谱法
80	GB/T 23776-2009	茶叶感官审评方法
81	GB/T 24614-2009	紧压茶原料要求
82	GB/T 24615-2009	紧压茶生产加工技术规范
83	GB/T 24690-2009	袋泡茶
84	GB/T 30357. 1-2013	乌龙茶　第 1 部分:基本要求
85	GB/T 30357. 2-2013	乌龙茶　第 2 部分:铁观音
86	GB/T 30357. 3-2015	乌龙茶　第 3 部分:黄金桂
87	GB/T 30357. 4-2015	乌龙茶　第 4 部分:水仙
88	GB/T 30357. 5-2015	乌龙茶　第 5 部分:肉桂
89	GB/T30375-2013	茶叶贮存
90	GB/T30376-2013	茶叶中铁、锰、铜、锌、镍、磷、硫、钾、钙、镁的测定
91	GB/T30377-2013	紧压茶茶树种植良好规范
92	GB/T30378-2013	紧压茶企业良好生产规范
93	GB/T30483-2013	茶叶中茶黄素测定
94	GB/T30766-2014	茶叶分类
95	GB/T31740. 1-2015	茶制品　第 1 部分:固态速溶茶
96	GB/T31740. 2-2015	茶制品　第 2 部分:茶多酚
97	GB/T31740. 3-2015	茶制品　第 3 部分:茶黄素
98	GB/T31748-2015	茶鲜叶处理要求
99	GB/T31751-2015	紧压白茶
100	GB/T32719. 1-2016	黑茶　第 1 部分:基本要求
101	GB/T32719. 2-2016	黑茶　第 2 部分:花卷茶
102	GB/T32719. 3-2016	黑茶　第 3 部分:湘尖茶
103	GB/T32719. 4-2016	黑茶　第 4 部分:六堡茶
104	GB/T32742-2016	眉茶生产加工技术规范
105	GB/T32743-2016	白茶加工技术规范
106	GB/T32744-2016	茶叶加工良好规范

（二）行业标准（142项）

表2　供销合作行业标准

序号	标准代号	标准名称
1	GH/T 1070-2011	茶叶包装通则
2	GH/T 1071-2011	茶叶贮存通则
3	GH/T 1076-2011	茶叶生产技术规程
4	GH/T 1077-2011	茶叶加工技术规程
5	GH/T 1090-2014	富硒茶
6	GH/T 1091-2014	代用茶
7	GH/T 1115-2015	西湖龙井茶
8	GH/T 1116-2015	九曲红梅茶
9	GH/T 1117-2015	桂花茶
10	GH/T 1118-2015	金骏眉茶
11	GH/T 1119-2015	茶叶标准体系表
12	GH/T 1120-2015	雅安藏茶

表3　农业部行业标准

序号	标准代号	标准名称
1	NY 5244-2004	无公害食品　茶叶
2	NY 5020-2001	无公害食品　茶叶产地环境条件
3	NY 5122-2002	无公害食品　窨茶用茉莉花
4	NY 5123-2002	无公害食品　窨茶用茉莉花产地环境条件
5	NY 5196-2002	有机茶
6	NY 5199-2002	有机茶产地环境条件
7	NY 659-2003	茶叶中铬、镉、汞、砷及氟化物限量
8	NY/T 2172-2012	标准茶园建设规范
9	NY/T 853-2004	茶叶产地环境技术条件
10	NY/T 225-1994	机械化采茶技术规程
11	NY/T 2019-2011	茶树短穗扦插技术规程

续表

序号	标准代号	标准名称
12	NY/T 288-2012	绿色食品　茶叶
13	NY/T 2140-2012	绿色食品　代用茶
14	NY/T 1713-2009	绿色食品　茶饮料
15	NY/T 5018-2001	无公害食品　茶叶生产技术规程
16	NY/T 5019-2001	无公害食品　茶叶加工技术规程
17	NY/T 5337-2006	无公害食品　茶叶生产管理规范
18	NY/T 5124-2002	无公害食品　窨茶用茉莉花生产技术规程
19	NY/T 5245-2004	无公害食品　茉莉花茶加工技术规程
20	NY/T 5197-2002	有机茶生产技术规程
21	NY/T 5198-2002	有机茶加工技术规程
22	NY/T 1391-2007	珠兰花茶加工技术规程
23	NY/T 456-2001	茉莉花茶
24	NY/T 482-2002	敬亭绿雪茶
25	NY/T 600-2002	富硒茶
26	NY/T 779-2004	普洱茶
27	NY/T 780-2004	红茶
28	NY/T 781-2004	六安瓜片茶
29	NY/T 782-2004	黄山毛峰茶
30	NY/T 783-2004	洞庭春茶
31	NY/T 784-2004	紫笋茶
32	NY/T 785-2004	蒸青煎茶
33	NY/T 863-2004	碧螺春茶
34	NY/T 864-2004	苦丁茶
35	NY/T 600-2002	富硒茶
36	NY/T 787-2004	茶叶感官审评通用方法
37	NY/T 1206-2006	茶叶辐照杀菌工艺
38	NY/T 1999-2010	茶叶包装、运输和贮藏　通则
39	NY/T 838-2004	茶叶中氟含量测定方法　氟离子选择电极法
40	NY/T 1960-2010	茶叶中磁性金属物的测定
41	NY/T 84-1988	茶尺蠖防治标准
42	NY/T 1724-2009	茶叶中吡虫啉残留量的测定　高效液相色谱法
43	NY/T 1721-2009	茶叶中炔螨特残留量的测定　气相色谱法
44	NY/T 2422-2013	植物新品种特异性、一致性和稳定性测试指南　茶树
45	NY/T 1312-2007	农作物种质资源鉴定技术规程　茶树
46	NY/T 2031-2011	农作物优异种质资源评价规范　茶树
47	NY/T 1763-2009	农产品质量安全追溯操作规程　茶叶

表4　出入境检验检疫局行业标准

序号	标准代号	标准名称
1	SN 0147-1992	出口茶叶中六六六、滴滴涕残留量检验方法
2	SN 0497-1995	出口茶叶中多种有机氯农药残留量检验方法
3	SN/T 0917-2010	进出口茶叶品质感官审评方法
4	SN/T 3133-2012	出口茶叶检验规程
5	SN/T 1490-2004	进出口茶叶检疫规程
6	SN/T 0797-1999	出口保健茶检验通则
7	SN/T 0924-2000	进出口茶叶重量鉴定方法
8	SN/T 0918-2000	进出口茶叶抽样方法
9	SN/T 0916-2000	进出口茶叶磨碎试样干物质含量的测定方法
10	SN/T 0914-2000	进出口茶叶粉末和碎茶含量测定方法
11	SN/T 3848-2014	出口食品中茶多酚的检测方法　高效液相色谱法
12	SN/T 0915-2000	进出口茶叶咖啡碱测定方法
13	SN/T 0913-2000	进出口茶叶粗纤维测定方法
14	SN/T 0919-2000	进出口茶叶水分测定方法
15	SN/T 0920-2000	进出口茶叶水浸出物测定方法
16	SN/T 0921-2000	进出口亲叶水溶性灰分和水不溶性灰分测定方法
17	SN/T 0922-2000	进出口茶叶水溶性灰分碱度测定方法
18	SN/T 0923-2000	进出口茶叶酸不溶灰分测定方法
19	SN/T 0925-2000	进出口茶叶总灰分测定方法
20	SN/T 0926-2000	进出口茶叶中硒的检验方法　荧光光度法
21	SN/T 0912-2000	进出口茶叶包装检验方法
22	SN/T 0348. 1-2010	进出口茶叶中三氯杀螨醇残留量检测方法
23	SN/T 0348. 2-1995	出口茶叶中三氯杀螨醇残留量检测方法液相色谱法
24	SN/T 2072-2008	进出口茶叶中三氯杀螨砜残留量的测定
25	SN/T 1950-2007	进出口茶叶中多种有机磷农药残留量的检测方法　气相色透法
26	SN/T 1774-2006	进出口茶叶中八氯二丙醚残留量检测方法　气相色谱法
27	SN/T 1117-2008	进出口食品中多种菊酯类农药残留量测定方法　气相色谱法
28	SN/T 1541-2005	出口茶叶中二硫代氨基甲酸酯总残留量检验方法
29	SN/T 1747-2006	出口茶叶中多种氨基甲酸菌类农药残留量的检验方法　气相色谱法
30	SN/T 1591-2005	进出口茶叶中9种有机杂环类农药残留量的检验方法
31	SN/T 1594-2005	进出口茶叶中噻嗪酮残留量检验方法　气相色谱法(附英文版)

续表

序号	标准代号	标准名称
32	SN/T 0711-2011	出口茶叶中二硫代氯基甲酸酯(盐)类农药残留量的检测方法　液相色谱-质谱/质谱法
33	SN/T 2056-2008	进出口茶叶中铅、砷、镉、铜、铁含量的测定　电感耦合等离子体原子发射光谱法
34	SN/T 3263-2012	出口食品中黄曲霉毒素残留量的测定

表 5　原商业部行业标准

序号	标准代号	标准名称
1	SB/T 10167-1993	祁门工夫红茶
2	SB/T 10168-1993	闽烘青绿茶
3	SB/T 10157-1993	茶叶感官审评方法
4	SB/T 10034-1992	茶叶加工技术术语
5	SB/T 10036-1992	紧压茶运输包装
6	SB/T 10037-1992	红茶、绿茶、花茶运输包装
7	SB/T 10094-1992	毛茶运输包装
8	SB/T 10035-1992	茶叶销售包装通用技术条件
9	SB/T 10560-2010	中央储备边销茶储存库资质条件
10	SB/T 10654-2012	茶馆经营服务规范
11	SB/T 11072-2013	茶馆等级划分与评定(2014-12-1 实施)
12	SB/T 11061-2013	茶叶交易市场建设和经营管理规范(2014-12-1 实施)
13	SB/T 10872-2012	农产品批发市场商品经营管理规范　第 1 部分:茶叶
14	SB/T 10154-1993	茶叶抖筛机
15	SB/T 10101-1992	茶叶平面圆筛机技术条件
16	SB/T 10186-1993	茶叶平面圆筛机型式与参数
17	SB/T 10155-1993	齿辊切茶机
18	SB/T 10100-1992	紧压茶筛、切机型式与主参数
19	SB/T 10188-1993	紧压茶压制机型式与参数
20	SB/T 10102-1992	茶叶匀堆机型式与主参数
21	SB/T 10103-1992	茶叶风选机
22	SB/T 10187-1993	茶叶拣梗机型式和主参数

续表

序号	标准代号	标准名称
23	SB/T 10153-1993	茶叶拣梗机技术条件
24	SB/T 10156-1993	茶叶加工除尘系统型式与主参数
25	SB/T 10099-1992	茶叶皮带输送机和斗式提升机型式与主参数
26	SB/T 10185-1993	茶叶加工机械产品型号编制方法

表 6　其他行业标准（轻工、机械）

序号	标准代号	标准名称
1	QB 2154-1995	食品添加剂茶多酚
2	QB/T 4263-2011	L-茶氨酸
3	QB/T 4068-2011	食品工业用茶浓缩液
4	QB/T 4067-2010	食品工业用速溶茶
5	QB/T 1458-2005	非热封型茶叶滤纸
6	QB/T 2595-2003	热封型茶叶滤纸
7	JB/T 7863-2007	茶叶机械术语
8	JB/T 5674-2007	茶树修剪机
9	JB/T 6281-2007	采茶机
10	JB/T 10808-2007	茶叶加工成套设备
11	JB/T 5676-2007	茶叶抖筛机
12	JB/T 9811-2007	茶叶平面圆筛机
13	JB/T 9812-2007	茶叶滚筒杀青机
14	JB/T 10748-2007	扁形茶炒制机
15	JB/T 10809-2007	茶叶微波杀青干燥设备
16	JB/T 10810-2007	茶叶蒸青机
17	JB/T 9814-2007	茶叶揉捻机
18	JB/T 9810-2007	转子式茶叶揉切机
19	JB/T 6670-2007	切茶机
20	JB/T 6674-2007	茶叶烘干机
21	JB/T 8575-2007	茶叶炒干机
22	JB/T 7321-2007	茶叶风选机
23	JB/T 9813-2007	阶梯式茶叶拣梗机

（三）地方标准（400项）

表 7　地方茶叶标准

序号	标准代号	标准名称
1	DB45/T 1291-2016	六堡茶加工与感官审评术语
2	DB44/T 1841-2016	有机乌龙茶生产技术规程
3	DB43/272-2005	桃源大叶茶
4	DBS34/2607-2016	食品安全地方标准　代用茶
5	DBS45/033-2016	食品安全地方标准　金花茶叶茶
6	DB3301/T 121-2008	西湖龙井茶手工炒制工艺规程
7	DB42/T 1059-2015	红(米)砖茶
8	DB34/T 2414-2015	乌龙茶加工技术规范
9	DB52/T 999-2015	绿宝石茶专属茶园栽培技术规程
10	DB52/T 630-2010	贵州茶叶加工场所基本条件
11	DB52/T 620-2010	贵州省茶叶产品信息溯源管理指南
12	DB41/T 336-2004	无公害信阳毛尖茶
13	DB45/T 585-2009	金花茶饮料
14	DB45/T 384-2007	茉莉花茶
15	DB45/T 78-2003	苦丁茶
16	DB45/T 495-2008	南山白毛茶
17	DB45/T 572-2009	茶叶中稀土元素含量的测定　ICP-MS 等离子体质谱法
18	DB45/T 584-2009	代用茶　金花茶
19	DB45/T 507-2008	覃塘毛尖茶
20	DB53/T 103-2003	普洱茶
21	DB53/T 171-2006	普洱茶产地环境条件
22	DB53/T 172-2006	普洱茶生产技术规程
23	DB53/T 173-2006	普洱茶加工技术规程
24	DB34/T 366-2015	九华佛茶生产加工技术规程
25	DB34/T 365-2015	九华佛茶
26	DB34/T 2571-2015	石墨茶加工技术规程
27	DB34/T 427-2015	天华谷尖茶加工技术规程
28	DB34/T 426-2015	地理标志产品　天华谷尖茶
29	DB3301/T 121-2008	西湖龙井茶手工炒制工艺规程
30	DB3301/T 059.3-2008	雪水云绿茶　第 3 部分:加工技术规程
31	DB3301/T 059.2-2008	雪水云绿茶　第 2 部分:栽培技术规程

续表

序号	标准代号	标准名称
32	DB3301/T 059. 1-2008	雪水云绿茶　第1部分:商品茶
33	DB33/T 797-2015	惠明茶生产技术规程
34	DB62/T 2466-2014	地理标志产品　文县绿茶
35	DB52/T 1032-2015	藤茶
36	DB52/T 1016-2015	地理标志产品　正安白茶加工技术规程
37	DB52/T 1015-2015	地理标志产品　雷山根球茶加工技术规程
38	DB52/T 1014-2015	地理标志产品　石阡普茶加工技术规程
39	DB52/T 1013-2015	梵净山　红茶加工技术规程
40	DB52/T 1012-2015	梵净山　红茶
41	DB52/T 1011-2015	梵净山　颗粒型绿茶加工技术规程
42	DB52/T 1010-2015	梵净山　颗粒型绿茶
43	DB52/T 1009-2015	梵净山　卷曲形绿茶加工技术规程
44	DB52/T 1008-2015	梵净山　卷曲形绿茶
45	DB52/T 1007-2015	梵净山　针形绿茶加工技术规程
46	DB52/T 1006-2015	梵净山　针形绿茶
47	DB52/T 1005-2015	安顺瀑布毛峰茶加工技术规程
48	DB52/T 1004-2015	安顺瀑布毛峰茶
49	DB52/T 1003-2015	凤冈锌硒茶加工技术规程
50	DB52/T 1002-2015	湄潭翠芽茶加工技术规程
51	DB52/T 1001-2015	遵义红　红茶加工技术规程
52	DB52/T 1000-2015	遵义红　红茶
53	DB52/T 998-2015	绿宝石　绿茶加工技术规程
54	DB52/T 997-2015	绿宝石　绿茶
55	DB52/T 995-2015	都匀毛尖茶加工技术规程
56	DB52/T 532-2015	地理标志产品　石阡苔茶
57	DB52/T 489-2015	凤冈锌硒茶
58	DB52/T 478-2015	湄潭翠芽茶
59	DB52/T 433-2015	都匀毛尖茶
60	DB52/T 835-2015	地理标志产品　正安白茶
61	DB52/T 713-2015	地理标志产品　雷山银球茶
62	DB35/T 1498-2015	地理标志产品　永定万应茶
63	DB35/T 1228-2015	地理标志产品　武夷红茶
64	DB35/T 1505-2015	红茶加工通用技术规程
65	DB33/T 967-2015	香茶加工技术规程

续表

序号	标准代号	标准名称
66	DB33/T 739-2015	松阳茶生产技术规范
67	DB34/T 2413-2015	汀溪兰香茶生产技术规程
68	DB33/T 729-2015	建德苞茶生产技术规范
69	DB22/T 1671-2012	茶饮料和调味茶饮料中咖啡因和五种儿茶素类(儿茶素、表儿茶素、表没食子儿茶素没食子酸酯、表儿茶素没食子酸酯和表没食子儿茶素)含量的测定高效液相色谱方法
70	DB34/T 1842-2013	泾县兰香茶
71	DB34/T 1841-2013	安茶
72	DB34/T 1824-2013	白云春毫茶
73	DB37/T 2637-2014	莱芜老干烘制作加工技术规范
74	DB44/T 1515-2014	地理标志产品　新垌茶
75	DB45/T 479-2014	六堡茶加工技术规程
76	DB45/T 435-2014	六堡茶生产技术规程
77	DBS52/ 002-2014	食品安全地方标准　代用茶
78	DB61/T 931. 7-2014	绞股蓝茶
79	DB61/T 396. 7-2014	女娲红茶
80	DB61/T 396. 6-2014	女娲绿茶　炒青茶
81	DB61/T 396. 5-2014	女娲绿茶　毛尖茶
82	DB61/T 396. 4-2014	女娲绿茶　云雾茶
83	DB61/T 396. 3-2014	女娲绿茶　银峰茶
84	DB42/T 1016-2014	白化茶
85	DB42/T 1015-2014	远安黄茶
86	DB42/T 1010-2014	地理标志产品　老君眉茶
87	DB31/T 215. 3-1998	红茶
88	DB31/T 215. 2-1998	特种绿茶
89	DB31/T 215. 1-1998	茶叶的检验规则、标志、标签和包装、运输、贮存
90	DB31/T 215. 5-1998	茉莉花茶
91	DB53/T 236-2007	普洱茶冲泡方法
92	DB53/T 216-2007	普洱茶中茶多酚的测定方法
93	DB42/T 360-2006	机制针形优质绿茶
94	DB42/T 359-2006	机制条形优质绿茶
95	DB42/T 293-2004	龙峰茶
96	DB42/T 292-2004	圣水毛尖
97	DB42/T 195-2000	五峰毛尖茶

续表

序号	标准代号	标准名称
98	DB42/T 143-2002	富硒茶
99	DB42/ 391-2006	伍家台贡茶
100	DB42/ 351-2006	恩施玉露
101	DB42/ 323-2005	邓村绿茶
102	DB42/T 417-2007	红庙翠峰茶
103	DB42/T 291-2004	箭茶
104	DB42/T 182-2006	采花毛尖
105	DB61/ 307. 2-2003	天然富硒茶产地环境条件
106	DB61/ 307. 1-2003	天然富硒茶标准
107	DB41/T 407-2005	桐柏玉茶叶
108	DB41/T 337-2004	无公害信阳毛尖茶生产基本要求
109	DB41/T 335-2004	信阳毛尖茶
110	DB35/T 97. 8-2006	八仙茶　成品茶
111	DB35/T 97. 6-2006	八仙茶　毛茶
112	DB35/T 825-2008	白芽奇兰　成品茶
113	DB35/T 824-2008	白芽奇兰　毛茶
114	DB35/T 675-2006	蒸青绿茶　成品茶
115	DB35/T 673-2006	蒸青绿茶　毛茶
116	DB35/T 660-2006	天山绿茶
117	DB35/T 635-2005	坦洋工夫红茶　成品茶
118	DB35/T 633-2005	坦洋工夫红茶　毛茶
119	DB35/T 614-2005	茶叶储藏、运输企业良好操作规范
120	DB35/T 613-2005	乌龙茶加工企业良好操作规范
121	DB35/T 612-2005	绿茶、茉莉花茶加工企业良好操作规范
122	DB35/T 152. 9-2001	白茶标准综合体　茶叶取样方法
123	DB35/T 152. 17-2001	白茶标准综合体　白茶
124	DB35/T 152. 15-2001	白茶标准综合体　白毛茶
125	DB35/T 152. 13-2001	白茶标准综合体　白茶鲜叶
126	DB35/T 152. 12-2001	白茶标准综合体　评茶术语
127	DB35/T 152. 11-2001	白茶标准综合体　茶叶理化检验方法
128	DB35/T 152. 10-2001	白茶标准综合体　茶叶品质感官检验方法
129	DB35/T 148. 9-2001	白茶标准综合体　绿茶(烘青)成品茶
130	DB35/T 148. 7-2001	白茶标准综合体　绿茶(烘青)毛茶
131	DB35/ 714-2006	永春佛手茶　精茶

续表

序号	标准代号	标准名称
132	DB35/ 713-2006	永春佛手茶　毛茶
133	DB36/T 438-2012	浮梁茶
134	DB36/T 634-2011	上犹绿茶　管理体系
135	DB36/T 635-2011	上犹绿茶　标识与销售
136	DB36/T 631-2011	上犹绿茶
137	DB36/T 588-2010	有机食品　资溪白茶加工技术规程
138	DB37/T 2186-2012	桑叶茶加工技术规程
139	DB32/T 2697-2014	青茶加工技术规程
140	DB32/T 2497-2013	银毫茶加工技术规程
141	DB32/T 2489-2013	茗毫茶生产、加工技术规程
142	DB32/T 2070-2012	茗苑曲毫茶等级
143	DB32/T 432-2012	雨花茶加工技术规程
144	DB32/T 2073-2012	吟红茶等级
145	DB32/T 1617-2010	低咖啡因绿茶加工技术规程
146	DB32/T 1817-2011	花果山云雾茶
147	DB61/T 307. 7-2013	紫阳富硒茶　加工技术规程
148	DB61/T 307. 4-2013	紫阳富硒茶　生产技术规程
149	DB61/T 307. 3-2013	紫阳富硒茶　茶树种子苗木
150	DB61/T 307. 2-2013	紫阳富硒茶　产地环境条件
151	DB45/T 1068-2014	桂林毛尖茶加工技术规程
152	DB45/T 938-2013	青茶、绿茶低温真空干燥加工技术规程
153	DB45/ 228-2012	地理标志产品　西山茶
154	DB45/T 809-2012	工夫红茶发酵适度的确定方法
155	DB45/T 677-2010	金花茶生产技术规程
156	DB44/T 872-2011	潮汕工夫茶
157	DB43/T 655-2011	安化黑茶加工通用技术要求
158	DB43/T 659-2011	安化黑茶　黑毛茶
159	DB43/T 654-2011	安化黑茶包装标识运输贮存技术规范
160	DB43/T 656-2011	安化黑茶冲泡及饮用方法
161	DB42/T 916-2013	湖北宜红茶
162	DB42/T 897-2013	襄阳高香茶(地理标志证明商标)
163	DB42/T 855-2012	五峰绿茶(地理标志证明商标)
164	DB42/T 818-2012	武当道茶
165	DB42/T 182-2011	采花毛尖茶

续表

序号	标准代号	标准名称
166	DB42/T 291-2011	箭茶
167	DB42/T 351-2010	地理标志产品　恩施玉露
168	DB42/T 666-2010	湖北乌龙茶
169	DB51/T 1548-2012	金尖茶加工技术规范
170	DB51/T 896-2009	茶叶中儿茶素总量的测定　香兰素-盐酸分光光度法
171	DB43/T 769-2013	岳阳黄茶
172	DB43/T 521-2010	毛尖茶感官审评定级方法
173	DB43/T 571-2010	安化黑茶湘尖茶
174	DB43/T 570-2010	安化黑茶花砖茶
175	DB43/T 568-2010	安化黑茶通用技术要求
176	DB43/T 389-2010	安化黑茶千两茶
177	DB43/T 572-2010	安化黑茶黑砖茶
178	DB43/T 800. 1-2013	有机茶出口种植基地安全质量控制技术规程第 1 部分:基本要求
179	DB43/T 800. 2-2013	有机茶出口种植基地安全质量控制技术规程第 2 部分:栽培管理
180	DB43/T 800. 3-2013	有机茶出口种植基地安全质量控制技术规程第 3 部分:加工销售
181	DB43/T 800. 4-2013	有机茶出口种植基地安全质量控制技术规程第 4 部分:质量控制
182	DB43/T 863-2014	保靖黄金茶　毛尖绿茶
183	DB52/T 645-2010	茶叶冲泡品饮指南
184	DB52/T 644-2010	贵州绿茶销售管理指南
185	DB52/T 642-2010	贵州省茶叶企业检验基本要求
186	DB52/T 641-2010	贵州工夫红茶
187	DB52/T 640-2010	贵州红茶　红碎茶加工技术规程
188	DB52/T 639-2010	贵州红茶　工夫红茶加工技术规程
189	DB52/T 638-2010	贵州绿茶　珠形茶加工技术规程
190	DB52/T 636-2010	贵州绿茶　扁形茶加工技术规程
191	DB52/T 635-2010	贵州绿茶　直条形毛峰茶加工技术规程
192	DB52/T 634-2010	贵州绿茶　卷曲形茶加工技术规程
193	DB52/T 633-2010	贵州绿茶　大宗茶加工技术规程
194	DB52/T 632-2010	贵州茶叶加工技术要求
195	DB52/T 631-2010	贵州无公害茶叶加工技术规程
196	DB52/T 629-2010	贵州茶叶鲜叶分级
197	DB52/T 624-2010	贵州无公害茶叶栽培技术规程
198	DB52/T 622-2010	贵州有机茶产地环境条件
199	DB52/T 621-2010	贵州无公害茶叶产地环境条件

续表

序号	标准代号	标准名称
200	DB52/T 712-2011	贵州小叶苦丁茶培育技术规程
201	DB52/T 648-2010	贵州茶叶包装通用技术规范
202	DB33/T 941-2014	扁形绿茶加工工艺技术规程
203	DB46/ 31-2004	白沙绿茶
204	DB35/405-2000	安溪乌龙茶
205	DB3201/T 003-2002	南京雨花茶栽培技术规程
206	DBS22/032-2014	食品安全地方标准代用茶
207	DB32/T 751-2012	超微绿茶粉
208	DB43/T 569-2010	安化黑茶　茯砖茶
209	DB52/T 447-2010	贵州绿茶(含第1号修改单)
210	DB52/T 442.4-2010	贵州绿茶　颗粒形茶(含第1号修改单)
211	DB52/T 442.3-2010	贵州绿茶　扁形茶(含第1号慢改单)
212	DB52/T 442.2-2010	贵州绿茶　针形茶(含第1号修改单)
213	DB52/T 442.1-2010	贵州绿茶　卷曲形茶(含第1号修改单)
214	DB3301/T 114.3-2007	杭州白茶　第3部分:质量安全要求
215	DB3301/T 114.2-2007	杭州白茶　第2部分:加工技术规程
216	DB3301/T 017.3-2007	长河桂花茶　第3部分:商品茶
217	DB3301/T 017.2-2007	长河桂花茶　第2部分:茶叶桂花的采制技术
218	DB3301/T 017.1-2007	长河桂花茶　第1部分:茶树和桂花树栽培技术
219	DB34/T 1300-2010	茶叶机械化采摘技术规程
220	DB34/T 1135-2010	茶叶理条机械化作业技术规范
221	DB34/T 1134-2010	茶叶理条机
222	DB34/T 258-2012	太平猴魁茶工艺规程
223	DB34/T 1758-2012	云谷大方茶
224	DB34/T 1757-2012	黄山白茶
225	DB34/T 1752-2012	地理标志产品　石台富硒茶
226	DB34/T 1591-2012	茶树冻害气象指标
227	DB51/T 1380-2011	红碎茶加工技术规程
228	DB51/T 1348-2011	茶叶加工场所及设备条件
229	DB35/T 929-2009	工艺花茶
230	DB440100/T 35-2004	茶叶标识要求
231	DB33/T 239-2012	龙井茶加工技术规程
232	DB33/T 867.1-2012	茶树主要害虫测报调查规范　第1部分:茶尺蠖
233	DB33/T 867.2-2012	茶树主要害虫测报调查规范　第2部分:茶黑毒蛾

续表

序号	标准代号	标准名称
234	DB33/T 867. 3-2012	茶树主要害虫测报调查规范　第 3 部分:茶毛虫
235	DB33/T 867. 4-2012	茶树主要害虫测报调查规范　第 4 部分:假眼小绿叶蝉
236	DB33/T 867. 5-2012	茶树主要害虫测报调查规范　第 5 部分:茶橙瘿螨
237	DB33/T 867. 6-2012	茶树主要害虫测报调查规范　第 6 部分:黑刺粉虱
238	DB33/T 867. 7-2012	茶树主要害虫测报调查规范　第 7 部分:长白蚧
239	DB35/ 799-2007	烘青茉莉花茶
240	DB3205/T 198-2011	白叶茶加工技术规程
241	DB52/T 469-2011	地理标志产品　梵净山翠峰茶
242	DB34/T 1355-2011	珠兰花茶
243	DB3302/T 001. 1-2006	名优绿茶　第 1 部分:苗木与繁育技术
244	DB45/T 581-2009	六堡茶
245	DB31/T 581-2009	乌龙茶(青茶)
246	DB34/T 238. 2-2002	有机茶　第二部分　鲜叶与加工
247	DB34/T 238. 4-2002	机茶　第四部分　认证与管理
248	DB34/T 258-2002	太平猴魁茶加工工艺规程
249	DB51/T 731-2007	茉莉花茶加工技术规程
250	DB53/ 103-2006	普洱茶
251	DB33/T 407. 4-2007	无公害苦丁茶　第 4 部分:加工技术
252	DB33/T 407. 3-2007	无公害苦丁茶　第 3 部分:栽培技术
253	DB33/T 407. 2-2007	无公害苦丁茶　第 2 部分:苗木繁育
254	DB34/T 530-2005	茶园管理机械作业技术规程
255	DB33/T 407. 2-2003	苦丁茶　第 2 部分:播种育苗
256	DB33/T 407. 4-2003	苦丁茶　第 4 部分:栽植培育
257	DB33/T 483-2004	茶树品种　翠峰
258	DB33/T 485-2004	茶树品种　劲峰
259	DB33/T 486-2004	茶树品种　青峰
260	DB33/T 484-2004	茶树品种　迎霜
261	DB33/T 484-2004	出口蒸青茶检验规程
262	DB33/T 418-2003	出口茶叶类商品运输包装检验规程
263	DB33/T 407. 3-2003	苦丁茶　第 3 部分:苗木
264	DB33/T 407. 1-2003	苦丁茶　第 1 部分:种子
265	DB35/T 893-2009	茶叶低温冷藏设备
266	DB35/T 892-2009	茶叶烘焙机
267	DB35/T 891-2009	乌龙茶松包筛末机

续表

序号	标准代号	标准名称
268	DB35/T 890-2009	乌龙茶包揉机
269	DB35/T 906-2009	金观音乌龙茶综合标准成品茶
270	DB35/T 889-2009	乌龙茶速包机
271	DB35/T 888-2009	燃气茶叶杀青机
272	DB35/T 887-2009	乌龙茶做青环境控制设备
273	DB35/T 886-2009	乌龙茶摇青机
274	DB35/T 1079-2010	福建山地有机茶生产技术规范
275	DB511100/T 20-2010	地理标志产品　峨眉山茶
276	DB51/T 820-2008	茯砖茶加工技术规程
277	DB34/T 774-2008	清洁茶贮存运输技术规范
278	DB34/T 773-2008	清洁茶生产加工技术规范
279	DBJ440100/T 36-2009	代用茶卫生要求
280	DB33/551-2008	扁形茶炒制机质量安全要求
281	DB51/T 878-2009	工夫红茶加工技术规程
282	DB51/T 721-2007	烘青茶加工技术规程
283	DB51/T 732-2007	毛峰茶加工技术规程
284	DB34/T 430-2004	岳西翠兰茶
285	DB33/T 551-2005	扁形茶炒制机
286	DB34/T 531-2005	茶树修剪、采茶机械作业规程
287	DB51/T 722-2007	炒青绿茶加工技术规程
288	DB3302/T 051. 4-2005	宁波白茶　第 4 部分:商品茶
289	DB3302/T 051. 3-2005	宁波白茶　第 3 部分:加工技术
290	DB3302/T 051. 2-2005	宁波白茶　第 2 部分:栽培技术
291	DB3302/T 051. 1-2005	宁波白茶　第 1 部分:种苗
292	DB3302/T 001. 5-2006	名优绿茶　第 5 部分:商品茶
293	DB3302/T 001. 4-2006	名优绿茶　第 4 部分:加工技术
294	DB3302/T 001. 3-2006	名优绿茶　第 3 部分:茶厂基本技术条件
295	DB3302/T 001. 2-2006	名优绿茶　第 2 部分:产地环境与栽培技术
296	DB3302/T 008. 4-2005	望海茶　第 4 部分:商品茶
297	DB3302/T 008. 3-2005	望海茶　第 3 部分:鲜叶采摘和加工技术
298	DB3302/T 008. 2-2005	望海茶　第 2 部分:栽培技术
299	DB3302/T 008. 1-2005	望海茶　第 1 部分:苗木
300	DB3302/T 061. 4-2008	黄金芽茶　第 4 部分:商品茶
301	DB3302/T 061. 3-2008	黄金芽茶　第 3 部分:加工

续表

序号	标准代号	标准名称
302	DB3302/T 061. 1-2008	黄金芽茶　第 1 部分:种苗
303	DB3302/T 061. 2-2008	黄金芽茶　第 2 部分:栽培
304	DB34/T 587-2006	金寨翠眉茶
305	DB34/T 729-2007	天柱银曲茶
306	DB34/T 329-2003	茶油桐尺蠖测报调查和防治技术
307	DB34/T 328-2003	茶毛虫测报调查和防治技术
308	DB34/T 327-2003	茶黑毒蛾测报调查和防治技术
309	DB34/T 326-2003	茶小卷叶蛾测报调查和防治技术
310	DB34/T 325-2003	茶小绿叶蝉测报调查和防治技术
311	DB34/T 323-2003	毛峰茶机械化加工技术规程
312	DB34/ 236-2002	黄山毛峰茶
313	DB3205/T 098-2005	剑门茗毫采制技术规程
314	DB33/T 733-2009	浙江绿茶
315	DB33/T 286. 4-2000	珠茶　第 4 部分:采摘与初加工标准
316	DB33/T 286. 3-2000	珠茶　第 3 部分:栽培管理
317	DB33/T 286. 1-2000	珠茶　第 1 部分:茶树良种繁育
318	DB34/T 1086-2009	祁门红茶
319	DB 35/370-1999	安溪铁观音
320	DB35/T 943-2009	地理标志产品　福建乌龙茶
321	DB44/T 299-2006	大叶种绿茶
322	DB44/T 300-2006	英德红茶
323	DB35/ 787-2007	漳平水仙茶
324	DB45/T 909-2013	地理标志产品　防城金花茶
325	DB37/T 541-2010	地理标志产品　日照绿茶
326	DB34/T 426-2015	地理标志产品　天华谷尖茶(2016-130 实施)
327	DB45/T 1114-2014	地理标志产品　六堡茶
328	DB52/T 1016-2015	地理标志产品　正安白茶加工技术规程
329	DB52/T 1015-2015	地理标志产品　雷山银球茶加工技术规程
330	DB52/T 1014-2015	地理标志产品　石阡苔茶加工技术规程
331	DB52/T 532-2015	地理标志产品　石阡苔茶
332	DB52/T 835-2015	地理标志产品　正安白茶
333	DB52/T 713-2015	地理标志产品　雷山银球茶
334	DB35/T 1498-2015	地理标志产品　永定万应茶
335	DB35/T 2068-2014	地理标志产品　武夷红茶

续表

序号	标准代号	标准名称
336	DB34/T 2068-2014	地理标志产品　金寨红茶
337	DB34/T 1356-2013	地理标志产品　松萝茶
338	DB34/T 989-2013	地理标志产品　金山时雨茶
339	DB34/T 237-2011	地理标志产品　六安瓜片茶
340	DB45/T 1124-2014	地理标志产品　邵平茶
341	DB42/T 1042-2015	地理标志产品　梅子贡茶
342	DB42/T 522-2015	地理标志产品　鹤峰茶
343	DB42/T 1010-2014	地理标志产品　老君眉茶
344	DB42/T 210-2014	地理标志产品　英山云雾茶
345	DB36/T 752-2013	地理标志产品　婺源绿茶
346	DB36/T 712-2013	地理标志产品　靖安白茶
347	DB35/T 1378-2013	地理标志产品　邵武碎铜茶
348	DB34/T 1582-2012	地理标志产品　汀溪兰香茶
349	DB32/T 2695-2014	地理标志产品　金坛雀舌茶
350	DB61/T 920-2014	地理标志产品　泾阳茯砖茶技术规范
351	DB62/T 1993-2010	地理标志产品　龙神茶
352	DB45/T 1047-2014	地理标志产品　横县茉莉花茶
353	DB45/T 1016-2014	地理标志产品　南山白毛茶
354	DB44/T 729-2010	地理标志产品　沿溪山白毛尖
355	DB42/T 998-2014	地理标志产品　大悟绿茶
356	DB42/T 835-2012	地理标志产品　羊楼洞砖茶
357	DB42/T 391-2010	地理标志产品　伍家台贡茶
358	DB42/T 323-2011	地理标志产品　邓村绿茶
359	DB43/T 928. 1-2014	地理标志产品　玲珑茶　第 1 部分:产品质量
360	DB43/T 928. 2-2014	地理标志产品　玲珑茶　第 2 部分:生产技术
361	DB43/T 205-2011	地理标志产品　古丈毛尖
362	DB43/T 205-2012	地理标志产品　古丈毛尖茶
363	DB43/T 796-2013	地理标志产品　碣滩茶
364	DB43/T 797-2013	地理标志产品　碣滩茶生产技术规范
365	DB34/T 1325-2010	地理标志产品　瑞草魁茶
366	DB34/T 319-2012	地理标志产品　霍山黄芽
367	DB43/T 832-2013	富硒茶叶生产技术规程
368	DB35/T 991-2010	地理标志产品　福州茉莉花茶
369	DB44/T 820-2010	地理标志产品　凤凰单丛(枞)茶

续表

序号	标准代号	标准名称
370	DB35/T 1076-2010	地理标志产品　福鼎白茶
371	DB52/T 469-2011	地理标志产品　梵净山翠峰茶
372	DB51/T 1785-2014	蒙山茶技　龙行十八式
373	DB50/T 521-2013	秀山银花茶加工工艺技术规程
374	DB42/T 915-2013	湖北宜红茶加工技术规程
375	DB32/T 2530-2013	茶树设施栽培技术规程
376	DB32/T 2529-2013	茶园机械化管理技术规程
377	DB51/T 1630-2013	茶园机械化生产技术规程
378	DB51/T 1687-2013	生态茶园建设技术规程
379	DB35/T 1322-2013	生态茶园建设与管理技术规范
380	DB37/T 2268-2013	茶园越冬防护技术规程
381	DBS45/ 006-2013	广西壮族自治区食品安全地方标准　代用茶和调味茶
382	DBS61/ 0003-2013	陕西省食品安全地方标准　代用茶安全要求
383	DBS53/ 012-2013	云南省食品安全地方标准　昌宁红茶
384	DB44/T 1254-2013	地理标志产品　象窝茶
385	DB44/T 1248-2013	地理标志产品　陈香茶
386	DB35/T 1363-2013	地理标志产品　福鼎白茶实物标准样
387	DB43/T 205. 2-2013	地理标志产品　古丈毛尖　第 2 部分:茶叶生产技术规程
388	DB43/T 749-2013	毛尖工夫红茶
389	DB34/T 1841-2013	安茶
390	DB34/T 1824-2013	白云春毫茶
391	DB32/T 2502-2013	甘露翠螺茶　质量分级
392	DB51/T 1676-2013	有机茶病虫害防控技术规程
393	DB43/T 799-2013	无公害茶叶安全生产技术规程
394	DB46/T 246-2013	糯米香茶栽培技术规程
395	DB42/T 892-2013	襄阳高香茶栽培技术规程
396	DB53/T 528-2013	云南大叶种茶树短穗扦插技术规程
397	DB53/T 527-2013	云南大叶种茶树无性系栽培技术规程
398	DB32/T 2497-2013	银毫茶加工技术规程
399	DB41/T 839-2013	银杏叶茶加工技术规程
400	DB41/T 821-2013	蒸青绿茶加工技术规程

B.9

世界部分茶叶知名品牌

周玉璠　朱迎迎*

一　世界茶叶知名品类

1. Harney&Sons 美国拼配茶

2. Dilmah 斯里兰卡袋泡茶

3. Good Earth 美国花草茶

4. TWG（The Wellness Group）新加坡拼配茶

5. Chaitime 印度特色茶

6. Girnar 印度袋泡茶

7. SeasonsTea 德国花草茶

二　世界茶叶知名品牌

印度茶叶知名品牌：阿萨姆红茶、阿萨姆奶茶、大吉岭冰红茶、海连奇红茶、锡金红茶等。

斯里兰卡茶叶知名品牌：乌瓦红茶、金伯莱红茶、努瓦拉埃利亚红茶、坎地红茶等。

肯尼亚茶叶知名品牌：肯尼亚 CTC 红碎茶。

印度尼西亚茶叶知名品牌：爪哇 BOP 红茶。

尼泊尔茶叶知名品牌：柯蓝塞红茶、麦伊拉姆。

---

* 周玉璠，福建省茶叶学会张天福茶学研究分会副会长兼秘书长，教授级高级农艺师，主要研究方向为茶科技、茶文化；朱迎迎，北京林业大学马克思主义学院硕士研究生。

英国混配茶叶品牌：韦奇伍德红茶、敦宁红茶、福特纳姆·玛森红茶、立顿红茶、明顿红茶、碧莱红茶等。

日本混配茶叶品牌：日本红茶、绿碧茶苑茶、金佰莱红茶、神户红茶、复下绿茶、伊藤园茶、神户茶等。

法国混配茶叶品牌：馥颂红茶、马瑞格·佛芮勒斯红茶、艾迪雅红茶、达珞瓦伏红茶、皇家玛丽娜红茶等。

德国混配茶叶品牌：达乐麦耶红茶、红苹果茶、樱花茶等。

B.10

1950年以来部分国际茶叶组织及其活动

周国文　周玉璠　贾桂君*

联合国贸易和发展会议召开多次茶叶会议，我国均派代表参加。1978年1月，联合国贸易和发展会议在日内瓦召开第一届政府间茶叶专家组会和第一届茶叶筹备会，有近40位贸易和发展会议成员国、联合国有关专门组织、政府机构的代表及观察员参加，这是我国首次派代表参加茶叶筹备会。日内瓦于1979年12月召开了第二届政府间茶叶专家组会和第二届茶叶筹备会。1980年5月，世界茶叶生产国会议在印度尼西亚万隆召开。11月，在津巴布韦首都哈拉雷召开茶叶出口国专家会议，中国与阿根廷、孟加拉国、印度、印度尼西亚、肯尼亚、马拉维、莫桑比克、斯里兰卡、坦桑尼亚、土耳其和津巴布韦等国家的代表一起参加会议。

一　“茶—品质—人体健康”国际学术讨论会

中国农业科学院茶叶研究所等单位与组织牵头召开了多次会议，为中国茶的传播做出积极贡献。1987年11月，中国农业科学院在浙江杭州召开“茶—品质—人类健康”国际学术讨论会。130余位来自印度、斯里兰卡、苏联、日本、美国、肯尼亚、英国、德国、法国等国家和地区的代表参加了会议。1995年11月，中国茶叶学会、中国农业科学院茶叶研究所和中华茶

* 周国文，清华大学博士后，北京林业大学马克思主义学院教授、博士生导师，主要研究方向为环境哲学、环境伦理、茶文化教育；周玉璠，福建省茶叶学会茶学研究分会副会长兼秘书长，教授级高级农艺师，主要研究方向为茶科技、茶文化；贾桂君，北京林业大学人文社会科学学院硕士研究生。

人联谊会在上海召开本年度的“茶—品质—人体健康”国际学术讨论会。172 位来自美国、日本、印度、斯里兰卡、印度尼西亚、英国、澳大利亚、瑞士、肯尼亚等国以及中国香港和中国台湾等地区的代表参加。这两次会议都编印了英文论文集。

二　国际茶业大会

来自世界 31 个国家和地区的茶叶采购商、生产商、茶叶协会、茶叶局代表 300 余人，中国各产茶省（区、市）以及香港、台湾的种植、加工、批发、零售企业代表 200 余人参加了 2005 年 9 月在中国杭州举办的 2005 国际茶业大会暨茶·咖啡展览会，参会国家和地区之多、人员之广、规模之大、等级之高，举世瞩目。与会人士高度评价 2005 国际茶业大会。

19 位资深、权威业界人士及专家分别进行了专题演讲，并现场回答各国代表的问题，给与会各国茶叶界留下了很深的印象。300 个展位展示了来自中国、印度、斯里兰卡、日本等国家的有机、绿色、保健和名、优、特茶产品及茶器具、茶机械等精品。会展期间，世界茶叶主要经销商及跨国投资商与中国企业广泛开展了贸易及投资洽谈，为加强合作奠定了基础。印度最大的跨国投资企业塔塔集团与浙江省就投资设厂进行了实质性洽谈。比利时茶叶进口商评价，有吸引力的增值产品，吸引人的、有创意的新包装。本次展会为到会的中外茶叶界人士创造了无限商机。万人同品茶，欣赏不同民族的茶艺表演，吸引并激发了人们对茶饮、茶艺、茶道的热情。

继 2005 国际茶业大会暨茶·咖啡展览会在杭州成功举办后，2007 国际茶业大会暨展览会于 2007 年 5 月 18 至 20 日在中国湖南省长沙市隆重举行。欧盟、独联体、东欧、美加、日本、韩国、非洲、中东、东南亚、澳新、南美等国家（地区）和国际组织的茶种植、加工、贸易企业，茶业行业组织代表，茶文化、茶科研机构的专家、学者及茶叶主要生产国、消费国政府主管部门参会、参展，特别是俄罗斯、美国、加拿大、欧盟等主要茶叶进口国家（地区）和国际组织的茶业协会组织当地进口商、批发商前来参会，中国各茶叶主生产省（区、市）以及主要消费城市的茶种植、加工、零售、批发、进出口企业，茶文化、茶科研机构以及香港地区的茶叶企业参会、参展，参会人数达600余人，参展标准摊位近500个。

为应对全球消费者对饮茶安全的要求，提高茶饮料在世界市场的份额，帮助众多中国企业进一步开拓国际市场，大会组委会以“全球茶业界联手打造健康、安全、有竞争力的茶产业”为中心议题，邀请国际茶业界的精英、专家以及各国茶业协会的业界人士，就各国茶业标准、法规、检验、卫生管理及质量监控体系建设、国际市场产销形势、食品安全、茶新品种开发、新包装、新技术、新市场营销、品牌培育等进行专题演讲、研讨。大会提供同声传译服务，方便代表沟通、交流、互动。

三　中华名茶评选活动

为迎接百年一遇的2008年北京奥运会，为让中国茶走向世界，让人类喝上健康的茶饮料，组委会于2006~2008年在北京连续举办三届“人文奥运·茶香世界”中华茶文化高峰论坛暨“人文中国·茶香世界”中华茶文化宣传活动。同时，先后举办了三届中华名茶评选活动。

（一）首届“东方杯”评比获奖产品

2006年10月22日，首届“人文奥运·茶香世界”中华茶文化高峰论坛暨“人文中国·茶香世界”中华茶文化宣传活动在北京人民大会堂开幕。本次大会同时举行了“2006年‘东方杯’首届中华名茶评比颁奖仪式”，其金奖各茶类获奖情况如下：绿茶5名、红茶2名、白茶1名、茉莉花茶3名、工艺茶1名、黑茶3名、乌龙茶10名、壶王2名。

（二）第二届“凯捷杯”评比获奖产品

2007年11月3日，第二届“人文奥运·茶香世界”中华茶文化高峰论坛暨“人文中国·茶香世界”中华茶文化宣传活动于北京人民大会堂举行。

大会又一次举行了“2007 年‘凯捷杯’第二届中华名茶评比颁奖仪式”，其金奖各茶类获奖情况如下：红茶 4 名、绿茶 4 名、花茶 3 名、白茶 1 名、乌龙茶 14 名、黑茶 2 名、名壶 1 名、茶具 1 名。

（三）第三届“东方神韵杯”评比获奖产品

2008 年 6 月 28 日，第三届“人文奥运·茶香世界”中华茶文化高峰论坛暨“人文中国·茶香世界”中华茶文化宣传活动在北京人民大会堂举行。大会再次召开“2008 年‘东方神韵杯’第三届中华名茶评比颁奖仪式”，其金奖各茶类获奖情况如下：乌龙茶 21 名、绿茶 5 名、红茶 10 名、白茶 3 名、花茶 1 名、袋泡茶 1 名、茶饮料 1 名、保健茶 3 名、茶具 1 名、茶壶 2 名。

由中国茶叶学会、中国国际茶文化研究会、中国茶叶流通协会、台湾茶协会、斯里兰卡国家商会、海峡茶业交流协会、宁德市人民政府等单位主办的“茶业国际高峰论坛”于 2009 年 11 月 15 日在福鼎举行。中国工程院院士陈宗懋、中国茶叶学会理事长杨亚军、中国茶叶学会秘书长江用文、台湾茶协会理事长、国内外专家学者、有关企业领导等出席了论坛，斯里兰卡、西班牙等国嘉宾及海峡两岸茶业界人士 300 多人也参加了本次大会。

高峰论坛主题为“茶·生态·健康”。此次论坛共收到科技论文 109 篇。有 6 位专家学者在大会上就茶叶科技创新、国际茶叶流通、茶叶保健、茶叶文化等内容发表讲话。会议上，有中国工程院院士陈宗懋作《用科技创新打造一个健康、绿色的茶产业》，斯里兰卡茶叶专家哈里什、瓦纳森哈作《国际茶叶市场流通》等主题讲座。本次论坛宣读的论文有中国毒理学会副秘书长、研究员韩驰的《中国白茶对免疫、降血糖作用的研究》，台湾茶协会的《茶文化推广促进茶产业发展》等。

四　中外茶叶贸易活动

新中国成立初期，世界上有 19 个国家和地区进口中国茶，随着中国茶在世界各国推广，许多国家和地区先后与我国签订了关于茶叶的贸易协议，在这个过程中中国茶叶的对外贸易有了长足的发展。1950 年，中国茶叶公司与波兰对外贸易公司在北京签订了新中国成立后的第一份茶叶合同，这份合同需要中国向波兰供应 120 吨茶叶。与此同时，中国茶叶公司与捷克食品进出口公司在北京签订茶叶合同，由中国向捷克供应 300 吨茶叶。同年，中国茶叶公司和蒙古国供应人民需用合作社中央联合社在北京签订茶叶合同，由中国向蒙古国提供 1500 吨青砖茶。1952 年，中国茶叶公司与匈牙利国外贸易公司在北京签订茶叶合同，由中国向匈牙利供应 300 吨茶叶。1952 年，中国茶叶公司与罗马尼亚布加勒斯特国营对外贸易食品出口公司签订茶叶合同，由中国向罗马尼亚供应 40 吨茶叶。

中国土产畜产进出口总公司在国内外举办了多场茶叶贸易促进活动。在国内，1978 年 3 月于广西桂林首次举办出口红茶小型交易会，英国、美国、荷兰、联邦德国、日本、印度尼西亚以及中国香港等十多个国家和地区的主要茶商到会洽谈贸易。1982 年 3 月，在浙江杭州召开了中国茶叶出口交易会，英国、美国、法国、联邦德国等主要茶叶客户到会。1984 年 3 月，香港地区首次举办中国特种茶出口洽谈会，中国香港和澳门、日本、东南亚等国家和地区的代表参加。1985 年 3 月，香港地区举办中国茶叶交易会，中国香港和澳门、日本、东南亚等地客户到会。此后，每年春季香港都会举办茶叶出口洽谈会。在国外，1981 年 4 月，我国首次于日本北海道、东京、大阪、名古屋、仙台 5 个城市举办中国茶叶博览会。展会当中重点展示了我国传统乌龙茶、普洱茶、花茶等各类茶叶，同时展出陆羽《茶经》、明清茶具以及古今名人茶诗、茶画等。展厅设有民族特色的竹制茶室，在会展现场冲泡多种茶叶以供观众品尝，这些举措引起了参观者极大的兴趣。据统计，约有 30 万人次参加展会。1988 年 11 月，首次在新加坡举办中国特种茶展销会。1991 年 8 月，在日本东京举办中日茶文化交流 800 周年纪念展览会，此次展览会向日本介绍中国茶文化精华，进行中国清宫茶仪表演。1992 年 5 月，中国首次参加国际贸易促进会，并免费赠送茶叶样品。展览会期间进行中国云南民族民风、中国清宫御茶茶仪表演，深受观众欢迎。

1956 年，中国国际贸易促进会组织首次访问摩洛哥、突尼斯和利比亚等国。摩洛哥当时表示拟成立专门公司经营中国茶叶。1957 年，中国茶叶出口公司参加中国国际贸易促进会组织的摩洛哥卡萨布兰卡国际博览会。中国展馆准备的 3.3 万包茶叶一售而空。1978 年，中国土产畜产进出口总公司副总经理刘岩和摩洛哥茶糖办公室主任哈桑·德利斯在北京签订了第一个茶叶贸易长期协议。协议要求 1979~1982 年，每年中方售给摩方 12000 吨绿茶，根据需要每年可再增加 2000 吨。此后，中国与摩洛哥补充签订了为期数年的长期协议。1992 年 4 月，中国土产畜产进出口公司和摩洛哥茶糖办公室联合在摩洛哥卡萨布兰卡市举行中国茶叶展览会，参观人数达 3 万人次。

（一）巴拿马中国商品展

“2007 年巴拿马（巴拿马城）中华人民共和国贸易展览会”于 2007 年 12 月 6 日至 9 日在巴拿马城会展中心举行。应邀出席展览会开幕式的有巴拿马政府官员、经贸界人士，部分外国使节和侨商代表近 200 人。

此次在巴拿马举办的中华人民共和国贸易展览会是中国国际贸易促进会在中美洲地区组织的规模最大的中国产品展览会。旨在促进中国企业与巴拿马以及中美洲同行间多种形式的经贸交流与合作。自 1975 年开始，中国国际贸易促进会曾先后 9 次在巴拿马举办大型贸易展览会，均受到该国各界人士的热情欢迎，获得良好评价。

上海、天津、重庆、河北、山东、江苏、浙江、福建、广东、黑龙江的近 100 家企业参展，它们在本次展览会上展示了多种工业品及其他产品。中国“申奥第一茶”的基地企业在这届商展中设有 10 个展位，送展的茶叶产品有大红袍、铁观音、坦洋工夫红茶、茉莉花茶等，尤其是茉莉花茶被抢购一空。

（二）上海世博茶叶盛事

2010 年 9 月 11 日，是一个值得中国茶人纪念的日子，这天，中国茶人与各界共同努力向联合国申报“国际茶文化日”。同时，由国际茶业科学文化研究会、台湾茶叶协会、福建省文化厅、福建省茶叶学会、亚洲文化艺术馆、世界中华茶产业促进会、“人文中国·茶香世界”中国茶文化宣传活动组委会联合主办的“茶·让城市生活更美好”高峰论坛在上海世博会国际信息发展网馆成功举行。支持活动的有上海世博会事务协调局商业部、联合国开发计划署、国际信息发展组织、上海世博会国际信息发展网馆、国家健康养生公益事业网、中国茶叶学会、中国国际茶文化研究会、中国食品土畜进出口商会、中华茶人联谊会、中国茶叶流通协会、中国社会科学院等单位，中国国际品牌协会、上海蒂芙特国际茶城、自个儿品牌（中国）有限公司等协办单位。

本次活动由联合国开发计划署TIPS/WINNER项目执行机构、国际信息发展组织、上海世博会国际信息发展网馆、国际茶业科学文化研究会、世界中华茶产业促进会、台湾茶叶协会、福建省文化和旅游厅、亚洲文化艺术馆、中国茶叶学会、福建省茶叶学会等30多个国内外权威机构及社团，50多家知名企业以及200多家新闻媒体同时参与。

出席活动的有本届活动组委会名誉主任丹尼尔·巴瑞奥（联合国国际信息发展组织总干事），全国茶叶科技界、学术界领导、知名人士，上海世博会有关部门领导、专家，国际信息发展网馆巴西局局长，上海世博会部分参展国展馆馆长，外宾代表等63人。还有参展企业代表，获得上海世博会名茶评优金奖企业代表等，以及人民网、新华网等新闻媒体、电视台的记者，共200余人。

此次论坛共征集论文20余篇，并印发会刊《茶缘》（2010年第4~5期增刊）。大会邀请了上海世博会国际信息发展网馆执行馆长李世恩向参展企业颁发茶叶供应商证书。大会邀请了全国政协委员、大会组委会副主任、中国茶叶质量检测中心名誉主任骆少君代表迎世博会纪念品全球华人设计大奖赛组委会及参加上海世博会名茶评优专业委员会宣布第一批获奖名单。上海世博会是中国茶叶向世界展示的一个重要平台。茶企业进入上海世博会文化中心馆、国际信息发展网馆、综艺大厅等场馆的展位，向世人展示了品类丰富、品质优异的名茶和茶具。

世博会与中国茶结缘已久，早在1867年巴黎世博会就有中国“亭一楼”茶铺及3位茶女出现于展会上。1915年巴拿马世博会，中国茶叶被誉为“品质优美，甲于全球”。中国上海世博会不仅是百年一遇的全球盛会，更是持续时间最长、参展国家和地区最多、规模最大、活动内容最丰富、涉及范围最广的一次展会。它取得的成就是举世瞩目的，其中最大的亮点之一就是将中国的茶文化元素展现得淋漓尽致。中国有百余家茶企业争相在上海世博会的文化中心、联合国馆、国际信息发展网馆等场馆亮相，展示由上海世博会特许制造商、特许供应商、特许参展商提供的中国各类优质名茶，同时踊跃参加评优活动。

同时，在上海世博会组委会有关部门的关心下，由福建省茶叶学会主持并承办了“参加上海世博会名茶评优”大型活动，全国共收到1092个参评茶样，最后共评出412个奖项，其中金奖135个（红茶51个、绿茶18个、白茶8个、黑茶5个、花茶5个、乌龙茶41个、茶制品2个、茶具类5个），银奖151个（红茶54个、绿茶14个、白茶7个、黑茶2个、花茶9个、乌龙茶61个、茶具类4个），优质奖124个（红茶45个、绿茶6个、白茶6个、黑茶4个、花茶6个、乌龙茶57个），茶具类2个。

（三）澳大利亚茶博会

澳大利亚中国文化年是中澳建交以来首次由中国政府在澳大利亚举办的大规模文化系列活动。为推动中国茶叶和茶文化走向澳大利亚，走向世界，经中华人民共和国文化和旅游部与中国驻澳大利亚大使馆批准，由澳中文化科技促进会和福建省有关部门承办的“澳大利亚中国文化年——2011年中国茶文化产业博览会”（以下简称“茶博会”），历经半年多时间的组织、宣传发动及筹备，派出公务团、商务团和茶文化艺术团等的代表共计110人参展。2011年12月16日至18日，茶博会在澳大利亚悉尼市国际会展中心成功举办。参展企业50多家，展位60多个。这次茶博会被澳大利亚前总理陆克文称为“在澳大利亚举行过的最大的以茶为主题的茶博会”，宾客盈门，热闹非凡，盛况空前，表明中澳友谊源远流长，中澳茶叶交流前景广阔。

本次茶博会的主题为“生态、和谐、持续”。展会期间，大会组委会及澳大利亚华人华侨社团联合举行盛大晚宴，出席宴会的有支持单位及主办、承办、执行、协办单位的负责人，中国驻悉尼总领事馆文化参赞，悉尼市官员，外国友人，华人华侨社团负责人，新疆维吾尔自治区代表，参展企业代表及组委会工作人员等300多人。在宴会举行前，澳大利亚华人华侨社团负责人与国内主办单位的负责人交换礼物。席间福建省茶文化艺术团、华侨代表分别上台演唱，为宴会增添了喜庆、热闹的气氛。

出席茶博会开幕式的有澳大利亚悉尼市有关官员、华人代表以及从澳大利亚各地赶来参观的当地市民等2000余人。这次茶博会在世界著名的悉尼国际会展中心举办，展出了中国（福建）各大茶类和众多名茶，以及茶具等琳琅满目的茶衍生品，还举办了传统工艺品展览、茶科技文化图书展览，举行了茶艺歌舞表演、中华茶文化高峰论坛活动、中国名茶品尝、名茶评优颁奖仪式等丰富多彩的活动。展出了中国著名的大红袍、铁观音、天山绿茶、茉莉花茶及坦洋工夫、政和工夫、福建白茶、武夷岩茶、永春佛手、白芽奇兰等名茶和其他珍品，还有各种茶具、收藏品、工艺品，包括寿山石、古红木制品等，向澳大利亚人民展示丰富多彩的中国茶叶佳品。此次茶博会，澳大利亚有2万余人次到场参观。他们中有澳大利亚当地市民，也有客商；有华人华侨，也有不远千里专程赶到悉尼的外商。尤其是华人华侨得知来自祖国的参展团带来故乡的名茶在悉尼展销时，他们感到非常高兴，他们与当地市民结伴来到展馆参观，翻阅茶叶资料、商品简介，加深对名茶产况、品质特点的了解，还精心选购自己喜爱的茶产品。不少异国茶商或打算经营茶叶的客商，请工作人员帮忙推介各茶类名优茶，他们盼望像这样的茶博会能在澳大利亚多举办几次。

这次茶博会的展厅和各展位均备有宣传材料及企业、产品、品牌简介的资料，得到当地宾客和参观者的好评。尤其是茶业科技文化展馆，馆中展出了从国内带去的近30年来编辑出版的各类书刊10多种，供观众阅览，让他们进一步了解中国茶叶的发展状况、中国名茶的历史和现状、多种名茶的采制技术和品质特征、茶叶的保健功能等科学知识，以及中国源远流长的茶叶文化。

2011 年 12 月 17 日下午在悉尼国际会展中心举行了茶文化高峰论坛，茶叶专家先后发表演讲，分别从不同层面阐述和反映中国茶叶与澳大利亚结缘的情况，双方将共同促进茶叶市场发展。

为优选名茶参与茶博会并进行展示，2011 年 11 月组委会就组织发动福建名茶区认真生产优质茶，送样参加名茶评优活动，最终组委会收到各地选送的茶样 275 个。经过以国家茶叶质量检测中心原主任骆少君为主评的茶叶评审专家的评审，评出名品，送至本次茶博会展销。本届茶博会首次在悉尼举行，受到各方的关注和重视，受到澳方的热烈欢迎和普遍赞赏，加深了中澳友谊，取得可喜的硕果。

（四）台湾南投世界茶博会

2012 年南投世界茶业博览会于 2012 年 10 月 6 日至 7 日在台湾南投举行。

台湾南投是台湾名茶“冻顶乌龙”的生产地。茶树种植面积为 7548 公顷，占台湾茶园总面积的 62%，共有八大茶区：鹿谷乡产“冻顶乌龙茶”、名间乡产“竹山杉林溪茶”、鱼池乡产“日月潭红茶”、仁爱乡产“合欢山高冷茶”、水里乡产“玉山乌龙茶”、南投市产“青山茶”等。

此次南投世界茶博会，邀请越南、韩国、日本等十多个国家和地区的客商参加，在中兴新村设立的帐篷式展区内有来自台湾及大陆的茶叶成品、小包装茶、再加工的各种茶饮料等。这里有冻顶乌龙茶、合欢山高冷茶、杉林溪茶、日月潭红茶、珈昌茶、包种茶、东方美女素、龙井茶、青山茶、碧螺春、铁观音、大红袍、金萱茶等，还有当地土特产品、加工品、各种小食品、各种茶具和日用品等。

主办单位在茶博会中举行两场竞赛，一场是“小小泡茶师比赛”，即儿童茶艺赛；另一场是首次举办的青年制茶技术竞赛，还设有户外茶叶体验区，可体验“古式炒茶”“红茶揉捻”，专业制茶师博现场传授技艺。

南投世界茶博会同时在青少年活动中心举办“茶艺展演面面观”“国际茶事文化展演”，展示不同国家的茶文化。有西藏油酥茶的茶艺，有欧洲的浪漫茶文化，有日本、韩国茶道的娴静，还有台湾当地的特色茶文化，在本届茶博会上不同民族的特色茶文化展开了友好的交流。

南投世界茶博会设有“虎山大草原”，举行“八卦茶会，音乐茶语”的民族茶文化活动。他们在草坪中间巧妙地按八卦图形式摆放茶艺表演茶席，大致按八卦方位，将南投八大茶区特色一次呈现，在中间的演艺台上演奏民族音乐，同时演奏“音乐茶语”，展现茶、景与音乐。虎山艺术馆还举办茶诗书法、古文物及陶瓷茶具展览，向世界各国展示特色的茶样及茶史，配之动态的表演、静态的展示，呈现另一番茶艺之美。从茶叶制造工序到饮茶文化的发展，让人感受历史的变迁、时代的进步，以及茶产业的发展。

南投世界茶博会举行时正值秋高气爽的时节，组委会在中兴新村大操场设“千人茶会”，颇受人们赞赏，吸引了许多人排队领卡入场。茶友们席地而坐，在蓝天白云的映衬下，绿地中五颜六色的茶席分外醒目。悠扬的音乐、浓郁的茶香、友好的话语使人们置身“茶香梦幻”中，尽饮名茶的“琼浆玉液”，尽享“以茶交谊”之乐。

南投世界茶博会开幕式是一场很有创意的仪式，令人耳目一新。其仪式的主题是“喜茶”，在开幕式典礼上弘扬“婚礼节约风气”。主办单位模拟婚礼给茶博会带来喜气，引领新鲜、有趣的新风尚。这场婚礼茶会，让亲朋好友共聚一堂，祝福新人富贵连绵、子孙满堂。

2012 年 10 月 6 日，由福建省茶叶学会、台湾南投县政府联合主办的“2012 海峡两岸茶业交流高峰论坛”于南投中兴新村大会堂举行。与会企业代表和茶文化爱好者共计 500 余人。福建省观摩团团长冯廷佺在研讨会上率先做题为《让闽台茶产业携手共同走向全世界》的演讲。论述了闽台茶树同根、两岸茶人携手交流与合作的历程和成果，陈右人教授在《台湾茶产业发展概况》的报告中讲述了台湾的茶叶贸易、茶叶生产、茶相关产业发展、部分发酵茶国际竞争等情况。与会代表共同认为，两岸茶业界要加强合作，打造闽、粤、台合作的茶叶“金三角”、促进两岸茶产业的不断发展。

（五）中国国际农交会茶叶展

经国务院批准，自2003年以来，由农业部主办的“中国国际农产品交易会”（以下简称“农交会”）已连续举办十一届。农交会是中国与世界各国开展农产品交流合作和贸易的重要平台，对中国农业发展、农业增效、农民增收，增强农产品在国际上的竞争力等具有重要意义和作用。据农业部2014年6月4日《关于举办第十二届中国国际农产品交易会的通知》，第十二届农交会将首次设立茶叶展区，并委托福建省茶叶学会负责组织工作。

本届农交会邀请国家级和省级农业龙头企业、“三认证”企业、大中型茶业出口企业和境内外知名企业参展。参加农交会的茶企，可通过茶艺表演、鉴品名茶、发放宣传资料结合展位进行品牌产品宣传，开展洽谈业务。

2014年10月25日至28日由农业部主办的第十二届中国国际农产品交易会于山东青岛举行。本届农交会专设茶叶展区，设有铁观音、坦洋工夫红茶、政和工夫和白茶、宁德天山绿茶、天山红、福鼎白茶、云南普洱茶、台湾名茶、武汉萃取茶、江苏宜兴紫砂壶等十多种名茶及茶产品展区。茶叶展区的各类茶产品均受到消费者的青睐，许多企业的茶产品销售一空。

本次农交会还举办了“中国茶叶贸易国际化高峰论坛”。许多专家、学者在论坛上做演讲。受农业部原部长何康委托由冯廷佺做《中国茶叶应立足中华走向世界》主题报告。

B.11 古茶道与海上茶路

周玉璠　竺济法　王虹媛*

摘　要： 丝绸之路自古与茶叶贸易紧密相连，张骞出使西域客观上推动了茶叶与茶器的传播，当今茶路建设也是振兴丝绸之路的重要举措。唐代至民国，人们通过马帮等方式将四川、云南、贵州的茶叶运往世界各地。习近平在2013年首次提出“丝绸之路经济带”和“21世纪海上丝绸之路”的倡议，得到国内、国际社会的大力支持，国内国际海港、路线的开辟也为茶叶贸易畅通了道路，中国同亚洲、欧洲、非洲等地的联系日益加强，这对在新时代背景下增强中国茶叶国际影响力，促进中华茶文化传播有着重要意义。

关键词： 丝绸之路　古茶道　海上茶路

国家主席习近平在2013年出访中亚和东南亚的国家期间，首次提出“丝绸之路经济带”和“21世纪海上丝绸之路”的倡议。倡议的提出受到国内与国际社会的强烈赞同，国家发展改革委、外交部、商务部在此后发布《推动共建丝绸之路经济带和21世纪海上丝绸之路的愿景与行动》。

2014年6月23日，中国、哈萨克斯坦、吉尔吉斯斯坦三国成功申报长安—天山廊道的路网为世界文化遗产。这一占地5000千米的路网，属于整

* 周玉璠，福建省茶叶学会茶学研究分会副会长兼秘书长，教授级高级农艺师，主要研究方向为茶文化、茶科技；竺济法，宁波东亚茶文化研究中心研究员，主要研究方向为茶文化；王虹媛，北京林业大学马克思主义学院硕士研究生。

个丝绸之路的一部分，起于唐代古都长安，止于中亚七河地区。丝绸之路于公元前 2 世纪至 1 世纪间形成，直至 16 世纪仍保留使用，连接了多种文明，对贸易、科技知识的传播、科技创新的交流以及文化艺术的实践起到了重要的推动作用。该遗产包含 33 处遗产点，包括各个朝代和可汗王朝时期的古都、宫殿群、贸易居住点、佛教洞穴与寺庙、古道、驿站、关口、烽火台、长城、防御工事、古墓以及宗教建筑等。

一　丝绸之路与茶叶通道

据《辞海·丝绸之路》（1999 年版）记载，丝绸之路亦称“丝路”，古代以中国为始发点，向亚洲中部、西部及非洲、欧洲等地运送丝绸等物的交通道之总称。19 世纪德国地理学家李希霍芬最初使用该术语时，只指称从中原地区，经今新疆而抵中亚的陆上通道；后来所指范围逐步扩大，以至远达亚、欧、非三洲，并包括陆、海两方面的交通路线。在现代学术界，该词不仅用以指称联结整个古代世界的交通道，同时成为古代东、西方之间经济、文化交流的代名词。通常认为，丝绸之路可以分为两类（陆上丝绸之路、海上丝绸之路）以及三大干线。三大干线包括：草原之路，主要由古代游牧人开辟使用，大致从黄河流域以北通往蒙古高原，西经西伯利亚大草原地区，抵达咸海、里海、黑海沿岸，乃至更西的中欧地区；绿洲之路，主要通过亚欧大陆上的定居地区，始于华北，西经河西地区、塔里木盆地，再赴西亚、小亚细亚等地，并南下今阿富汗、巴基斯坦、印度等地；海上丝路开辟的时间晚于陆路，繁荣于中世纪，始于中国沿海地区，经今东南亚、斯里兰卡、印度等地，抵达红海、地中海以及非洲东海岸等地。近年来有些学者主张丝绸之路东端延伸至日本。

丝绸之路的发端为汉建元二年（公元前 139 年），杰出的外交家、旅行家、探险家张骞奉汉武帝之命，率领 100 多人出使西域，打通了汉朝通往西域的南北道路，即赫赫有名的丝绸之路，史称“张骞出使西域”。

茶叶与瓷器中的茶具，也是丝绸之路上流通的重要大宗商品。据《国史补》《封氏闻见记》《新唐书》记载，唐时茶已进入吐蕃、回鹘等西北边疆地区，在10~12世纪才传播到波斯、印度等地。有专家认为，丝绸之路上的茶可追溯至6~7世纪。

二 茶马古道

茶马古道，始于中唐时期的茶马互市。茶马互市是中国西部历史上一种传统的以茶易马或以马换茶为内容的贸易往来。茶马古道历史悠久，自唐代至民国，四川、云南、贵州等茶产区通过茶马古道与海内外进行茶叶、马匹与骆驼交易，或通过马帮等将茶叶贩卖到亚洲各地甚至更远的地区。

明代是茶马交易最活跃的时期，全国多地设立茶马司。明代谭宜、陈讲撰有记载茶马制度的专著《茶马志》。原普洱茶核心产地云南思茅（今普洱市）等地，均有多条通往海内外的茶马古道。

茶马古道是西南、西北地区以马帮为主要交通工具的民间国际商贸通道，是连接茶叶产区与销区的包括众多主线与支线的、庞大的交通网络。茶马古道上的商品包括茶叶、布料、食品等多种日用杂货，茶马古道中的滇藏、川藏、黔藏、陕甘、陕康藏等线路延伸到不丹、尼泊尔、印度境内，直抵西亚、西非红海海岸。云南与东南亚国家接壤，主要商品为普洱茶，通过越南、老挝、泰国、缅甸等国家，输往更多国家和地区。

2013年3月，四川省、云南省和贵州省多条唐代至民国的茶马古道遗迹，由国务院公布为第七批全国重点文物保护单位。除了上述三个主要产茶省份，国内与茶马古道连接的还有多个省份，如陕西、甘肃、西藏、宁夏、内蒙古等，其中陕西、甘肃同为产茶与茶马古道连接地。

《新唐书·隐逸列传·陆羽传》记载："（中唐）时回纥入朝，始驱马市茶。"与陆羽同时代的封演所著的《封氏闻见记》记载："（茶）始自中地，流于塞外。往年回鹘入朝，大驱名马，市茶而归，亦足怪焉。"

宋代至清代，成都、秦州（今甘肃临夏）、洮州（今甘肃临洮）、庄浪（今甘肃永登）、甘州（今甘肃张掖）、雅州（今四川雅安）、水宁（今四川叙水）、西宁等地设有掌管茶马贸易的机构茶马司。主管茶马交易的官职有都大提举茶马司、茶马司令、茶马司丞、茶马大使、茶马副使、茶马大副、茶马御使、巡视茶马御使、巡茶御使、行人等。

据周重林、李乐俊《茶叶江山》记载，民国期间，仅云南普洱茶核心产地易武镇（今属西双版纳傣族自治州勐腊县）就有通往香港、越南、老挝、泰国、缅甸、印度、拉萨等地的 8 条茶马古道，可见各地茶马古道之多，8 条茶马古道分别为：

1. 易武—老挝乌德—沙里—越南莫边府—海防（上船）—香港；

2. 易武—乌德—越南孟得—老街（上火车）—河内—海防（上船）—香港；

3. 易武—尚勇—老挝南塔—万象—越南勐莱；

4. 易武—勐辛—勐百察—泰国米赛；

5. 易武—江城—元江—石屏；

6. 易武—江城—阳武—昆明；

7. 易武—思茅—景谷—大理—中甸；

8. 易武—缅甸景栋（上火车）—仰光（上船）—印度加尔各答（上火车）—印度边界大吉岭—拉萨。

自公元 3 世纪 30 年代始至近代，中国的广州、泉州、厦门、福州、上海、三都澳等港口成为中国通往东南亚、欧美、亚非各国的海上丝绸之路及海上茶叶之路的重要港口。那时，从广州出发的船队航行线路如下：广州—南海—泰国湾—马来西亚—苏门答腊和爪哇岛—马六甲海峡—尼克巴群岛—孟加拉湾—印度南部—霍尔木兹海峡—波斯湾或溯底格里斯河—巴格达—红海口—曼德海峡—东非海岸。郑和船队于明初最远抵达东非的马达加斯加、莫桑比克。他们把中国茶传播到沿途各国，大大推动了海上丝绸之路的发展。

1842 年鸦片战争后，广州、福州、厦门、上海、宁波成“五口通商”口岸。历史悠久的广州港是当年海上丝绸之路的最大港口。广州位于珠江三角洲北缘，濒临中国南海，海上交通发达。明清时期，中国实行海禁，广州成为中国唯一的对外通商口岸，也是中国茶叶输往西方的交通枢纽。因广州保留有船只管理的官方机构“市舶司”，使对外贸易得到延续。1685年，清政府在广州开设粤海关，并设立洋行制度。当时，茶叶对外贸易出口的税收分为住税和行税二种。广东省内陆交易的落地税（住税）由税课司征收。而从外洋进口货物和出口的茶叶、丝绸等货物，由粤海关征税。海关和十三行曾极大地推动了中国茶叶及丝绸对外贸易的发展，换回大量白银。当年中国与英国东印度公司进行货物贸易，茶叶占交易总量的92%，1845年从广州出口的茶叶为57.3万担（2.87万吨），1849~1887年一般年份出口量多在0.5万~1万吨。19世纪前期，广州茶叶主要输往英国、美国等地（见表1）。

表1　19世纪前期广州出口英国、美国的平均茶叶量

单位：吨

出口国	1800~1804年	1810~1814年	1820~1824年	1830~1833年	1836~1838年
英国	11051.35	12222.30	10790.55	11792.00	14219.70
美国	1737.55	676.40	2918.85	3713.75	5925.40
总计	12788.90	12898.70	13709.40	15505.75	20145.10

海上古丝绸之路泉州港主要出口茶叶、丝绸、瓷器等货物，并进口洋货，是中国最早的贸易口岸。元朝意大利航海家马可·波罗（1254~1324年）曾在元朝宫廷为官17年之久，他游历中国，领略中国茶的魅力。他曾到达泉州，见到对外贸易市场的繁荣以及中外客商往来的热闹情景。1417~1419年明朝政府派郑和第五次下西洋，郑和船队从泉州出发。现存的碑文中记载：“钦差总兵太监郑和前往西洋忽鲁莫斯等国公干，永乐十五年五月十六日，于此行香，望灵至庇佑。”郑和筹办茶叶（武夷山红茶、安溪、永春一带的茶叶）、泉州的绸缎和金银器等，与西行沿途国家和地区换取特产。郑和此次下西洋推动中西方的联谊、合作、交流，促进了中西方进出口贸易的发展，并建立了海上丝绸之路。

厦门港于1685年5月正式对外开放。鸦片战争后，厦门成为“五口通商”口岸之一，1862 年成立“厦海关”，厦门成为茶叶对外贸易的港口，主要出口来自安溪、龙岩、宁洋、武夷山等地的乌龙茶、工夫红茶、正山小种等。同时负责台湾茶的转口，各类茶叶的贸易量从 1870 年的 328 吨增加到 1881 年的 4658 吨。从厦门出口的茶叶多销往太平洋西岸各国，少量销往英国、菲律宾、印度尼西亚、新加坡、缅甸等国。从厦门出口的茶叶贸易量从 1858 年的 1814 吨升至 1860 年的 3266 吨，历史最高的 1888 年曾达到 9100 吨，后走向下坡路，1902 年茶叶贸易量仅有 2000 吨，1920 年恢复到 3500 吨。

福州为福建省的省会，位于福建省东部，东南临闽江入海处——马尾港，水运方便，北临连江、罗源、宁德及闽北各产茶区，北通三都澳、宁波、上海，南达厦门、广州及港澳地区。闽江源于福建南平、三明两市，其支流建溪连接武夷山，是 18～19 世纪茶叶、土产出口贸易的重要通道。福州港早在唐朝就已开通。1842 年《南京条约》签订后，福州成为中国开放的“五口通商”口岸之一，且为全国三大茶市之一。1861 年福州正式成立闽海关。当时的茶叶主产区闽北、闽东的武夷山红茶、绿茶、花茶、乌龙茶、白茶均汇集福州，从闽海关出口，把茶叶源源不断地销往南洋、欧洲及美洲等地。

闽海关位于福州南台番船浦，这里江宽水深，可停泊比较大的船只，江岸平坦，有得天独厚的优势。自 1853 年第一批茶叶输出后，其出口量迅速增长。福州海关统计，1854 年出口茶叶 13 万担（6500 吨），有 55 艘船（其中英国 37 艘、美国 14 艘）进行运输，这年 6 月光洋行就增加了 7 家。1855 年出口量增加至 13500 吨，船只增加到 132 艘。1865～1866 年出口量又增加至 29731. 03 吨。1859 年前后，从福州出口的茶叶量已达到广州、上海两地出口总和的 2/3。据统计，1871～1873 年中国平均每年出口货值为 11000 万元，其中茶叶出口值为 5797 万元，占比达 52. 7%。福州口岸茶叶输出值占全国茶叶输出值的 35%～44%。1880 年，福州茶叶出口贸易达到辉煌时期，其出口茶量为 40055 吨，出口值为 4000 万元，成为当年中国乃至世界最大的茶叶港口。

正当茶叶贸易步入鼎盛时期，以下几个原因使福州茶市与全国其他茶市一样开始出现危机。一是印度、斯里兰卡红茶的兴起；二是英、美茶商操纵茶市、茶价；三是官府茶税过重；四是苏伊士运河新航路开辟以及国际航海业、电信业发展，中国失去茶市主动权；五是福州市单一型商品出口制约了茶市发展。从此，福州口岸茶叶出口走向下坡路，1910 年出口量仅为 6700 吨，1920 年为 4150 吨，1939 年降至 1600 吨。

上海位于太平洋西岸，为长江和黄浦江入海汇合处。上海开港历史悠久，隋唐时期此处已设港口，到北宋时期日渐繁荣，清朝初期解除海禁，设立“江海关”，对外贸易与日俱增。上海具有得天独厚的气候、地形、水文等自然条件，有“江海之通津，东南之都会”的美称。

鸦片战争后，上海开埠，外国船直溯而上，英国、法国、美国纷纷在上海划定租界。上海的出口贸易在 1846 年占全国 1/7，1851 年则占到 1/2。“五口通商”开始时，安徽、浙江、福建等地的茶叶多运至上海出口，武夷山的茶叶也改运上海港，即从江西鄱阳湖经九江再运到上海。1853 年后，福建茶叶开始从福州输出，同时太平军活动影响内地茶运往上海。1860 年汉口开港后，上海开始转运汉口、九江和宁波运来的茶叶。1880 年后，印度、斯里兰卡红茶兴起，上海茶叶出口量减少。据陈慈玉《近代中国茶业的发展与世界市场》记载，上海港茶叶出口量从 1845 年的 1754 吨发展到 1851 年的 24615 吨，增长了 13 倍。1854 年受小刀会起义影响，出口量降至 16390 吨，但仅隔一年又上升到 34776 吨，其后数年又逐渐减少，1859 年出口量仅 17781 吨（见表 2）。1860 ~ 1880 年，上海港茶叶出口进入快速发展时期，1869 年曾达到 3. 69 万吨。那时上海不仅出口由汉口、九江转入的红茶，也出口由九江、宁波运来的绿茶。1880 年后，印度、斯里兰卡的红茶兴起，上海茶叶出口量也随之减少，1899 年仅为 2. 02 万吨，后恢复到 1915 年的历史最高水平 4. 94 万吨，此后受第一次世界大战影响，其出口量降至 1920 年的 1. 07 万吨。

表 2　1843~1860 年上海等通商口岸茶叶出口量

单位：吨

年份	上海	广州	福州	厦门	宁波
1843		8044			
1844	544	31450			
1845	1754	34655			
1846	5625	32478			
1847	7197	29151			
1848	7137	27337			
1849	9253	15785			
1850	12277	18204			
1851	24615	19172			
1852	21228	16148			
1853	22559	13487	2722		
1854	16390	21894	9314		
1855	34776	7560	7137		
1856	19475	13789	18567		
1857	20745	8891	14455		
1858	20624	11068	12701	1814	
1859	17781	11431	21701	1996	60
1860	24252	15906	19233	3266	968

资料来源：陈慈玉著《近代中国茶业的发展与世界市场》，中国人民大学出版社，1982。

三都澳位于福建闽东北的宁德市蕉城区，是中国过去产茶最多的设区市——宁德市所在地。其东临台湾海峡，北面和东面是福安、霞浦、福鼎、寿宁、周宁、柘荣等红茶、绿茶、白茶产区；西面是蕉城天山茶区和古田、屏南等绿茶产区；南面是罗源、连江绿茶产区，可谓茶区环布，为三都澳出口茶叶提供便捷通道。1898 年福建宁德三都澳“福海关”成立，成为中国东南“海上茶叶之路”，曾有 13 个国家（英国、美国、意大利、俄国、日本、荷兰、瑞典、葡萄牙等）的 21 个公司，在此设立子公司或商行。三都澳有“世界少有，中国第一”良港的美誉，法国人称赞三都澳是“世界东方的维多利亚湾”。三都澳于古代就开始对外通商，是近代中国较晚开放的茶叶通商口岸，然而其茶叶出口贸易发展迅速，输出的货物以茶叶为主，出口茶叶货值占90%~99%，有“海上茶叶之路”的美称。三都澳出口茶叶量从1899年开港之初的4486.75吨，发展到1915年的7129.30吨，1918年出口量曾上升到全国当年出口总量的22%。1933~1949年，三都澳年均茶叶出口量占全国出口总量的30.19%。虽然中国其他海关关口的茶叶输出受到战乱影响，但福州海关的茶叶出口比例一直增长。尤其是抗日战争期间，三都澳港为全国茶叶出口做出了重要贡献。

宁波地处浙江东北部，北近杭州、上海，东临舟山群岛。鸦片战争后，宁波被列为“五口通商”口岸之一。上海开埠后，货物推销或茶叶采购缺乏较大的腹地。英国人多喜爱红茶，宁波的茶多为绿茶，故宁波的绿茶很少运往英国及其他欧洲各国。1860年前，浙江产区的绿茶多直接运往上海，后来部分运往宁波，再转运到上海输出。1860年，从宁波出口的茶叶有9680吨。1895年，中日签订《马关条约》，杭州也被开放为茶叶出口地，这更使宁波的出口茶量减少，1897年宁波出口茶量只有1896年的42.4%。陈慈玉《近代中国茶业之发展》记载：“宁波虽然具有发展成为茶贸易港的自然条件，但由于腹地窄小与商品之不足，不足以引诱外国商人到此贸易，故只能成为上海之副港而已。”

台湾是中国东南部的海岛，东临太平洋，西隔台湾海峡与福建省相望。1636年起，荷兰人用中国戎克船从福建厦门输入茶叶到台湾，以台湾为转运口，将中国茶运往伊朗、印度、印度尼西亚等地。在200多年前，台湾就从福建武夷山引进茶种，种植于台湾北部（据《台湾通史》记载：清嘉庆年间，有柯朝者归福建，始以武夷之茶植于桀鱼坑……），后产制绿茶、包种茶、乌龙茶及红茶等。台湾茶叶贸易始于1830年，茶叶多输往厦门、福州。数据显示，同治四年（1865年）台湾淡水关口已有82.02吨茶叶输出的记录。1866年后，台湾茶多以外轮转运厦门输出。1910年后，台湾主制红茶输往俄国。1926年，台湾又从印度引进普洱种（印度叫阿萨姆茶种），于平镇茶业试验支所及南投鱼池试种成功后，改进制造红茶的工艺，开拓国际市场。同时以熏花制造包种茶输往中国大陆东北市场，输出量逐年增加，1937年达到5800吨，主要销往日本、美国、英国及中国香港、东北地区。受日本侵华战争影响，1942年出口茶叶为5100吨。后台湾被日侵占封锁，因粮食短缺与兵源所需，部分茶园改种粮食，茶园荒废，1945年前后台湾茶产量仅有1400吨。1945年后茶业复兴，1949年总产量已恢复至10000吨以上。

俄罗斯地处欧亚大陆，南与中国接壤。1618年，明朝就派使节将中国茶叶经由内蒙古边界运送到莫斯科，送给沙皇。其后中国饮茶之风逐渐传到俄国，俄国成为中国茶叶出口的第二大国。1675年，康熙皇帝多次设茶宴接待俄国使节，使节带回12箱茶叶献给沙皇。茶成为中俄友好交往的桥梁。中俄茶叶贸易始于康熙二十八年（1689年），中俄双方签订《尼布楚条约》，中国茶从天津经内蒙古运送至莫斯科。雍正五年（1727年）中俄签订《恰克图条约》，开辟边境恰克图为中俄双方的货物集散地，双方各派官员进行贸易及税收管理，茶叶交易量不断增长，从1800年的70000普特（1146.60吨），发展到1821~1830年年均143000普特（2342.34吨），1831~1840年年均190000普特（3112.20吨），较1800年增长1.71倍。恰克图成为中俄茶叶集散城市。自此，从恰克图到中国红茶原产地福建南平武夷山形成了“万里茶道”，是继丝绸之路衰落后，在欧亚大陆架起的新的重要贸易通道。这条茶道南起中国福建茶区南平武夷山市周边，向北途经江西、湖北、湖南、河南、山西、河北、内蒙古等地，再穿越蒙古国，经恰克图抵达俄罗斯圣彼得堡。这条茶路在俄罗斯境内连接十几个城市，将茶叶传送到中亚和欧洲各国，茶叶运输路线达13000千米，形成了名副其实的“万里茶道”。

据《茶缘》（总第52期）记载，2013年3月22日，中国新任国家主席习近平启程对俄罗斯、非洲三国进行国事访问。第二天，习近平在莫斯科国际关系学院发表《顺应时代前进潮流促进世界和平》演讲，他在演讲中特别提及始于17世纪的连通中俄两国的“万里茶道”，并把它与当今“世纪动脉”并列。

“万里茶道”的基本路线为：南平武夷山—河口—汉口—襄攀—唐河—社旗—洛阳—晋城—长治—祁县—太原—大同—张家口—归化—库伦—恰克图—秋明—奥伦堡—罗斯托夫—莫斯科—欧洲其他国家。

茶路始点——南平武夷山

一般人都把武夷山市下梅这个水运重镇称为“万里茶道第一站”。近年有专家认为，“万里茶道”的始点应为南平，南平位于闽江和建溪交汇处，其市区和郊县曾为红茶产区，后俄商还在南平开办砖茶厂。南平产的茶叶沿建溪而上，运集于南平市辖的武夷山，早年运武夷山下梅，后来移到武夷山赤石。

山西商人瞄准中俄茶叶贸易的商机，在《尼布楚条约》签订之后，来到福建大量采购茶叶，集中于下梅，而后将茶叶运往恰克图。下梅村有人工运河贯穿而过，茶叶于此码头装货上船很便捷，起运后经梅溪、崇溪运到外界。清光绪年间，比下梅茶市更优越的赤石逐渐成为崇安（今武夷市）后来的茶市中心。

转运水镇——河口

河口位于江西省铅山县，水陆交通便利。早年武夷山下梅的茶叶运至广州出口，多由河口转运。当年福建茶农成批进入铅山垦荒种茶，当地茶园曾多达 20 万亩（1.33 万公顷）。河口当地产制的“河红”，是用武夷山的毛茶精制而成。福建茶叶的“万里茶道”从下梅到河口镇后，沿以下两条路线输出：一是从河口到赣江，经水路运往广州，再销至东南亚或欧美；二是从河口运到武汉，再从陆路向北行运至俄罗斯。

设庄之处——安化

湖南安化是产茶区，晋商在此设立茶庄，并置办茶家工厂，把茶产品输往中国西北或俄罗斯。当年，晋商从安化采办茶叶，返回山西祁县，再北上太原、大同、张家口、归化，又经库伦、恰克图，茶商在 3500 千米行程中，靠人力肩挑、小车推，或是船运、马背、马拉车，最后以骆驼负载，在茫茫的大漠中行进，最终抵达恰克图。

中转之港——汉口

湖北汉水之口，故称汉口。当年有 35 个码头集中在汉水北岸，为各省来汉口开展贸易的商船停泊之码头。无论是福建武夷山，还是湖南安化、湖北羊楼洞等地贩运茶叶，都要经过汉口。晋商从武夷山采购的茶叶，经水路到达汉口，装换中转后运至下一个城市。1861 年后出口至俄罗斯的主要是砖茶，俄商在汉口设立砖茶厂，加工后运回俄罗斯。

水旱码头——赊店

赊店位于河南，原名赊起店，后改叫社旗镇，是晋商在汉口转运中原陆路的“水旱码头”。这里一年四季旅人不绝，后因赵河水位下降，行船不便，失去往日的辉煌。赊店的山峡会馆是今保存最完整、规模最大的会馆，集宫殿、庙宇、商馆、民居、园林建筑于一体，艺术价值很高。

四达之衢——祁县

祁县是山西历史文化名城，在距今 5000 多年前的母系氏族公社时就有先民于此定居，交通方便，有“四达之衢”的盛誉。祁县县城四向有 4 条大街，临街多为商号店铺。这里的人们经商成风，“不求仕而弃笔从商”。该县渠家自清乾隆年间创立“长裕川茶庄”来往“万里茶道”，茶庄在该商路的发展上起到重要作用，渠家经营的“三晋源”票号汇通天下。还有城南何家的“永聚祥”茶庄，也曾享誉全国。

儒法治商——榆次

榆次位于山西境内“万里茶道”。在恰克图众多山西商号中，榆次的常家经商历史最久、规模最大。常家代代恪守“学而优则贾”的家训，教育后代“弟子儒学不精，不准参与经商”，因此人才辈出，事业兴盛。常家作为中俄茶叶贸易的中坚力量，坚持红茶、砖茶的经营，推动了两国茶叶贸易的发展。

贸易集散地——张家口

张家口位于河北西北部，从这里到恰克图有 2150 公里，其中 400 公里是茫茫的戈壁沙漠。出张家口去恰克图是遥远的荒寂之地，“百里不逢井，数日不见人是常事”。张家口是中俄、中蒙贸易通道的重要集散地。在张家口与俄国开展茶叶贸易的商号有 50 多家。山西茶商输出茶叶，经由石家庄运往恰克图，最多的一年曾达 2500 万箱（约 75 万吨）。

桥头堡——归化

归化现为内蒙古自治区省会城市——呼和浩特，是300多年前兴起的茶叶之路。呼和浩特是“万里茶道”桥头堡、大型货物集散地，从这里向东南方向有两条支路：一条向东可抵京、津、冀、鲁、豫；另一条向南延伸至山西，越过黄河，直达汉口。两条支路均可分为多条支道，通向闽、沪、浙。从归化向北，伸向蒙古高原的东部、中部和西部。茶叶是归化交易最多的货物，其年贸易量一般在5000吨至5万吨。归化有上百家专营茶叶贸易的商号，钱庄、票号、商店、寺庙、牲口市场遍布归化城内外。

有茶的地方——恰克图

恰克图是中俄边疆的要寨，俄语意为“有茶的地方”。1728年中俄两国划定以恰克图河为界，河北面的恰克图城归俄国，河南面由清政府建立阿勒坦布拉格（汉名“买卖城”）作为中俄贸易地。自清嘉庆、道光以来，中国茶叶大多经由买卖城输往俄国管辖的恰克图，中俄双方互市达200年之久。直到《南京条约》签订后，英国打开中国国门，清政府撤去海禁，开放海上茶叶之路。由于通恰克图物资运费是海上10倍，从此这条“万里茶道”逐渐荒废，往日的辉煌陨落了。

自17世纪初中国茶叶开始与西方国家开展贸易以来，中国沿海部分港口开放通商，形成“海上茶叶之路”。20世纪30年代，世界茶叶贸易的中心港口中，中国有上海、福州、三都澳、汉口、广州及台北，印度有加尔各答、吉大港、图提科林、加里库特，斯里兰卡有科伦坡，印度尼西亚有爪哇的巴达维亚、苏门答腊的棉兰，日本有清水湾、横滨、神户等。印度、斯里兰卡产的红茶多输送到英国伦敦拍卖市场销售。其他国家产的茶叶，一些运往英国伦敦或荷兰阿姆斯特丹市场销售，其余大多直接运送给各个消费国的进口商经营。此外，从产茶国运往消费国，过去多经过英国伦敦，荷兰阿姆斯特丹，美国纽约（从巴拿马、苏伊士运河运进）、旧金山、西雅图、达科马，加拿大温哥华，澳大利亚悉尼、墨尔本、奥克兰、惠灵顿等港口，然后再分运各地。

加尔各答位于印度东南部的孟加拉湾北面恒河口，是印度最主要的茶叶输出港口。从这里将茶叶运往英国伦敦需 5 个星期，运至美国的纽约港需要 7 个星期。

科伦坡位于斯里兰卡的西海岸，该港陆地环抱，其东部、南部与大陆连接，西部和北部被海堤围绕。这里还是印度、澳大利亚等地船只往来的停靠港，一年四季均有茶叶进出此港。

蒙巴萨湾地处肯尼亚东南部，濒临印度洋。非洲的马拉维、坦桑尼亚、乌干达、卢旺达、津巴布韦及其他产茶国的茶叶多数集散于此港，因此该地成为非洲出口茶的中心港口。

伦敦港位于英国大不列颠岛，东南部为泰晤士河口，它有延绵 38 英里的深水码头，有各种机械化运输、装卸装置。建于 1805 年的第六码头为装卸茶叶的大码头，有铁路、驳船运到堆楼。伦敦是西方乃至世界最大的茶叶消费市场，又是掌握世界茶叶进出口贸易脉搏的茶市中心。世界主要茶叶公司都在伦敦设有总公司。

阿姆斯特丹是欧洲最早的茶叶市场，荷兰东印度公司曾从中国运进大批茶叶，均从此港分别销往欧、美各国。后成为欧洲第二大茶叶市场，年成交茶叶量约为 3000 万吨，销往荷兰各地及欧美各地。荷兰西南的鹿特丹港也有茶叶进口，直接出销。

纽约港是美国东北滨海海港，东临大西洋，是美国茶叶进口的重要港口。20 世纪 30 年代，其茶叶进口量曾居世界茶叶市场的第 2 位。它有曼哈顿、布鲁克林两个特定装运茶叶的码头。美国还有其他茶市口岸，如东海岸的波士顿，太平洋海岸的西雅图、旧金山，中太平洋夏威夷群岛的檀香山等。

俄罗斯进口茶叶的港口有多个，如西伯利亚地区濒临日本的符拉迪沃斯托克（海参崴），黑海沿岸的巴统及奥得奥，还有临近波罗的海的列宁格勒（现圣彼得堡）。符拉迪沃斯托克港（海参崴）地处日本湾西部彼得大帝湾，与中国黑龙江、牡丹江接壤，是远东著名港口。列宁格勒港西北临波罗的海，东接芬兰湾，西靠圣彼得堡。20 世纪初，俄国从中国汉口进口砖茶，第一次世界大战期间，俄国部队多喝片茶，砖茶进口量逐渐减少。

加拿大有以下几个港口进口茶叶：一是哈利法克斯湾，地处加拿大东南部；二是温哥华港，地处加拿大西南部；三是多伦多港，位于南部半岛；四是圣约翰斯湾，位于哈利法克斯北面；五是蒙特利尔港，位于魁北省南部。加拿大多伦多有一家最大的茶叶拼配及包装公司。蒙特利尔、温哥华等地的茶叶公司，过去多把进口茶拼配后再销给零售商。

汉堡港位于德国西北部，其出海口是黑尔戈兰湾。不来梅港位于汉堡西南，濒临墨尔戈兰湾。这两个港口是德国茶叶进口中心。此外，法兰克福、加尔斯卢和慕尼黑等也是德国茶叶批发地。

巴黎港位于法国西北部，塞纳河从此地西北入塞纳湾流向英吉利海峡。马赛港是法国南部滨海港口，位于地中海北部利翁湾畔。这两地既是法国主要茶叶公司所在地和茶业中心，又是法国主要的茶叶进口港。

热亚那港位于意大利西北的热亚那湾。米兰港位于意大利北部。这两处港口是意大利的茶市中心。

哥德堡处于瑞典西南沿海，西近北海和东卡特加特海峡，是瑞典最大的茶叶进口港和茶市中心。

里斯本港地处葡萄牙西南部，西部临大西洋的东部，是葡萄牙茶市中心和主要进口港。

墨尔本港位于澳大利亚东南部，濒临太平洋与印度洋之间的巴斯海峡。悉尼港地处首都堪培拉的北部。这两处港口是澳大利亚主要茶叶进口港和茶市中心。

奥克兰港位于新西兰北部，东临太平洋西部的豪拉基湾。惠灵顿港，地处新西兰中部，是首都的所在地。两港是新西兰茶叶进口交易中心。另有都内丁、克里斯特两座茶叶交易城市。

静冈港位于日本中南部，东临太平洋骏河湾，是一处清水港，日本有90%的茶叶从此港进出口，是日本茶区和茶市中心。横滨港位于东京湾，靠近东京周围茶区。神户港位于日本中南部内海之滨，是日本茶叶进出口第三大港。

海防港位于越南的东北部，东靠近北部湾，是越南茶叶出口的港口。

布什尔港位于伊朗西南部，濒临波斯湾阿巴斯港，靠近伊朗南部霍尔木兹海峡。以上两处港口是伊朗主要茶叶进口港和茶市中心。20 世纪 30 年代，伊朗海关规定茶叶只能从布什尔、林加、班达尔、阿巴斯、查皮哈尔、查斯克、莫罕默拉、阿瓦士、阿巴屯、阿斯太拉、派尔维、麦什迪萨可汗、沙太克蒂、可达阿弗林、盖斯里锡林、具杰兰、巴伦、鲁德弗贝特、都什达尔等口岸进口。

B.12
世界茶业发展大事年表

周玉播　吕 宁　周冬盈*

一　世界茶业的起源发展大事年表

世界茶树起源于新生代第三纪的早期（约 7000 万年前），其原产地是中国滇、黔、川等省区毗邻地区。福建闽东北的鹫峰山东南脉的天山山脉和武夷山脉，是茶树同源“隔离分布”区域或“演化”区域。

三世纪末至四世纪初，已有茶树（1980 年 7 月贵州省晴隆县发现珍稀古茶茶籽化石）。

公元前 2737 年，中国“农皇”神农氏发现并利用茶，这是世界茶被利用的起源。

公元前 1734 年，在中国云南就有野生茶树。

公元前 1600~前 256 年（商周时期）丹丘子于福建宁德市蕉城区天老山（天山）、浙江余姚一代以茶炼丹。霍童真人于福建宁德市蕉城区天老山的霍山以茶炼丹。武夷君于武夷山以茶为贡品。天山、武夷山是茶树原产“隔离分布”区域。

公元前 1042~前 1021 年（周成王时期），《尔雅・释木》中记载：“槚，苦荼也。”公元前 550 年，《诗经》有十处记有“荼”（茶），如“采荼薪樗，食我农夫”“谁谓荼苦，其甘如荠”等。

公元前 500 年，《晏子春秋》中有关于茗菜的记载。

---

* 周玉播，福建省茶叶学会茶学研究分会副会长兼秘书长，教授级高级农艺师，主要研究方向为茶科技、茶文化；吕宁，福建省茶叶学会副秘书长，主要研究方向为茶文化；周冬盈，北京林业大学马克思主义学院硕士研究生。

公元前 50 年（汉宣帝甘露元年），王褒《僮约》文中有“牵犬贩鹅，武阳买茶”和“烹茶尽具，已而盖藏”的表述。

220 年，名医华佗著《食论》记述“苦茶久食，可以益思”。

264 年，《三国志》中讲到吴王孙皓用茶替代酒；《华阳国志·巴志》载：“武王既克殷，以其宗姬于巴，爵之以子，……茶、蜜……皆纳贡之。”

317 年左右，晋将军刘琨给侄子兖州刺史刘演的信中说：“吾体中愦闷，常仰于茶，汝可置之。”

4 世纪，《世说新语》提到晋惠帝司马衷岳父喜欢喝茶，常用茶招待客人。

晋，郭璞（276~324 年）的《尔雅注》有“槚，苦荼”之注“树小如栀子，冬生叶，可煮作羹饮”。

《晋书》记“吴人采茶煮之，曰茗粥”。

《晋史》载，桓温（312~373 年）“为扬州牧，性甚俭，每簉饮，所置七奠，仅茶与生果而已”。

6 世纪末，茶由药用转为饮品，晋代诗人张载（557~589 年）作诗《登成都白菟楼》道“芳茶冠六情，溢味播九区”。《群芳谱》作者也证实茶已经从药用变为饮用。

三国魏国张揖《广雅》记载：“荆巴间采茶作饼，成以米膏出之。”

南北朝的宋（420~479 年）早期《江氏传》中江统讲“今西园卖醯、面、茶菜、蓝子之属，亏败国体”。

南齐，世祖武皇帝（483~493 年）遗诏：我灵上慎勿以牲为祭，唯设饼、茶饮、干饭、酒脯而已。王肃（464~501 年）喜欢喝茶，在《后魏录》中描述为“茗不堪与酪为奴”。

隋代（581~618 年）文帝时期，最初将茶叶当上佳饮料，因具有被世人赞扬为“解体毒，治昏睡”的功效而扬名。

760 年，唐陆羽著《茶经》（世界三大茶书经典之一）一书，该书共三卷十节，书中论述茶的特性、器具处理方法、24 种茶具、泡茶方法、饮用方法，著名茶场地、茶具图解等。

唐德宗元年（780 年）开始征茶叶课税，也说是茶税的起源。

宋代山谦之著《吴兴记》中载："浙江之乌程县西二十里，有温山，所产之茶，专作进贡之用。"

公元 850 年，两个阿拉伯人到中国旅行，在游记中记载，中国饮茶已相当普遍，还描述了用沸水冲茶。

公元 1100~1126 年宋徽宗在位时，寻求名贵茶叶品种，御定 20 种茶为"白茶"，倡导饮茶。当时许多城市均已有精致茶室，佛门以饮茶为肃穆仪式。

1653 年，法巴黎鲁德思神父将茶作为"名贵药物"，他认为茶不仅可治神经性头痛，且可治关节痛和砂淋症。

1662 年，葡萄牙公主凯瑟琳嫁给英国查理二世国王时，嫁妆中带去 221 磅（约 100 千克）中国红茶和精美的中国茶具。

1671 年，菲利普・杜弗在法国里昂出版《咖啡、茶及巧克力的妙用》。

1685 年，茶已流行法国文艺界，神父 P. D 胡埃写《可爱的茶》长诗，法国作家 P. 帕蒂发表 560 节的长诗《中国茶》。

二　中国茶叶传播亚非大事年表

公元前 2 世纪（秦灭周时），中国茶已传播到越南、缅甸，又传到印度东北部，后印度发现阿萨姆种（即从云南传出的普洱种）。

公元前 139 年（汉建元二年），探险家张骞受汉武帝所派率领一百多人出使西域，开辟丝绸之路。

公元前 3 世纪（西汉时期），中国茶经西藏传到中亚（波斯即伊朗等国）。

473~476 年，突厥（土耳其）商人通过茶马古道，在蒙古边界与中国以物易物开展茶贸易。

6 世纪后，中国茶传到朝鲜，后随丝绸之路或茶马古道，传到中亚、西亚及东欧等地。

742~756 年（唐天宝年间），新罗（韩国）高僧元表将福建宁德市蕉城区支提山（天山茶区）的制茶技术带回新罗。

593 年（日本圣德太子时期），中国茶的知识、艺术、佛教及茶文化同时传入日本。

658~749 年，《古事根源》和《奥仪抄》二书载，日本高僧行基（658~749 年）一生建寺院 49 所，并在各寺中种植中国引入的茶树。

794 年（日延历十三年），日本天皇桓武在平安宫建中国式宫殿，他喜爱饮中国茶，并在内院开辟茶园。

805 年（日延历二十四年），在中国研究佛教的日本高僧最澄回国时从浙江天台山国清寺携带若干茶种，并将其种植于近江（兹贺县）阪本村的国台山麓（今池上茶园）。

806 年（日大同元年），日本弘法大师（即空海）于福建霞浦赤岸登陆，又经福州到中国研究佛学，这一年他携带大量茶籽返回日本，分别在各地种植，并在日本广泛传播种茶、制茶常识。

815 年（日弘仁六年），日本嵯峨天皇巡游滋贺县崇福寺，品饮了和尚献上的茶水，龙颜大悦，下旨在首都附近 5 个县广植茶树，并指定茶叶为皇室贡品。

898 年（日大和时期），日退位天皇宇多访问种茶取得很大成功的元庆寺，也品尝到该寺产制的茶品。

1191 年（日建久二年），日本最著名的茶史人物——禅宗领袖荣西，从中国带回茶籽，并将其种植于背振山（福冈城西南）。荣西还编著《吃茶养生记》，这是日本第一部茶书（世界三大茶书之二），书中称茶为“神圣的药品”，是上帝恩赐的宝物，有延年益寿的功效。茶开始在民间普及。

1405~1433 年，郑和奉明永乐帝钦命，7 次历时 31 年下西洋到 30 多个国家和地区通商并传播茶和茶文化。

16 世纪 50 年代，葡萄牙船队将中国茶叶运往南非。自 1850 年始，南非在德班植物园试种，1877 年种成后逐步发展，产制红碎茶。1684 年，中国茶籽传入印度尼西亚，直至 19 世纪后叶经历 200 余年先后 4 次试种未成功。

1780年，英国东印度公司的船只从广州将中国茶籽运往印度加尔各答私人园中种植，一部分种到不丹（印度东北部）。

1892年，印度尼西亚试种成功。

1810年后，大陆商人从厦门将种茶方法传入中国台湾，1868年台湾开始发展三种茶（乌龙茶、红茶、绿茶）。

1834~1856年，印度和英国派植物猎人罗伯特、布鲁斯先后到中国武夷山猎取茶籽，再到印度阿萨姆进行大规模种植，后获得成功。1856年开始在大吉岭种茶。

1835年，印度尼西亚爪哇首批茶运到荷兰阿姆斯特丹，1877年首批茶运至英国明星港。

1839年1月，印度生产的红茶第一次运往英国伦敦。

1841年，斯里兰卡沃姆斯于中国游历返国时带去数株茶树种植于咖啡园，茶树生长得很茂盛，后成立东方垦植公司发展茶产业。

1868年，牙买加（非）于金高纳地区公立试验场试种成功。

1873年，斯里兰卡生产的红茶首次运到伦敦23磅（10.43千克）。

1873年后产制的“锡兰茶”享誉伦敦，其中乌瓦红茶称为“世界三大高香茶”之一。

19世纪中叶，印度人将中国茶籽茶苗引入孟加拉国后，孟加拉国开始种茶。

1890年，尼亚萨兰（非）在姆兰治咖啡园中种陈茶树，1898年尼亚萨兰最早的茶样送到英国。

1900年，伊朗（波斯）由王子引入中国茶树栽培，主要场地在里海南岸吉兰省富曼等地。

1900年，乌干达（非）引进茶种植于植物园中。1910年在康巴拉开始种植茶苗。

1910年，尼泊尔出现最早的茶园，该茶园位于喜马拉雅山麓，盛产红茶。

1914 年，中国侨民在马来西亚吉隆坡等地种茶。

1914 年，科迈隆（非洲）开始实验种茶，1954 年建第一个茶树种植场，生产和消费传统红茶。

1915 年，北美哥伦比亚在温哥华岛试验场试种茶。

1903 年，肯尼亚（非）开始引种茶树，1925 年勃洛克旁特公司与詹姆斯芬来公司购地大规模种茶，创立种茶协会。

20 世纪初，坦桑尼亚开始试种茶树。

1918 年，越南开始茶叶商品化生产。

1919 年，缅甸在汤谷正式开辟茶园，1921 年开始种植茶树。

20 世纪 20 年代，非洲津巴布韦开始种植茶树，产地在东马绍纳兰省，产红碎茶。

1925 年，非洲罗得西亚在马松那兰省芝平加地区繁殖茶苗，1927~1930 年种植茶树。

1928 年，肯尼亚茶叶公司所属的加伦伽茶园生产 12 箱红茶，并首次运送至英国伦敦明星港。

1928 年，非洲阿比西尼亚在加发地区开始种茶。

20 世纪 30~50 年代，莫桑比克开始种茶，产地在马拉维交界的沿河地区，产红碎茶。

1934~1938 年，肯尼亚、乌干达、坦桑尼亚（坦喀尼亚）、尼亚萨兰等国赞同印度实行茶叶管理计划，限制新开茶园。

19 世纪末，土耳其引种未成功；1937 年，土耳其格鲁吉亚引进茶种开始种茶。

1948 年，卢旺达（非）开始种茶，产地在北部与西南地区，产红碎茶。

1952 年，马来西亚在金马伦高原试种茶树成功，生产红茶。

1959 年，布隆迪开始引进茶树；20 世纪 80 年代，茶树种植全面发展，产地在东侧高原地区，产红碎茶。

1963 年，肯尼亚从英联邦独立后，大规模种植茶树，发展红茶生产。土耳其产红茶，开始出口德、俄、英等国。

三 中国茶叶传播欧美大事年表

元朝（1271~1368年），意大利航海家马可·波罗（1254~1324年）在中国为官17年，游历中国见到中国茶。返回罗马后讲到中国饮茶趣事。

1405~1433年，明永乐帝下诏郑和七次下西洋，船队上百艘，28000余人，带去茶叶、瓷器、绸缎、金银器，打通丝绸之路。

1488年，葡萄牙人冒险家达·迦马在南非发现好望角，开通到印度航线，又在马六甲设立基地，开辟了来中国的航线。

1514~1517年，15艘葡萄牙商船首航中国广州，进行海上贸易。1517年，又有船队派公使抵达北京。

1517年，葡萄牙海员从中国广州带回茶叶，从此中国茶开始在西方传播。

1557年，葡萄牙人在澳门取得贸易据点。

1556~1560年，葡萄牙神父加斯博·克鲁兹第一个到中国传播天主教，回国后他在著作中称红茶为“红色，可以治病”。

1559年，欧洲最早记茶的书是威尼斯作家G. 拉姆西奥编著的《中国茶》及《航海旅行记》。

1565年，意大利神父路易斯·阿尔梅达到日本，在信中称“日本喜欢一种药草——茶”。

1567年，俄国伊万·彼德洛夫和波纳希·亚米谢夫两人来华旅游，回国后记述“茶树是中国所产的神奇植物”。

1588年，意大利作家G. 玛菲引证茶的故事：“茶可以解渴生津，醒脑明目，并且可以延年益寿，使人几乎不知疲倦。”

1589年，威尼斯牧师G. 保特若著《都市繁盛原因考》中道：“中国人用一种药草榨出汁液，用来替代酒，可以保证身体健康，预防疾病，还可以避去饮酒之害。”

1595~1596年，荷兰航海家让·雨果·范·林舒腾（1563~1633年），曾与葡萄牙人一起航行到印度，著有旅行见闻，这是荷兰文献中最早的关于茶叶的记录。

1598 年，英国开始传入茶叶，最早记载茶叶的书是《林孝登旅行记》，英国人称茶为“Cha”。

1601~1610 年，曾在中国朝廷任科学顾问的意大利牧师帕德 · M. 里希，在文献中写道：“茶经常饮用，对于身体健康非常有益处。”

1601 年，葡萄牙神父迭戈 · 潘托亚写道：“当主客见面寒暄之后，即饮用一种沸水所泡的草汁，名字叫茶，非常名贵，必须喝上两三口。”

1616 年，丹麦加入印度贸易活动开始接触茶。

1618 年，中国公使携带数箱茶叶历经 18 个月到达莫斯科，并将其赠给沙皇。

1638 年，俄国大使斯塔尔科在恰克图以貂皮、麝香等物品，从蒙古国人那里换得武夷茶 64 斤，送给沙皇。

1640 年，荷兰人将中国茶传入英国，1644 年英国与厦门开展茶叶贸易。

1650 年，荷兰将茶叶传入德国。

1662 年，葡萄牙凯瑟琳公主嫁给英国查理二世，其带去的嫁妆中有中国红茶（武夷茶）和茶具。

17 世纪中叶（1650 年），荷兰将茶传入纽约和波士顿。1667 年法国传教士 G. 古到中国任教，归国时他将调混茶方法带回，即在茶叶中加入蛋黄、糖等。

1680 年，法国作家赛维思夫人最早论述欧洲人如何用牛奶泡茶。

1681 年，俄国商人与山西、江西茶商经福建武夷山分水关，到下梅、赤石设栈购茶，再将其运到莫斯科。

1763 年，瑞典植物学家李纳纽斯在瑞典乌普萨尔种下中国茶树苗，这成为欧洲大陆最早长成的茶树。

1812 年，巴西从中国引入茶树并将其种植于里约热内卢。1920 年，茶产业在米纳斯吉拉斯恢复发展，该地盛产红碎茶。

1833 年，俄国在克里米亚栽培从中国引入的茶苗；1848 年，又将其移植于黑海沿岸和高加索。

1870 年，来自英国的乔治·辛普森在斐济第二大岛伐南来浮岛西部开办茶园。

1884 年，俄 A. 索罗佐夫上校从中国引进茶种，其后由鲍波夫茶叶贸易公司在黑海东安巴统地区购三所农园开辟茶苗圃。

1888 年，黑海沿岸的巴统、祖格迪迪等地开始种植茶树，后成俄茶叶产区。

19 世纪中期，阿塞拜疆在里海沿岸的连科兰·阿斯塔腊和麦索利地区开始种茶。

19 世纪末期，马拉维于斯里兰卡开始种茶，后在姆兰杰山区试种成功。

1893~1900 年，俄高加索大规模种植茶树；1900 年，巴统北部高纳斯设 25 个试验区，开始广泛探索茶叶种植。

20 世纪，太平洋岛国巴布亚新几内亚始种茶；2000 年，茶叶种植技术在当地得到初步发展，此地盛产红碎茶。

1912 年，秘鲁开始种茶；1928 年，当地的茶叶开始商品化生产，主产区位于秘鲁东部的亚马逊林区，以红碎茶为主要产品。

1915 年，哥伦比亚引进茶苗在温哥华岛试验场试种。

1924 年，阿根廷从中国引进茶籽 1000 磅（454 公斤），并在北部的拉普拉塔平原之北种植。

1929 年，墨西哥在瓦克萨卡的库加伦地区种茶，曾制成商品茶。

1933 年，俄乔治亚茶园由 1000 公顷增至 34000 公顷，且有试验场设于恰克伐、苏克亨、奥受其蒂、楚地蒂等地。

1948 年，非洲卢旺达开始种茶，种植地主要集中在该国的北部与西南地区，以红碎茶为主。

20 世纪 50 年代，厄瓜多尔开始种茶，但是茶产业在当地发展较缓慢，主要种植于安第斯山脉，以红碎茶为主。

1987 年，玻利维亚开始种茶，在中国茶叶技术人员的帮助下种茶、建茶厂，盛产红碎茶。

四　世界古代茶业贸易活动大事年表

473~478 年，突厥（土耳其）商人通过“茶马古道”与中国开始进行茶叶贸易。

14 世纪后期，西方国家为寻求东方奢侈品，从海上向外扩张，开辟新商品、新财源。

1453 年，土耳其征服了中东，切断欧洲人通往东方的航道。

15 世纪末至 16 世纪初，西方国家分别从印度洋、太平洋及沿岸，寻求通往东方的新航路。葡萄牙人最早来到东方。

1603~1604 年，荷兰人两次派船来华要求互市，均未成功。

1607 年，荷兰东印度公司商队首次采购中国茶叶，并将其运至爪哇，这是欧洲人最早开始与中国进行的茶叶贸易。

1610 年，荷兰东印度公司将少量福建武夷小种茶运至欧洲。

1619 年，荷兰正式在印度尼西亚的爪哇设立商行，从中国购买茶叶，再转售至欧洲各国。

1637 年，英国人首次从台湾购买中国茶叶。

1638 年，俄大使以貂皮、麝香等物从蒙古人手中换得武夷茶（红茶），并将其献给沙皇。

1640 年，英国人首次将购到的正山小种红茶运往英国。

1644 年，英国人在福建厦门设立茶叶采购点，采购武夷茶。

1652~1654 年，英、荷两国因茶叶贸易纠纷引发战争，英国失利。茶叶商品由荷兰人控制。

1657 年，英国首都伦敦街头咖啡店第一次出现中国红茶。

1660 年，英国开始征收茶税。

1665~1667 年，英、荷爆发第二次茶叶贸易战，英国获胜后荷兰丧失主导权。

1669 年之前，西欧的茶叶贸易基本由荷兰人垄断。

1669 年，英国政府颁布法令禁止从荷兰进口茶叶，并规定茶叶贸易交由英东印度公司经营。

1670 年，英东印度公司从中国采购茶叶，不仅将其销往英本国，还销售到欧洲各国、美国及英属殖民地。

1682 年，美国费城等地传入中国茶叶，开始茶叶只供富人享用。

1684 年，中国清政府再度解除海禁，允许西方来华贸易。

1689 年，中俄签订《尼布楚条约》后，俄国开始组织陆上商队，通过“万里茶道”将中国福建的茶叶运往俄国。

1689 年，英国船队停泊厦门港，直接从厦门采购茶叶。

1690 年，美国波士顿最早有两人依法取得执照后，公开销售茶叶。

1712 年，英国人从厦门购得 6.8 吨武夷茶（红茶），1721 年达 454 吨。

1712 年，美国波士顿、纽约等地的药房均出售中国茶叶。

1716 年，英国东印度公司采购中国红茶达 200 吨。

1784 年，美国“中国皇后号”商船，从美起航到中国广州，次年从广州购回茶叶等大量物资，获巨利。其后美商船纷纷到中国开展茶叶贸易。

1731~1806 年，瑞典东印度公司曾派 37 艘商船从哥德堡到中国广州，开展茶、丝、瓷、香料等的贸易。

1743 年，瑞典“哥德堡号”第三次来中国，返回时，于 1745 年驶到哥德堡港口时沉没，船上载有 370 吨茶叶。这是中国与瑞典开展茶叶贸易的见证（1986 年瑞典考古队打捞出茶叶、瓷器等）。

1830~1833 年，英国东印度公司从中国购入 11792 吨茶叶。

1834 年，英国东印度公司茶叶贸易专卖权被取消。

1849 年，第一艘从中国运送茶叶到英国伦敦的美国快剪船是“远东”号。该船将 1600 吨茶叶从香港运送至伦敦，用时 97 天。

1843~1869 年是快剪船的黄金时代，也是中国红茶出口的黄金时代。

1869 年，苏伊士运河开通后，“快剪船时代”逐渐结束，取而代之的是汽船。

1880 年后，因印度、斯里兰卡红茶的兴起，中国红茶出口市场逐渐萎缩。英国也因此逐渐控制了世界红茶贸易市场。

B.13

中国部分茶叶出口企业名录

孙威江　周冬盈 *

表1　中国部分茶叶出口企业名录

序号	备案编号	企业名称	备案地址	备案产品	主要出口国家或地区
1	350004157	福安市世纪源茶业有限公司	中国福建省福安市社口镇湖头洋168号	红茶、绿茶	
2	1100/04002	北京绿山九保健茶有限公司	北京市通州区漷县工业开发区	绿山九保健茶	
3	2100/04001	源绿菁萃生物科技(大连)有限公司	辽宁省大连市经济技术开发区铁山东路	袋泡茶、营养口服液、食用植物干粉	
4	2100/04002	蒙顿茶制品(大连)有限公司	辽宁省大连市中山区长江路38号7层1号	速溶茶膏	加拿大
5	3100/01059	上海天喔茶庄饮料有限公司	上海市松江区泗泾镇九干路167号2幢一层	茶饮料、酸梅汤、C满E西柚柠檬汁	
6	3100/04013	英联川宁饮料(上海)有限公司	上海市浦东新区金桥出口加工区(南区)龙桂路121号T3-4西	茶、调味茶、代用茶、礼品茶	
7	3100/04017	上海茶恬园茶叶有限公司	上海市虹口区四川北路860-862号底层、二层阁	茶叶	

* 孙威江，福建农林大学教授，硕士生导师，主要研究方向为茶科技、茶质量；周冬盈，北京林业大学马克思主义学院硕士研究生。

续表

序号	备案编号	企业名称	备案地址	备案产品	主要出口国家或地区
8	3100/04020	铭叶食品(上海)有限公司	上海市奉贤区奉城镇协同路 18 号 1 号楼	抹茶粉	
9	3100/04025	上海爱雅食品有限公司	上海市松江区江田东路 212 号 6 号厂房	抹茶粉	
10	3100/17015	上海忆霖食品有限公司	上海市闵行区中春路 7039 弄 88 号 4 幢	固体饮料(红茶、抹茶、可可、咖啡)	美国、欧洲
11	3200/04005	宜兴市项珍茶业合作社	江苏省宜兴市张渚镇龙池村	茶叶	
12	3200/04009	江苏鑫品茶业有限公司	江苏省常州市金坛区薛埠镇东下杖村 168 号	绿茶、茶粉	美国、东南亚、欧盟
13	3200/04010	苏州东山茶厂股份有限公司	江苏省苏州市吴中区东山镇银湖路 121-122 号	绿茶、红茶、花茶	欧洲、东南亚、中国香港
14	3200/04012	常州市文杰茶业有限公司	江苏省常州市新北区顺园路新晨工业园 8-10 号	袋泡茶(红茶、绿茶、茉莉花茶、薄荷)	美国
15	3200/04013	南京宝生源食品有限公司	江苏省南京市溧水区白马镇工业园	袋泡茶	印度尼西亚、尼日利亚
16	3200/11022	南京融点食品科技有限公司	江苏省南京市高淳经济开发区恒盛路 3 号	速溶茶粉、茶叶	
17	3200/11032	无锡太阳绿宝科技有限公司	江苏省无锡市新区硕放工业园五期 63 号地块	绿茶粉	北美、欧盟、东南亚、日本、韩国、巴西

续表

序号	备案编号	企业名称	备案地址	备案产品	主要出口国家或地区
18	3200/11043	江苏德和生物科技有限公司	江苏省无锡市江阴市科技大道8号	速溶红茶、速溶绿茶、速溶乌龙茶、速溶白茶、速溶黄茶、速溶黑茶、速溶花茶、其他速溶茶	美国
19	3300/04002	嵊州市树德制茶有限公司	浙江省绍兴市嵊州市三界镇北街村文华路85号	绿茶	非洲、中东、独联体
20	3300/04007	杭州银泉茶业有限公司	浙江省杭州市余杭区径山镇俞顺路16号	绿茶（珠茶除外）、红茶、花茶、乌龙茶、普洱茶	
21	3300/04009	浙江长裕茶制品有限公司	浙江省绍兴市上虞区章镇林岙村章镇开发区	绿茶、红茶、乌龙茶、白茶、花茶、普洱茶、袋泡茶、代用茶、含茶制品	东南亚、欧美、非洲
22	3300/04010	绍兴多哈茶叶有限公司	浙江省绍兴市上虞区曹娥街道蒿坝村	绿茶（珠茶、眉茶、花茶）、小包装茶	
23	3300/04016	嵊州市浙南茶叶有限公司	浙江省绍兴市嵊州市甘霖镇马塘村	绿茶（眉茶、珠茶）、花茶、红茶、小包装茶	
24	3300/04017	浙江更香有机茶业开发有限公司	浙江省金华市武义县白姆乡金坑脚	绿茶（名优茶、绿片）	
25	3300/04018	浙江金茂茶业有限公司	浙江省绍兴市嵊州市崇仁镇花田庙前	绿茶（珠茶、眉茶）、小包装茶	
26	3300/04020	绍兴上虞市上茗茶厂	浙江省绍兴市上虞区东关街道新丰村	绿茶（眉茶、珠茶）、花茶、红茶、小包装茶	
27	3300/04021	浙江淳安新洲制茶有限公司	浙江省杭州市淳安县千岛湖镇坪山工业园区紫金路	绿茶、袋泡茶、小包装茶、茶制品	欧洲、俄罗斯、美国、加拿大
28	3300/04025	杭州茶厂有限公司	浙江省杭州市上城区凯旋路58号	袋泡茶、小包装茶（绿茶）、龙井茶、蒸青茶	非洲、伊朗、中国香港、中国澳门等

续表

序号	备案编号	企业名称	备案地址	备案产品	主要出口国家或地区
29	3300/04028	湖州意诺茶业有限公司	浙江省湖州市长兴县经济开发区太湖大道	茶叶	欧美、日本
30	3300/04029	浙江茗皇天然食品开发股份有限公司	浙江省衢州市龙游县小南海镇光明路36号	茶叶、植物提取物	美国、中国香港、泰国、马来西亚、加拿大、印度尼西亚、德国
31	3300/04031	临安茶场有限公司	浙江省杭州市临安区玲珑工业集聚区玲一路	绿茶、红茶、袋泡茶、小包装茶	俄罗斯
32	3300/04033	浙江华大制茶有限公司	浙江省湖州市安吉县经济开发区健康医药产业园	绿茶(珠茶、眉茶)、小包装茶、花茶、红茶、乌龙茶	摩洛哥、阿尔及利亚、毛里塔尼亚、多哥、伊朗、加纳、法国、比利时、罗马尼亚
33	3300/04037	杭州骆驼茶业有公司	浙江省杭州市余杭区径山镇漕桥村	袋泡茶、礼盒装茶、小包装茶	
34	3300/04038	浙江华茗园茶业有限公司	浙江省金华市永康市花街镇花街茶厂	绿茶、红茶、乌龙茶、茉莉花茶(含小包装茶)	
35	3300/04039	易晓食品(衢州)有限公司	浙江省衢州市开化县华埠镇渔梁滩37号	速溶茶粉、固体饮料、袋泡茶、抹茶、速溶蜂蜜粉	亚洲、欧美
36	3300/04040	浙江德清达源茶业有限公司	浙江省湖州市德清县阜溪街道长虹东街259号	绿茶(眉茶)、小包装	
37	3300/04041	浙江省武义茶业有限公司	浙江省金华市武义县双路亭	绿茶、小包装茶	

续表

序号	备案编号	企业名称	备案地址	备案产品	主要出口国家或地区
38	3300/04045	杭州径山神龙茶业有限公司	浙江省杭州市余杭区径山镇潘板农大实验茶场	绿茶、红茶、乌龙茶、茉莉花茶、白茶、普洱茶、小包装茶(含袋泡茶)	欧美、日本
39	3300/04046	开化万成茶业有限公司	浙江省衢州市开化县华埠镇银川路30号	绿茶	毛里塔尼亚、加蓬、摩洛哥
40	3300/04047	杭州临安东方茶业应用技术研究所	浙江省杭州市临安区於潜镇南山村桥北27号-2	绿茶(珠眉茶除外)、红茶、白茶、袋泡茶	
41	3300/04048	天台茗元茶业有限公司	浙江省台州市天台县苍山顶茶场	绿茶、红茶、玄米茶	韩国、日本、欧盟
42	3300/04050	开化县杜康茶业有限公司	浙江省衢州市开化县华埠镇华龙路12号	绿茶、杜仲茶、桑叶茶	
43	3300/04051	绍兴康丰茶叶有限公司	浙江省绍兴市上虞经济开发区人民西路1587号	绿茶(珠茶、眉茶)、小包装茶	
44	3300/04055	浙江塔塔茶业科技有限公司	浙江省湖州市安吉县经济开发区健康医药产业园	速溶茶	
45	3300/04056	上虞健茗茶业有限公司	浙江省绍兴市上虞区章镇泰山村	茶叶类产品(含代用茶、袋泡茶、小包装茶)	
46	3300/04059	开化县晟绿茶业有限公司	浙江省衢州市开化县城关镇音坑路2号	绿茶	
47	3300/04061	杭州黄湖茶业有限公司	浙江省杭州市余杭区黄湖镇永峥路	绿茶、红茶、花茶、小包装茶	
48	3300/04062	嵊州市华成茶业有限公司	浙江省绍兴市嵊州市石璜镇石璜村二村南北街1号	绿茶(珠茶、眉茶)、小包装茶	

续表

序号	备案编号	企业名称	备案地址	备案产品	主要出口国家或地区
49	3300/04063	浙江省磐安县玉峰茶厂	浙江省金华市磐安县玉山镇铁店村	珠茶、眉茶(分装)	欧盟、非洲
50	3300/04064	瑞安市绿洲生物科技有限公司	浙江省温州市瑞安市陶山镇桐浦工业区1号	速溶茶粉	日本、泰国、韩国、尼日利亚
51	3300/04066	湖州方路茶业有限公司	浙江省湖州市吴兴区南郊施家桥1001号	红茶、绿茶、小包装茶、白茶、蒸青茶、普洱茶、乌龙茶、花茶、速溶茶	欧盟、美国、非洲、加拿大
52	3300/04067	浙江省新昌县澄潭茶厂	浙江省绍兴市新昌县澄潭镇大桥路22号	绿茶(珠茶、眉茶)、红茶、花茶、普洱茶、小包装茶	
53	3300/04069	杭州名洲食品有限公司余杭工场	浙江省杭州市余杭区彭公乡街道	蒸青茶、代用茶、袋泡茶、脱水蔬菜、干香菇、海鲜蔬菜类调理食品	
54	3300/04070	绍兴中奥茶业有限公司	浙江省绍兴市上虞区下管镇联新桥村新山	绿茶(珠茶、眉茶)、红茶、花茶、小包装茶	
55	3300/04073	美町宝植物科技(中国)有限公司	浙江省杭州市钱塘区白杨街道19号大街568号	植物提取物(可食用花草提取物速溶粉、浓缩液)、乌龙茶	欧美
56	3300/04075	浙江振通宏茶业有限公司	浙江省丽水市松阳县古市镇十五里村(茶叶加工园区)	速溶红茶粉	
57	3300/04076	衢州市坪山茶叶有限公司	浙江省衢州市衢江区灰坪乡灰坪村江北铺自然村	绿茶	越南
58	3300/04077	杭州杉明茶叶有限公司	浙江省杭州市钱塘区19号大街566号1幢	绿茶、红茶、乌龙茶、白茶	欧美

续表

序号	备案编号	企业名称	备案地址	备案产品	主要出口国家或地区
59	3300/04082	杭州福海堂茶业生态科技有限公司	浙江省杭州市西湖区双浦镇双灵村大岭109号	龙井茶、红茶	中国香港
60	3300/04083	长兴汇众保健食品有限公司	浙江省湖州市长兴县林城工业园区	袋泡茶、花草类干制品(杜仲茶、鱼腥草茶、大麦茶)	
61	3300/04087	浙江华发茶业有限公司三界分公司	浙江省绍兴市嵊州市三界镇龙藏寺	绿茶(珠茶、眉茶、龙井)、花茶	
62	3300/04092	浙江鸿华实业有限公司	浙江省绍兴市柯桥区平水镇若耶路3号	绿茶(拼配茶、小包装茶)、红茶	
63	3300/04093	浙江采云间茶业有限公司	浙江省金华市婺城区临江西路388号	茶叶(绿茶、红茶、白茶、乌龙茶、花茶)分装	
64	3300/04106	浙江诚茂控股集团有限公司	浙江省绍兴市新昌县澄潭街道镇前路5号	绿茶(眉茶、珠茶)、小包装茶、砖茶、红茶	
65	3300/04118	浙江茶乾坤食品股份有限公司	浙江省湖州市长兴县泗安镇初康村	绿茶、红茶、乌龙茶、普洱茶、花茶、小包装茶、袋泡茶、花草类干制品	日本
66	3300/04125	绍兴两溪茶厂	浙江省绍兴市柯桥区平水镇昌峰工业园4幢	绿茶(珠茶、眉茶)、花茶、小包装茶	
67	3300/04129	杭州大洋茶业有限公司	浙江省杭州市临安区天目山镇九里村塘阳畈188号	绿茶、红茶、乌龙茶、小包装茶、袋泡茶	欧盟、日本、英国、美国、瑞士、加拿大
68	3300/04132	浙江远圣茶业有限公司	浙江省杭州市余杭区径山镇顺乐路3号	茶叶、玄米茶、袋泡茶、小包装茶	日本、欧美
69	3300/04137	浙江华发茶业有限公司	浙江省绍兴市嵊州市三界镇华发路16号	绿茶(珠茶、眉茶)、小包装茶、龙井茶、黑茶、花茶、红茶、乌龙茶、蒸青茶、抹茶、代用茶、袋泡茶	非洲、欧盟

续表

序号	备案编号	企业名称	备案地址	备案产品	主要出口国家或地区
70	3300/04138	绍兴御茶村茶业有限公司	浙江省绍兴市越城区富盛镇御茶村	绿茶、花茶、玄米茶、代用茶、红茶、乌龙茶、白茶、普洱茶、茶花、茶籽	世界各地
71	3300/04145	嵊州市大鹏茶业有限公司	浙江省绍兴市嵊州市三江街道兴盛街1578号	茶叶类(含调味茶、袋泡茶、小包装茶)	
72	3300/04149	湖州嘉盛茶业有限公司	浙江省湖州市安吉县递铺镇范潭工业园区瑞新路1号	茶叶类、袋泡茶、花草类干制品	
73	3300/04152	嵊州市瑞兴茶业有限公司	浙江省绍兴市嵊州市三界镇工业聚集区	绿茶(珠茶、眉茶)、花茶、小包装茶	
74	3300/04154	浙江昌祥茶叶有限公司	浙江省绍兴市稽东镇车头村	绿茶(珠茶、眉茶)、小包装茶	
75	3300/04156	浙江宝纳制茶有限公司	浙江省嘉兴市嘉善县惠民街道天山路18号	绿茶(眉茶、珠茶)、花茶、小包装茶	
76	3300/04157	杭州茗宝食品有限公司	浙江省杭州市西湖区南中国新城612号1单元302室	速溶茶	
77	3300/04158	绍兴孚顶贸易有限公司	浙江省绍兴市越城区斗门街道时代世纪城2幢21号	绿茶(珠茶、眉茶)、红茶、小包装茶	
78	3300/04160	诸暨市越都茶业有限公司	浙江省绍兴市诸暨市赵家镇保安新村宣店自然村		
79		福建茶叶进出口有限公司	福建省福州市晋安区鼓山福兴投资区福兴大道23号	乌茶类	
80		厦门茶叶进出口有限公司	福建省厦门市思明区湖滨中路160号茶叶大楼	名茶类	

续表

序号	备案编号	企业名称	备案地址	备案产品	主要出口国家或地区
81		福建仙洋洋生物科技有限公司	福建省宁德市蕉城区漳湾镇疏港路108号	茶浓缩液、茶粉	东南亚
82		福建省蓝湖集团	福建省福州市金山开发区福湾工业园阳歧路63号	天山绿茶及各茶类	世界各地

B.14
世界茶叶主产国

贾桂君　黄春桥*

2008~2017年，世界茶叶种植面积和茶叶产量连续十年上涨，“产大于销”的问题依然突出，据联合国粮农组织2017年预测，如果各茶叶种植国不适度控制茶园种植面积，加强对茶叶质量安全的管控，未来10年世界茶产业将继续面临产大于销、供大于求的局面，茶叶出口平均单价也将持续下滑。

据国际茶叶委员会统计，2019年世界茶叶种植面积达499.5万公顷，茶叶产量为614.9万吨。2020年世界茶叶产量达626.9万吨，世界茶叶消费量为587.8万吨。2008~2017年，世界茶叶种植面积一直保持稳定的增长，由342万公顷增长至490万公顷，增长了43.0%。同时，随着主要产茶国茶叶种植面积的扩大、单位面积茶叶利用率的提高和天气利好等因素的影响，世界茶叶产量连续十年保持稳定增长。2008年世界茶叶产量为396.5万吨，到2017年达571.8万吨，增长46.6%；到2020年，增长58.1%。

全球种植茶叶的国家和地区有56个，产茶区主要集中在亚洲、非洲和拉丁美洲，亚洲和非洲的茶叶种植面积占世界茶叶种植面积的90%以上，其他洲茶叶种植面积仅占世界茶叶种植面积的3%左右。亚洲的主要产茶国家有中国、印度、斯里兰卡、越南、印度尼西亚、缅甸、土耳其、孟加拉国、日本等；非洲的主要产茶国家有肯尼亚、马拉维、乌干达、津巴布韦等；拉丁美洲的主要产茶国家有阿根廷、巴西、秘鲁、墨西哥、玻利维亚、哥伦比亚、危地马拉、厄瓜多尔、巴拉圭、牙买加等。2017年世界茶叶种植面积前十位的国

---

* 贾桂君，北京林业大学人文社会科学学院硕士研究生；黄春桥，北京林业大学人文社会科学学院硕士研究生。

家分别为中国、印度、肯尼亚、斯里兰卡、越南、印度尼西亚、土耳其、缅甸、孟加拉国和乌干达（见表1）。2017年茶叶产量居世界第一的仍然是中国，其次是印度、肯尼亚、斯里兰卡、土耳其、越南、印度尼西亚、阿根廷、孟加拉国和日本，中、印两国茶叶产量仍稳居世界前列，两国茶叶总产量达393.1万吨（见表2），占世界茶叶产量的67.6%。

表1　2017年世界茶叶种植面积前十名的国家

单位：万公顷

中国	印度	肯尼亚	斯里兰卡	越南	印度尼西亚	土耳其	缅甸	孟加拉国	乌干达
305.9	59.0	23.3	20.3	13.4	11.7	8.3	8.0	5.9	4.4

表2　2017年世界茶叶产量前十名的国家

单位：万吨

中国	印度	肯尼亚	斯里兰卡	土耳其	越南	印度尼西亚	阿根廷	孟加拉国	日本
249.6	132.2	44.0	30.8	25.4	17.5	13.4	8.2	7.9	7.9

一　亚洲主要产茶国家

亚洲是世界茶叶主产区，2017年茶叶产量达493万吨，占世界茶叶总产量的86.7%。茶树是一种喜温常绿作物，主要分布在亚热带和热带地区。根据茶叶生产分布和气候等条件，世界茶区可分为东亚茶区、东南亚茶区、南亚茶区、西亚茶区、欧洲茶区、东非茶区和南美茶区等，五大洲都有产茶。东亚茶区主产国有中国、日本和韩国。南亚茶区主产国主要有印度、斯里兰卡和孟加拉国。西亚茶区主产国有格鲁吉亚、阿塞拜疆、土耳其、伊朗等。

（一）中国

中国是世界上最大的茶叶种植国，也是茶园面积增速最快的国家。中国西南地区是茶树的发源地，茶文化在中国源远流长。中国茶叶品种丰富、名茶众多。根据加工工艺的差异，中国茶叶分为六大种类，分别为绿茶、白茶、黄茶、乌龙茶、红茶、黑茶，它们分别对应了不同的发酵程度。

六大茶类中，绿茶的产量最多。中国绿茶产量在世界排名第一。绿茶在我国的生产范围极为广泛，浙江、河南、安徽、江西、江苏、四川、湖南、湖北、广西、福建、贵州为我国的绿茶主产省份。其中以浙江、安徽、江西三省产量最高、质量最优，是我国绿茶生产的主要基地。西湖龙井、太平猴魁、六安瓜片、庐山云雾、黄山毛峰、碧螺春、信阳毛尖是中国十大名茶中绿茶的代表。在国际市场上，我国绿茶占国际茶叶贸易总量的70%以上，销售区域遍及北非、西非各国及法国、美国、阿富汗等50多个国家和地区。

世界范围内消费量最多的红茶出自我国武夷山桐木村，正山小种红茶被称为“红茶鼻祖”。中国红茶产区有安徽、四川、云南、福建、湖南等省份。代表产品有祁门红茶、正山小种、云南滇红、金骏眉等。青茶也叫乌龙茶，属半发酵茶，是介于不发酵茶（绿茶）与全发酵茶（红茶）之间的一类茶，色泽青褐。乌龙茶冲泡后，叶片上有红有绿，传统工艺制作的乌龙茶，叶片中间呈绿色，叶缘呈红色，素有“绿叶红镶边”之美称。汤色黄红，有天然花香，滋味浓郁，具有独特的韵味。乌龙茶主要产自福建、广东、台湾，因品种上的差异，乌龙茶分为闽北乌龙、闽南乌龙、广东乌龙和台湾乌龙四类。代表产品有铁观音、武夷岩茶（大红袍、水仙、肉桂、白鸡冠、矮脚乌龙等）、凤凰单枞、冻顶乌龙等。

黑茶的基本工艺流程是杀青、揉捻、渥堆、干燥。黑茶原料一般较粗老，加之制造过程中往往堆积发酵时间较长，因而叶色油黑或黑褐，故称黑茶。以前黑茶主要供少数民族饮用。黑毛茶是压制各种紧压茶的主要原料，各种黑茶紧压茶是藏族、蒙古族和维吾尔族等少数民族的日常生活必需品。代表产品有云南普洱茶、湖南黑茶、湖北老青茶、广西六堡茶、四川边茶等。

白茶属轻微发酵茶，基本工艺过程是萎凋、晒干或烘干。白茶常选用芽叶上白绒毛多的品种，如福鼎大白茶，芽壮多毫，制成的成品茶满披白毫，十分素雅，汤色清淡，味道鲜醇。白茶主要产于福建省的福鼎、政和、松溪和建阳等地。代表产品有白毫银针、白牡丹等。

黄茶的加工工艺为杀青、揉捻、闷黄、干燥。黄茶品质特点是黄汤黄叶，这是制茶过程中进行闷黄的结果。代表产品有蒙顶黄芽、霍山黄芽、君山银针、黄大茶等。

中国茶产业发展对世界茶产业具有极其重要的作用。由于茶园面积增加及科技进步使单位面积产量提高，世界茶叶产量稳步增长。自 2006 年以来，中国一直保持世界最大茶叶生产国的地位，所占份额逐年增加，极大地带动了世界茶叶总产量的增加。2017 年中国茶园面积和产量均居世界首位。茶园面积方面，2017 年中国茶叶种植面积为 305.9 万公顷，占全球茶叶种植面积的 62.6%，是世界茶园面积最大的国家。2017 年世界茶叶种植面积比上一年增加 17 万公顷，而中国比上一年增加了 15.6 万公顷，可以说，世界茶叶种植面积增长部分的 90%多来源于中国。产量方面，2017 年中国茶叶产量为 260.9 万吨，占全球茶叶总产量的 44.9%，是世界茶叶产量最多的国家。2017 年世界茶叶产量比上一年增加 23.8 万吨，而中国比上一年增加 16.9 万吨，占世界茶叶产量增长量的 71%。贸易方面，2017 年，中国茶叶产值继续增长，产品质量持续向好，大宗茶开发利用空间大，消费人群年轻化程度进一步提升，国内市场稳中略升，出口额受国际利好影响创下新高。综上，中国茶产业的增长有力拉动了世界茶产业的发展。

新中国成立 70 多年来，中国茶产业持续发展。中国茶产业发展具有 3 个特点，即茶园面积的迅速发展引发的产量大幅度增长、地区间的发展差异较大以及茶叶由第一产业向第二产业和第三产业延伸。新时代的茶产业发展需要突出创新和绿色的发展理念，如控制茶产业发展规模，加强种植的机械化和良种化、生产管理的清洁化和连续化、茶叶产品的多样化、产品利用的精深化和功能化，以及以健康促进茶叶消费等。

（二）印度

印度是南亚最大的国家，茶叶的生产开始于 19 世纪中叶，已有 170 多年历史。茶叶最初经中国传入印度，很快就在这片土地生根发芽。印度是世界上红茶生产量和消费量最大的国家。印度分北印度（包括东北印度）和南印度两大茶区，茶园集中成片，茶树品种多为大叶种，主要是阿萨姆种和中国杂交种、中国种及中印杂交种。其地理环境孕育出的茶叶具有独特的品质，其中以阿萨姆茶的醇厚和大吉岭茶的优雅香气最为出名。到 1860 年，阿萨姆地区已有超过 50 家茶园，东部、南部、西部、北部各个区域都生产茶叶。阿萨姆地区是印度最大的茶区。20 世纪初的印度，产茶量甚至超过中国。一个多世纪的时间内，印度的产茶量不断增加，除了在第二次世界大战时，印度的产茶量有所减少，其他时期的茶叶生产总体上处于上升态势。印度北部的茶叶产量占总产量的比重较大，复合年增长率大于 3%。现如今，印度向世界各国出口茶叶，主要出口国有土耳其、乌克兰、英国、美国、加拿大、澳大利亚、德国、意大利、比利时、新加坡和日本。印度在国际茶叶出口市场中保持领先地位，其茶叶生产既能满足进口国的需求，也能满足国内需求。2017 年，印度茶叶产量为 132. 2 万吨，占世界总产量的 22. 7%。

（三）斯里兰卡

斯里兰卡是世界第四大产茶国，第三大茶叶出口国。2017 年，斯里兰卡的茶叶产量为 30. 8 万吨，占世界总产量的 5. 3%，当年斯里兰卡出口茶叶 27. 8 万吨。1824 年，中国是第一个将茶园引进斯里兰卡的国家，1867 年苏格兰人詹姆斯·泰勒在康堤区创建了第一个占地 19 英亩的茶园——“露尔康杜勒”（Lool Kandura）。茶叶、橡胶和椰子为斯里兰卡“三宝”，全国 22 个区有 11 个区产茶，主产红茶，其次是速溶茶。当地得天独厚的土壤、气候等条件，为红茶的生产打下了良好的基础。斯里兰卡的锡兰红茶、中国的安徽祁门红茶、印度阿萨姆红茶及大吉岭红茶并称为世界四大红茶，被誉为“献给世界的礼物”。斯里兰卡主要茶叶产区分布在中南部地区的高原上。不同产区的茶叶通常按照海拔高度分为三个类型：高地茶（产自高度 1200 米以上的产区）是高档茶，一般占全国茶叶产量的 35%；中地茶（产自高度 600 米以上的产区）是中档茶，占 25%；低地茶（产自高度 600 米以下的产区）是低档茶，占 40%。

斯里兰卡茶叶可全年采摘。茶树栽培的主要特点：（1）茶树品种以阿萨姆变种和斯里兰卡杂交种为主；（2）低山、丘陵茶园常种植豆科树木作为遮阴树；（3）重视采摘技术，除留叶外，还根据嫩、中、粗标准采摘；（4）近年来提倡茶园增施肥料，合理施肥。斯里兰卡发展茶叶生产和出口的主要途径不是扩大茶园面积，而是提高单位面积产量并在管理上下功夫。

（四）土耳其

土耳其主产红茶，是世界上第五大茶叶生产国和人均茶叶消费量第一大国。1888 年，土耳其从中国引种种植茶树，但未成活。1924 年，土耳其再次从格鲁吉亚引入茶种，种植成功。现今土耳其的绝大多数茶园都是有性系茶园，茶树资源来自格鲁吉亚。1947 年，土耳其第一家茶厂在里泽（Rize）建成，日产 60 吨茶叶。20 世纪五六十年代，土耳其的茶产业得到了迅速发展，茶园面积进一步扩大。1965 年，由于国内的产量可以自给自足，政府决定停止从其他国家进口茶叶。政府禁止开发新茶园后，自 1993 年以来，土耳其茶叶种植面积稳定在约 7.7 万公顷。土耳其国内的主要产茶区分布在黑海东南部的里泽（占 65%）、阿尔特温（占 21%）和特拉布宗（占 11%）等地。土耳其主产红茶，一般在 5 月、7 月和 10 月收获 3~4 次，近两年也有少量茶农开始尝试制作绿茶。2017 年土耳其茶叶产量位于中国、印度、肯尼亚和斯里兰卡之后，居世界第五位，产量为 25.4 万吨，占世界总产量的 4.4%。

（五）越南

越南是典型的农业国家，农业人口占总人口的 76%。越南茶叶生产近几年发展较快，在外贸上已经颇具竞争力。尽管如此，对于越南茶业的研究几乎是空白。越南饮茶习俗广泛存在于全国各地，较多接受中国文化的北部和中部地区饮茶的历史更加悠久。越南生产、消费的茶叶种类主要有中国茶、漫茶、干茶、鲜茶和花茶等。独特的茶叶种类、嗜好倾向和饮用习俗，说明越南茶文化已经形成。越南是与中国关系特别密切的邻国之一。中国传统文化、典章制度对于越南有很大的影响，儒家思想体现在越南社会的各个方面。对于被世界广泛接受的中国茶文化，越南也自有其独具特色的接受与演变过程。

越南地处北回归线以南，属于热带季风气候，日照充足，雨量充沛，温暖湿润，有利于茶叶生长。越南的61个省中有53个省种植茶叶，茶在越南的国民经济中占有相当重要的地位，在越南的出口商品中位居第三。2017年越南茶园面积为13.4万公顷。依据茶叶生产地的农业生态条件可将越南茶区分为5大区域：西北部茶区、东北部茶区、中北部茶区、北部中央茶区、西部高原茶区。平地茶区主要位于越南中北部和北部中央地区，海拔均在100米以下，丘陵茶区大多位于越南东北部地区，海拔100~600米，高原茶区则分布在越南北方山区，海拔600~2000米。越南茶园多分布在缓坡丘陵地带，等高条植茶园与中国茶园面貌相似，但几乎所有茶园都种植遮阴树。遮阴树多为豆科木蓝属植物，亦有少数木兰科八角属的八角树，遮阴树大多为散状种植，无标准行株距。越南拥有丰富的茶树种质资源，大部分栽培型茶树是由法国人在1885~1892年种植的。1900~1925年Dupasquier选育的茶树品种，其母本为来自越南北部的茶树品种。1975年，开始采用多种方法选育，如单株选育、杂交和诱导突变等。越南的茶树品种丰富，有小叶种、阿萨姆种、掸茶（C. sinensis var. pubilimba Chang），同时越南的古茶树资源丰富。越南茶树通常在每年3月中旬开始萌芽，到12月采摘结束，采摘期长达10个月。2017年越南茶叶的产量为17.5万吨，占世界茶叶总产量的3.0%。越南茶叶的出口价格较低，2016年均价为1.66美元/千克，主要原因在于越南茶叶出口以原料为主，甚至将茶叶鲜叶直接出口到邻近国家。

越南茶叶的加工概况如下。红茶：从1994年开始，加工中更多采用CTC工艺。鲜叶原料大部分采摘于阿萨姆茶变种、掸茶变种。大规模的生产主要集中在中部茶区、低海拔山区。绿茶：加工时一般采用传统工艺。鲜叶原料通常采自芽头小的茶树品种，如中国大叶变种。生产地区基本集中在中部茶区、高海拔山区、林同高原、木州高原（山萝省）、太原省等地区。黄茶：高山地区少数民族的传统产品，一般由掸茶鲜叶加工而成。黄茶生产规模小，主要出口到中国香港和中国台湾等地区。乌龙茶：最初由台湾茶叶公司在林同高原和木州高原（山萝省）地区进行生产，1990 年国内开始生产。鲜叶原料主要采自金萱、翠玉以及青心乌龙等茶树品种，加工设备从台湾引进，生产出来的乌龙茶主要出口到台湾地区。此外，越南还生产一些花茶，如菊花茶、莲花茶、茉莉花茶。其中茉莉花茶生产区域主要是首都河内以及太原省等周边地区。

越南茶叶贸易及发展概况如下。越南绿茶和红茶的生产比例大致为 4：6，红茶主要用于出口，绿茶则主要用于国内消费。越南茶叶向世界近 110 个国家和地区出口，其中出口最多的是巴基斯坦、俄罗斯、中国台湾等。目前越南拥有 600 家茶叶生产和贸易公司，其中包括 234 家出口企业。加工的 15 个种类的商业茶叶中，现有 6 个种类的出口茶叶。在世界产茶国之中，越南茶叶的产量居第七位，茶叶出口量居第六位。越南政府对茶产业发展非常重视，2010~2016 年投资 493 亿美元促进茶产业的发展。据有关数据，作为茶叶出口大国，越南 2013 年出口约 11.3 万吨茶叶，成为世界茶叶主要出口国。近年来，政府采取了一些措施来改善茶产业的发展环境，包括引进先进生产技术和设备、建设先进茶叶加工厂；允许外商在越南投资以外销为主要目的的茶叶公司；有计划地从中国和日本引进优异茶树品种，提高本国的茶叶质量；采用进口生化除虫剂，禁止使用不符合国际绿色环保标准的农药。这些措施将有利于加速越南茶叶与国际市场的接轨，增强其国际市场竞争力。

（六）印度尼西亚

印度尼西亚是重要的产茶大国和茶叶出口国，主要生产红茶和绿茶。2017 年，印度尼西亚茶园面积为 11.7 万公顷，产量为 13.4 万吨，出口量为 5.5 万吨。1684 年，德国人 Cleyer 首次从日本引进茶籽（中国种，Camellia sinensis var. sinensis）种在爪哇岛（Java）。印度尼西亚有多个茶叶产区，最主要的产区在爪哇和苏门答腊（Sumatra）两岛。印度尼西亚茶园整年可采，茶叶品质最佳的生产季节为每年的 7 月至 9 月。印度尼西亚茶园按所有制划分为国营种植场、私营大型种植场和小业主农户，以国营种植场为主。印度尼西亚茶园现在种植的绝大多数是从斯里兰卡引进的大叶种。茶叶种植标准是10000株/公顷，茶树单行单株或双行单株种植，株距60~75厘米，行距1.2~1.5米。茶苗繁育采用营养钵短穗扦插繁育技术。印度尼西亚地处热带，茶园土壤多数由火山灰或火山岩积累而成，质地肥沃。茶园中多栽种合欢树和印楝树遮阴。茶园一般每年施肥4次，分别在1月、4月、8月、11月进行。印度尼西亚生产的茶叶种类不多，主要是红茶，其次是绿茶，其中传统红茶占66%，CTC红茶占10%，炒青占22%，蒸青占2%，部分炒青又被加工成茉莉花茶。此外，印度尼西亚也开始试制白茶、CTC绿茶，以及乌龙茶。近年来，印度尼西亚在六三茶园大量种植加工乌龙茶，并取名为爪哇乌龙。印度尼西亚茶叶主要通过拍卖市场进行贸易，但近几年茶叶产量连续下降，主要原因是生产成本和劳动力成本的提高以及国际市场茶叶价格低迷，茶农认为无利可图，砍伐茶园转向种植其他高附加值的经济作物。

（七）日本

日本是世界第十大产茶国，现有茶园面积5万公顷，2017年日本茶叶产量为7.9万吨。日本也是世界主要的茶叶消费国，每年消费茶叶约15万吨，人均茶叶消费量达到1.1千克。日本茶叶在国际市场的出口价格最高，2016年茶叶出口价格达到25.58美元/千克，是同年全球茶叶出口价格（3美元/千克）的8倍。在日本进口绿茶中，95%来自中国，5%来自越南等其他国家和地区。乌龙茶完全依靠中国大陆及台湾供给，红茶来自印度、斯里兰卡等国家。

日本茶叶栽培历史始于公元805年，日本僧人从中国带去茶籽，种植于日本贺滋县。现除北海道几县外，其余各都府县均产茶，以静冈县产茶最多，约占全国总产量的一半，其次是鹿儿岛县，这里是新兴茶区，也是茶叶生产现代化发展较快的地区，京都府为玉露茶和碾茶等传统名茶的产地。日本茶树品种比较单一，薮北种占83%。

日本茶园已基本实现良种化、加工机械化，部分高档茶使用人工采摘，其他都使用采茶机采摘。日本茶业机械化和自动化程度相当高，茶树修剪、采摘、加工、包装基本上都实现了机械化和自动化。日本茶叶几乎均为蒸青绿茶，只是依据档次不同从中分出玉露、玉绿、抹茶、番茶、煎茶、焙制茶、玄米茶等。90%的日本茶园属于农户所有，主要由茶叶指导者协会提供生产技术方面的服务和协调。农协统一购置生产机械、统一防治病虫害、统一加工，组织化程度很高。茶园管理现代化，园貌整齐划一，树势健壮，单产高，效益好。

（八）孟加拉国

近年来，孟加拉国的茶园面积和茶叶产量增长迅速，2016 年茶叶种植面积达 5. 9 万公顷，首次超过日本，进入全球十大产茶国行列。2016 年茶叶产量达 8. 5 万吨，创历史新高。但受降水量较多和缺乏日照等天气状况的影响，2017 年孟加拉国茶叶产量略有减少，为 8. 2 万吨，茶园面积与上一年持平。目前孟加拉国共有 162 个茶园，其中 135 个位于东北部的锡莱特区，22 个位于孟加拉湾东北岸的吉大港区。

二　非洲主要产茶国家

2017 年非洲茶叶总产量为 64. 5 万吨，占世界总产量的 11. 1%。东非地区主要产茶国有肯尼亚、马拉维、乌干达、坦桑尼亚、莫桑比克、南非的纳塔尔地区，以及中部的扎伊尔、卢旺达、喀麦隆、毛里求斯等。

（一）肯尼亚

目前，肯尼亚作为第三大产茶国、世界最大的茶叶出口国，2017 年生产茶叶 44. 0 万吨，出口量为 41. 6 万吨，占茶叶生产总量的 94. 5%。茶叶是肯尼亚继国外居民汇款之后的第二大外汇收入来源，也是肯尼亚的第一大出口商品，每年为肯尼亚带来约 6 亿美元的出口收入。茶产业在肯尼亚为 50

万人提供了直接就业机会，相关行业为250万人提供了就业机会。肯尼亚的蒙巴萨市是非洲茶叶的出口港，蒙巴萨茶叶拍卖中心聚集了来自马拉维、坦桑尼亚、乌干达、卢旺达、布隆迪、津巴布韦以及非洲其他产茶国的茶叶。

肯尼亚茶叶生产以红茶为主，红茶出口量和红碎茶的品质均居世界各产茶国之首。肯尼亚从20世纪初开始种茶，茶产业发展十分迅猛。肯尼亚茶区主要分布在东非大裂谷的高原丘陵地带，这里气候温暖湿润，不但有利于茶树的生长，而且一年四季均可采茶。茶叶生产集中在5个省17个县，全国设有茶叶发展局，专管14万多个体户茶农的茶叶生产工作。茶树栽培方面，全国已基本实现茶园良种化，茶园管理中重视施肥、修剪工作，采茶标准严格，坚持采摘“一芽二叶”的标准。

（二）马拉维

马拉维是仅次于肯尼亚的非洲第二大茶叶生产国。马拉维位于非洲东南部，是个内陆国家。马拉维是世界最不发达国家之一，严重依赖国际援助。经济以农业为主，主要经济作物包括烟草、茶叶、咖啡、棉花、甘蔗等。在经历两年由于干旱等天气原因造成的大幅减产后，2017年马拉维茶叶产量终于略有回升，为4.6万吨，同比增长15.37%。茶叶是马拉维第二大创汇作物，主要用于出口，对GDP的贡献率约为7%，2017年马维拉茶叶出口量为2.9万吨。

马拉维于19世纪70年代开始试种茶叶，经几十年才成功。1890年茶树始种于“姆老治”（属Shire高原），1908年又种于“斯约劳”（Thyolo）。这两个地区始终为马拉维主要产茶区。马拉维8%的茶叶生产于雨季。20世纪90年代，马拉维茶产业得到逐步发展。1997年茶叶出口量达4.9万吨，为历史最高水平，此后呈下降趋势。马拉维出口的茶叶均为红茶。马拉维种植的茶叶质量和产量都偏低，要保证茶产业可持续发展，首先必须改变茶叶种植品种。马拉维农业当局对茶叶科研相当重视，设立“中非茶叶研究会”，从事茶业多个方面研究。在培养品种、提高单产、防治虫害方面取得了不少成果。

（三）乌干达

乌干达位于非洲东部，横跨赤道，东邻肯尼亚。乌干达是农业国，经济发展缓慢。农牧人口占总人口的89%，农牧业产值占总产值的70%。早在20世纪初乌干达就开始试种茶叶，但进展缓慢。到1950年才生产0.2万吨茶叶，出口0.1万吨。1962年乌干达独立后，发展速度有所加快，1966年生产茶叶1.1万吨。到1972年创下当时最高纪录，达2.3万吨。但由于乌干达长期局势不稳，茶叶产量有所下降。1990年产量下降到0.7万吨，仅为高峰时的1/3。进入21世纪，乌干达茶业发展较快，2001年生产3.3万吨。乌干达出口茶叶均为红茶。2017年乌干达茶叶出口量为4.5万吨。

三　其他州主要产茶国家

南美茶区自20世纪初才有茶树栽培，产茶国有阿根廷、巴西、秘鲁、厄瓜多尔、墨西哥、哥伦比亚等。2017年南美茶叶产量约占世界茶叶总产量的1.8%。

（一）阿根廷

阿根廷是世界第八大产茶国，拉丁美洲最大的茶叶生产、出口国，也是茶叶生产发展最快的国家之一。阿根廷茶叶生产开始于第一次世界大战以后，从中国引进茶籽种植茶树。但在一个相当长的时期内，阿根廷茶叶生产没有多大发展。“二战”以后，阿根廷茶叶产销发展仍然非常缓慢。1946年，阿根廷只有1700公顷茶园，产茶百余吨。1956年，阿根廷茶园面积增加到3万多公顷，茶叶产量也增加到2100吨。1962年，虽然茶园面积有所减少，但茶叶产量第一次突破万吨大关。随后阿根廷茶叶生产有了较大发展，1973年茶园面积增至4万多公顷，茶叶产量增至近3万吨。1984年，阿根廷茶叶产量突破4万吨大关，之后又有曲折波动。直至20世纪90年代以后，阿根廷茶叶生产才大体上稳步发展，在茶园面积不增反减的情况下（1996 年茶园面积已不足 4 万公顷）茶叶产量仍经常刷新纪录，2000 年达到 6.3 万吨的创纪录水平。现今，阿根廷的茶园面积基本稳定在 4 万公顷左右，但产量增加较快，2017 年已达 8.2 万吨，与 1991 年相比增加了 1 倍。阿根廷生产的茶叶主要用于出口，出口市场主要是欧美国家。阿根廷的主要茶叶产区集中在东北部巴拉圭和巴西之间的地区。茶园多由农民家庭经营，所以一般规模很小，平均 3 公顷左右。阿根廷主要生产工夫红茶，占总产量的 98%，另有少量绿茶，占总产量的 2%。阿根廷茶叶质量普遍较低，为了适应出口通常需要进口一些外国的优质茶叶用于拼配，但数量有限，每年只有几百吨。

马黛茶（Yerbmate）被称为阿根廷国茶，其实马黛茶不是茶，是由一种冬青科植物的新梢加工而成的饮品。马黛茶类似于中国的苦丁茶，但它的加工需要经过杀青和干燥，与绿茶相似。

（二）巴西

巴西是美洲第一个种茶的国家。1808 年，首批中国茶农跨越千山万水来到巴西种茶授艺，使巴西成为继中国和日本之后世界上第三个掌握茶叶种植技术的国家。当时，葡萄牙王室通过澳门当局直接招募中国茶农到里约热内卢市种茶，中国茶农主要在里约热内卢植物园（Jardim Botanico）、圣克鲁斯庄园（Fazenda Santa Cruz）和总督岛（Ilha do Governador）种茶。一些巴西学者认为，当时中国人在里约热内卢植物园内“猴子河谷地”的庄园种茶，直至 1890 年。据清朝兵部郎中傅云龙 1888 年访巴时的记载，当时还有 8 名中国茶农在植物园劳动。巴西茶业几起几落，巴西曾一度为世界上的主要产茶国之一。时至今日，巴西仍自产茶叶，但是产量不多，大部分仍然依靠进口。

B.15
世界茶叶文化发展脉络

贾桂君　许晓楠*

一　世界茶叶考古发现与饮茶习俗

茶成为饮料后，与之相配套的茶具开始出现。在中国，最早的饮茶器具为陶制的缶，是一种小口大肚的容器，当时的功能既是茶具，又是酒具、食具。西汉王褒《僮约》载："烹茶尽具，已而盖藏。"这是中国茶具史上最早关于茶用器具的记述。但这里所说的茶具泛指烹茶时所使用的器具，而非饮茶时的器具。江浙上虞地区出土的一批西汉时期的瓷器，其器型有碗、杯、壶、盏等，被认定为世界上最早的饮茶茶具。

西汉时期，最早的茶具出现以后，茶具在社会的普遍使用还经历了一个相当长的时期，在这个过渡期内，共用茶具与专用茶具共存，即有些茶具是饮茶专用的，有些茶具是与食具、酒具共用的。当时，茶虽然已成为人们日常生活的饮料，但饮用方式较为粗犷，对茶的各项功能认识粗浅，还没有形成完整的茶文化。三国张揖《广雅》载："荆、巴间采叶作饼，叶老者，饼成，以米膏出之。欲煮茗饮，先灸令赤色，捣末置瓷器中，以汤浇覆之，用葱、姜、橘子辅之，其饮醒酒，令人不眠。"说明湖北、四川、陕西一带的茶叶，叶老的就和米粥一起制成茶饼。煮饮时，先将其炙烤为红色，碾成末，加葱、姜、橘皮，浇汤后饮用。

唐代的烹茶之法，具有代表性的有以下两种：一是以陆羽为代表的煎茶法；二是苏廙在《十六汤品》中阐述的点茶法。此外，在民间还有一些介

* 贾桂君，北京林业大学人文社会科学学院硕士研究生；许晓楠，北京交通大学博士研究生。

乎煎茶法与点茶法之间的其他方法。由于烹茶方法的不同，所需器具也不一样。总体而论，唐代茶具大致可分为两类：一是陆羽在《茶经》中所列的28种包括地方官吏、文人学士使用的茶具在内的民间饮茶器具；二是在陕西法门寺地宫出土的唐代金银、秘色瓷、琉璃茶器，为皇室宫廷饮茶器具。

（一）法门寺出土茶器

法门寺地宫所藏饮茶器具，自唐咸通十五年（874）封存，1987年出土，至今已有1130多年历史。这些宫廷饮茶器具，大致可分为以下四类。

1. 金银茶器

此类茶器用金银精制而成，也是迄今为止世界上最高等级的茶具，其中有炙茶用的鎏金镂空鸿雁球路纹银笼子、金银丝结条笼子，碾茶用的鎏金壶门座茶碾子，罗茶用的鎏金仙人驾鹤纹壶门座茶罗子，贮茶用的鎏金银龟盒，放调料用的摩羯纹蕾钮三足盐台、鎏金人物画银坛子，煮茶用的壶门高圈足座银风炉、系链银火筋、鎏金飞鸿纹银匙子，以及调茶、饮茶用的鎏金伎乐纹调达子等。

2. 秘色瓷茶器

此类茶器为茶碗，计有五瓣葵口圈足秘色瓷碗等五件，分为青绿色釉或青色釉，它们造型活泼，朴素大方，揭开了历史上只见其文、不见其物的秘色瓷茶器之谜。五代时，割据南方江浙一带的吴越国王钱镠，下令生产青瓷质量最好的越窑，只准烧皇室使用的器物，庶民不得使用，这一时期的青瓷器被人们称为“秘色瓷”。秘色瓷由于为宫廷控制，其制作工艺流程民间也就不得而知。清人评述它是“其色似越器，而清亮过之”。在浙江杭州及邻近的临安相继发掘的钱氏墓地中出土了包括茶碗在内的青瓷器，考古学家推断其为秘色瓷。而法门寺地宫出土的秘色瓷器具将秘色瓷最早出现的年代，从五代提前到唐代。

3. 琉璃茶器

法门寺地宫出土的素面淡黄色琉璃茶盏、茶托，在同时出土的《物账碑》中有明确记载。它虽然造型简朴，质地微显混浊，却给人以执着追求之感，是地道的中国式茶具制品，表明中国的琉璃茶具制作至迟在唐代已经起步。同时从琉璃茶器的造型也不难看出，在使用这些茶器时为免于烫手，唐代或在唐代以前，中国已经创造了高圈足的茶托。

4. 其他茶器

陆羽《茶经》中列出的28种茶器中，有数种清洁茶具的洁具。在法门寺出土的器物中，也有食帛、揩齿布、折皂手巾等卫生用具，分别是供擦拭各种茶具和清洁饮茶者口、手之用。

（二）中国古代饮茶习俗

1. 唐朝中国饮茶习俗

自唐及宋，中国饮茶风气日渐高涨，特别是宋代宫廷禁苑和地方官吏、文人学士的尚茶、崇茶，以品茶为雅的做法，进一步推动饮茶之风吹遍全国。宋代端明殿学士蔡襄著《茶录》、宋徽宗赵佶撰《大观茶论》，一个官居宰相，一个贵为皇帝，他们也参与茶事，撰写茶书，这在世界饮茶史上都是仅见的。在这种氛围下，茶叶成了举国之饮，人人参与饮茶活动。宋人饮的仍然是饼茶，茶叶加工方法无多大变化，所以饮茶方法及所用器具，与唐代相差无几。史料表明，北宋初期人们饮茶时，还要把饼茶碾碎，碾罗成末，再经煎茶或点茶，方可饮用。只是碾茶之前的炙茶工序，已不如唐代那么重要，只有经年陈茶才用炙茶法；若茶叶为新茶，则不再炙茶。以后，用煎茶法饮茶逐渐为宋人摒弃，点茶法成了当时饮茶的主要方法。

2. 宋朝中国斗茶习俗

宋人饮茶，更加讲究烹瀹技艺，突出精神享受。特别是宋代盛行的斗茶，是一种比品茗更为艺术化的饮茶方式，不但要评出茶的优劣，而且要决出双方的胜负，可以说是中国古代品茗技术的最高表现形式。在斗茶时，人们不但讲究茶的烹瀹技艺，而且对斗茶用的材料（如茶、水等）和器具也精益求精，以达到斗茶的最佳效果，这对促进茶具，以及茗茶、烹茶的发展，显然是十分有利的。与唐代相比，宋代茶具更加讲究法度，形制越来越精巧。

3. 出土辽代点茶图

20 世纪 70 年代，河北张家口市宣化区下八里村先后发掘出辽代墓葬群，其中七号墓壁画中有一幅点茶图，形象地描绘了当时用点茶法饮茶的生动情景。画面上共有八人，分为两组。图右前方一组，由四人组成，其中一位似为女主人，三个似为茶僮，在女主人的指点下，正为点茶做准备。在他们之间，有一个茶碾子，用它将饼茶碾成细末；一个方盘，盘中有饼茶一块，锯饼茶用的茶锯一把，刷茶末用的茶刷一支；一把团扇，在烧水生火时，用于扇风；一只造型优美的荷花形茶炉，用来生火，其上座有一把执壶，而不是煎茶用的鍑，作烧水点汤用。图左后方一组，亦为四人，是四个幼童，从神态看，似乎出于好奇，偷看点茶之道，在幼童身旁，有一张长方形桌子，桌上放有茶碗、茶盏、茶托、执壶等，均是用点茶法饮茶所必备的器具。至于图后方的方桌，以及桌上的“文房四宝”和一个函盒，在一定程度上反映了主人的身份并非一般庶民，从女主人的穿着和打扮上也说明了这一点。图前方还有一只正在跑跳的小狗，增加了画面的生活气息。辽代（916~1125 年）与北宋（960~1127 年）大致处于同一时期，因此这幅点茶图反映的虽是我国北方辽国契丹民族用点茶法饮茶的情景，但也从一个侧面表明，宋时用点茶法饮茶已较为普及。

4. 元朝中国饮茶与茶具

元代时期，从茶叶加工到饮茶方法都出现了新的变化，茶叶蒸后经捣、拍、焙、穿、封加工而成的饼茶逐渐衰退，与此同时，经揉、炒、焙加工而成的条形散茶（即芽茶和叶茶）开始兴起，直接将散茶用沸水冲泡饮用的方法，逐渐替代了将饼茶研末而饮的点茶法和煎茶法。同时，一些茶具开始消亡，另一些茶具开始出现。唐、宋时的炙茶、碾茶、罗茶、煮茶器具成了多余之物，而一些新的茶具品种脱颖而出。从某种意义上说，无论是茶叶加工，还是饮茶方法，抑或使用的茶具，元代都是上承唐、宋，下启明、清的一个过渡时期。在元人的诗文中，见得更多的还是用冲泡法饮散茶的情景，如李谦亨的《土铫茶烟》云：“荧荧石火新，湛湛山泉冽。汲水煮春芽，清烟半如灭。”不过在元初，人们饮用散茶，在冲泡之前，也有将散茶先行碾末，再行冲泡的。在元代，采用沸水直接冲泡散形条茶饮用的方法已较为普遍，不仅可在不少元人的诗作中找到依据，还可从内蒙古赤峰市出土的元代墓道烹茶图中找到佐证。没有茶碾，当然也无须碾茶，从采用的茶具和它们放置的顺序，以及人物的动作，都可以看出当时的人们直接用沸水冲泡饮茶。

5. 明朝中国茶具

明人饮的是条形散茶。从明代一直到现代，人们使用的茶具品种无大的变化，仅在茶具式样或质地上有所变化。与前代相比，明代有创新的茶具当推小茶壶和茶洗，有改进的是茶盏，它们都由陶或瓷烧制而成。在这一时期，江西景德镇的白瓷茶具和青花瓷茶具、江苏宜兴的紫砂茶具获得了极大的发展，无论是色泽和造型，还是品种和式样，都进入了穷极精巧的新时期。明代茶盏仍用瓷烧制，但由于茶类改变，宋时盛行的斗茶开始衰落，饮茶方式改变，此时所用的茶盏已由黑釉盏（碗）变为白瓷或青花瓷茶盏。明代的白瓷有很高的艺术价值，史称“甜白”。白瓷茶盏造型美观，比例匀称，料精式雅，在茶具发展史上占有重要的位置。文震亨《长物志》载：“宣（指明宣宗）庙有尖足茶盏，料精式雅，质厚难冷，洁白如玉，可试茶色，盏中第一。世（指明世宗）庙有坛盏，中有茶汤果酒，后有‘金箓大醮坛用’等字者，亦佳。”从中可以看出，明代以后，一些有名的烧制茶具的瓷窑继续得到发展。与唐、宋茶具相比，明代茶具要简便得多，特别是茶具品种数量大为减少。这在明代文震亨的《长物志》中已说得很明白，“吾朝茶的烹试之法”，“简便异常”，“宁特侈言乌府、云屯、苦节君、建城等目而已哉”。明代张谦德《茶经》专门写有一篇“论器”，所提到当时的茶具只有茶焙、茶笼、汤瓶、茶壶、茶盏、纸囊、茶洗、茶瓶、茶炉 9 件。而饮茶之前，用水淋洗茶具，又是明人饮茶所特有的，按照明人的冲泡饮茶法，最普遍使用的是烧水沏茶和盛茶饮茶的两种器具。就饮茶全过程而言，当时所需的茶具，明代高濂《遵生八笺》中列了 16 件，另加贮茶器具 7 件，合计 23 件，这些器具的名称古雅奇特。不过，明代茶具虽然简便，但也有特定要求，同样讲究制法、规格，注重质地，特别是新茶具的问世，以及茶具制作工艺的改进，较唐、宋时又有大的发展。

6. 清朝中国茶具

清代，茶类有了很大的发展，除绿茶外，又出现了红茶、乌龙茶、白茶、黑茶和黄茶，形成了六大茶类。但这些茶的形状仍属条形散茶，饮用时仍然沿用明代的直接冲泡法。清代的茶具无论是种类还是形式，基本上没有突破明人的规范，如生火仍然推崇竹炉。在北京，还流行一种以木为框，内外敷石灰的三角形小茶炉，其表面描有飞禽走兽、鱼虫花草、人物山水，倒也显得十分雅致。烧水用的茶瓶，当时也有称为“茶铫”的，仍习用明人的陶瓷或铜锡茶瓶。清代的茶盏、茶壶，通常以陶或瓷制作，以康（熙）乾（隆）时期最为繁荣，其中“景瓷宜陶”最为出色。清时的茶盏中，以康熙、雍正、乾隆时盛行的盖碗最负盛名。盖碗由盖、碗、托三部分组成。盖呈碟形，有高圈足作提手；碗为大口小底，有低圈足；托实为中心下陷的一个浅盘，其下陷部位正好与碗底相吻。清代瓷茶具精品，多由江西景德镇生产，其时，除继续生产青花瓷、五彩瓷茶具外，还创制了粉彩、珐琅两种釉上彩茶具。盖碗中的精品有康熙五彩盖碗、青花花卉盖碗，雍正粉彩盖碗，以及道光年间宝善斋制的粉彩花鸟盖碗、粉彩蝈蝈盖碗和慎德堂制的红釉描金盖碗、红釉白梅花盖碗等。

至于茶壶，不但造型丰富多彩，而且品种琳琅满目，著名的有康熙五彩竹花壶、青花松竹梅壶、青花竹节壶，乾隆粉彩菊花壶、马蹄式壶，以及道光青花嘴壶、小方壶等。

二　世界茶文化发展脉络

世界茶文化是在人们开始饮茶之后产生的，距今已有数千年的历史。如今世界上有 56 个国家产茶，随着茶科技的发展与进步，茶产业已有相当大的规模，2013 年全世界种茶面积已达 410 万公顷，产茶 490 多万吨，上千种高品质的茶叶与茶制品被提供给世界人民饮用，全世界 160 多个国家 30 多亿人都喜欢喝茶。丰富多彩的饮茶方式与习俗，融入了世界各族人民的日常生活，从而形成了色彩斑斓的世界茶文化。

（一）世界茶文化发展概况

中国是茶的故乡，也是最早诞生茶文化的土地。自古至今，中国产生了蕴含茶文化的各种形式的活动。然而，世界上第一次出现“茶文化”这个名词，是在20世纪80年代，在此之前，大陆茶学专家庄晚芳、王泽农等已经使用“茶叶文化”“饮茶文化”的相近表述，台湾茶人则使用“茶艺文化”。

在台湾，1982年，娄子匡在为许明华、许明显《中国茶艺》一书的代序——“茶的新闻”里，首次使用“茶文化”一词。在大陆，庄晚芳最早使用“茶文化”这个新词，1984年，庄晚芳发表论文《中国茶文化的传播》，首倡“中国茶文化”。

1991年5月，姚国坤、王存礼、程启坤编著的《中国茶文化》出版，这是中国第一本以“中国茶文化”为名称的著作，具有开创意义。

中国的茶文化包括心态文化层、行为文化层的全部，以及物态文化层的部分——名茶及饮茶的器物和建筑等（物态文化层的茶叶生产活动和生产技术、生产机械等，制度文化层中的茶叶经济、茶叶市场、茶叶商品、茶叶经营管理等不属于茶文化之列）。茶文化是茶的人文科学加上部分茶的社会科学，属于茶学的一部分。茶文化在本质上是饮茶文化，是作为饮料的茶所形成的各种文化现象的集合。茶文化主要包括饮茶的历史、茶的发展和传播、茶俗、茶艺和茶道、茶文学与艺术、茶具、茶馆、茶著、茶与宗教、茶与哲学、茶与美学、茶与社会学等。茶文化的基础是茶俗、茶艺，核心是茶道，主体是茶文学与艺术。

茶文化是指茶“在被应用过程中”，或称“在品饮活动中”“作为饮料在被使用过程中”所产生和形成的文化。茶文化是中华民族在茶的品饮中所凝聚的文化个性和创造精神，可以看作一条表达民俗风情、审美情趣、道德精神和价值观念的历史文化长链。茶文化作为一种生活文化，包括大众文化和精英文化，由茶饮、茶俗、茶礼、茶艺、茶道五个层面架构而成。

关于茶文化的功能有多种概括表述方式。同时因为对茶文化所做定义的不同，关于其功能的表述也有差别。《中国茶叶大辞典》中“茶文化”词条这样解释道：“茶文化发展至现代，其社会功能更加突出。主要表现形式为：①以茶营生，茶是重要的经济作物，有较好的经济效益和深度开发的潜能，发展茶叶生产与茶叶贸易，是促进国民经济增长的重要一环；②以茶会友，以茶联谊，客来敬茶，以茶示礼，提倡‘和为贵’，调节社会人际关系，促进和平事业的发展；③以茶代酒，以茶倡廉，提倡茶德和茶人精神，以茶养性，提高人类群体的思想道德水平，促进社会的精神文明建设；④以茶作诗作画，以茶歌舞，以茶献艺，茶乡旅游，倡导高雅的艺术享受，美化人们的生活；⑤以茶为食，以茶设宴，倡导茶为国饮，丰富人们的饮食生活；⑥饮茶健身，发挥茶的保健功效，提高人们的健康水平；⑦以茶为媒，以茶祭祀，茶禅结合，发挥茶的媒介作用和精神寄托作用。”

其实，随着我国经济社会的发展，人们对物质消费的满足程度已越来越高，正逐渐转向文化的、休闲的、享受性的消费。茶文化的功能必然会有所扩展，在提高人们文化修养和艺术欣赏水平、滋养与升华人们的道德精神和生存智慧上发挥更大的作用。同时茶文化商品、茶文化产业必然会在满足“文化内需”中做出更大贡献。

关于茶文化研究的范围与对象，2004 年召开的中国国际茶文化研究会第一届学术委员会全体会议就曾进行讨论，程启坤提出的方案得到了专家们的认可。该方案提出的茶文化研究的范围与对象如下：

1. 茶的历史

包括茶树与茶的起源、饮茶起源与饮茶发展史、茶树种植史、茶叶加工史、茶类演变史、茶政茶法史、茶利用史、茶的传播与贸易史。

2. 与茶有关的古籍考证与解读

包括唐代以前的茶事记载，唐、宋茶书，明、清茶书，自唐至清非茶书的茶事记载，茶诗词及其他文学作品。

3. 茶文化资源

包括各地现存的茶文化文物、古迹、人文资源、茶叶博物馆。

4. 饮茶习俗与茶艺

包括各民族的饮茶习俗、各种茶的烹饮技艺（生活茶艺）、各类茶艺表演（表演茶艺）。

5. 茶馆文化

包括茶馆历史、现代茶馆。

6. 茶具文化

包括历代茶具演变、历代茶具精品鉴赏、现代茶具与创新、历代茶具工艺师及其代表作品。

7. 名茶文化

包括历代名茶和贡茶的形成与发展、各地名茶的文化趣闻。

8. 茶人与爱茶人

包括历代茶人、历代爱茶人。

9. 茶与文学艺术

包括茶与书画，茶与文学，茶与楹联、谜语、谚语，茶与戏剧，茶与歌舞，茶文化工艺品。

10. 茶文化的社会功能

包括倡导茶为国饮、茶文化社团与活动、茶文化促进茶产业发展、茶文化促进社会的文明与进步、茶文化与茶科学、茶经济的关系。

11. 茶道、茶与宗教

包括中国茶道的形成与发展、中国茶德、茶与儒教、茶与佛教、茶与道教、茶与其他宗教。

12. 茶叶经营贸易文化

包括茶产业的企业文化、茶产品的品牌文化。

13. 饮茶与健康

包括饮茶与健康的历史记载、饮茶的好处、饮茶的精神感受。

14. 茶与旅游、休闲

包括茶文化与旅游、茶在未来休闲业中的作用。

15. 茶文化普及与教育

包括茶文化宣传与普及、茶文化职业教育与学历教育。

16. 茶文化对世界饮食文化的影响

包括中国茶文化对亚洲（东方）饮食文化的影响、中国茶文化对西方饮食文化的影响。

（二）当代茶文化的复兴

1. 中国茶文化复兴

当代中国茶文化的兴起始于 20 世纪 80 年代初。改革开放后，经济快速发展，人民生活逐渐走向富裕，茶文化的发展有了较好的经济基础与社会条件。

1980 年 5 月，湖北天门市召开了首届陆羽学术讨论会，对发动全国茶文化研究有一定影响。1980 年 10 月，王泽农、庄晚芳在《茶经新篇》中提出“饮茶文化”和“茶叶文化”的概念。接着，经庄晚芳等的倡议，“茶人之家”于 1982 年 8 月在浙江杭州成立，这是当代大陆首家茶文化社团。同年 9 月，茶人之家编辑出版《茶人之家》杂志。紧接着是 1983 年在湖北天门成立的陆羽研究会，该协会于 1984 年创办《陆羽研究集刊》。

1983 年春，于光远的《茶叶经济和茶叶文化》发表，当年 10 月，根据于光远的提议，浙江省茶叶学会、中华医学会浙江省分会、中华全国中医学会浙江省分会联合召开“茶叶与健康、文化学术研讨会”。1984 年 11 月 2 日，于光远又发表《对茶叶经济和茶叶文化再讲一点意见》。于光远的两篇文章以及在杭州举办的茶叶与健康、文化学术研讨会，吹响了当代茶文化研究的号角，并做出了优秀示范。

20 世纪 80 年代，一批有关茶的历史文化书籍出版，在茶文化的宣传与研究中发挥了十分重要的作用。其中较有文献价值的是陈祖槼、朱自振编写的《中国茶叶历史资料选辑》（中国农业出版社，1981）和吴觉农主编的《茶经述评》（中国农业出版社，1987），后者是陆羽《茶经》研究的一部力作。

1989 年 5 月，台湾陆羽茶艺文化访问团一行 20 人在北京、合肥、杭州等地开展了交流活动，举行茶艺表演，给大陆茶人很大启发，由此促进了大陆茶艺事业的发展。

1989 年 9 月 10~16 日在北京举行的“茶与中国文化展示周”，展示内容丰富，有茶文化图书、书画、录像、名优茶等。广东、云南、浙江、台湾的代表以及日本里千家还举行了茶艺表演，令参观者耳目一新。

20 世纪 90 年代，茶文化渐趋渐热。1990 年 10 月杭州举办了杭州国际茶文化研讨会。次年 4 月 24~30 日，浙江省人民政府和国家旅游局共同举办了中国杭州国际茶文化节。在此期间，中国茶叶博物馆建成开馆。这些是引领茶文化热潮并有着深远影响的三次茶事活动。浙江树人大学于 2003 年创办了“应用茶文化”专业，浙江林学院于 2006 年创办了茶文化本科班。2006 年以来，一批茶艺技师分别在各地经考核后获得资格证书。一批相当有学术价值和专业水平的大型工具书出版。2000 年出版了三部辞书和志书：陈宗懋主编的《中国茶叶大辞典》（中国轻工业出版社），王镇恒、王广智主编的《中国名茶志》（中国农业出版社），林治所著的《中国茶道》（中国工商联合出版社）。2001 年，陈彧文主编，中国茶叶股份有限公司、中华茶人联谊会编著的《中华茶叶五千年》由人民出版社出版。2002 年 4 月，朱世英、王镇恒、詹罗九主编的《中国茶文化大辞典》由汉语大词典出版社出版。

2005 年，阮浩耕主编的《浙江省茶叶志》由浙江人民出版社出版。2007 年，郑培凯、朱自振主编的《中国历代茶书汇编校注本》由商务印书馆（香港）有限公司出版。姚国坤主编的《图说中国茶文化》《图说世界茶文化》分别于 2008 年和 2012 年出版。2010 年，朱自振、沈冬梅、增勤编著的《中国古代茶书集成》由上海文化出版社出版。2013 年，周玉璠、冯廷佺、周国文、吕宁编著的《闽茶概论》由中国农业出版社出版。2008 年开始由中国农业出版社每年连续出版《中国茶叶年鉴》。2017 年，李闽榕、冯廷佺、周国文等编著的《世界茶业发展报告（2017）》由社会科学文献出版社出版。2019 年，冯廷佺、周国文、周玉璠等编著的《世界红茶》由中国农业出版社出版。

值得注意的是，茶文化在走向市场、走向大众的同时，又向思想精神领域拓展，人们不仅在喝茶品茗中获得物质享受，更着意于审美享受中得到的精神愉悦，感悟其中的茶道茗理。2005 年 6 月河北柏林禅寺举行的天下赵州禅茶文化交流大会，是一次具有标志意义的茶事活动，此后在福建武夷山、台湾佛光山、江西庐山、浙江径山等相继举办的禅茶文化交流会，都试图探讨饮茶在形而上层面的文化现实。

2. 世界茶文化复兴

二战后的日本，经济迅速复苏，参与茶道活动的人数增加了几十万。日本知识界宣传茶道是现代人必备的传统文化，并使之理论化。在 20 世纪六七十年代的经济高度成长期，随着女性价值观念的变化，茶道成为女性修养、趣味、社会地位的象征。1945 年韩国光复后，茶文化开始复苏，饮茶之风再度盛行。20 世纪七八十年代，在韩国成立了韩国陆羽茶经研究会、韩国国际茶道协会和韩国茶人联合会，并逐渐形成了韩国茶礼。20 世纪 80 年代，马来西亚一批华人华侨受中国传统文化的影响，复兴并推广中国工夫茶泡法，创建了马来西亚国际茶文化协会，开展系列茶文化活动，掀起了饮用中国乌龙茶、普洱茶的热潮。

西亚地区包括阿富汗、伊拉克、伊朗、叙利亚、以色列、巴勒斯坦、沙特阿拉伯、科威特等 20 个国家。其中很多国家是文明古国，尤其是一些信奉伊斯兰教的国家都非常推崇饮茶，现代茶文化复兴之后，茶丰富了西亚的礼仪文化，并成为沟通人际关系、增进友谊的桥梁。目前，饮茶已成为西亚人文明待客的习俗、一种优雅轻松的生活氛围和精致的生活方式。

北非的一些国家尤其是摩洛哥，生活中的饮茶风气十分浓厚，家家户户一日三餐几乎都要饮茶，尤其喜欢饮用中国绿茶，客来敬茶三杯已成为一种习俗。

19 世纪的欧洲尤其是英国形成了“下午茶”的习俗，几乎人人饮茶，茶叶消费量很大。到了 20 世纪饮茶之风稍有变化，咖啡的消费量有所抬头。但近年来，英国人普遍开始关注健康，得知饮茶尤其是绿茶更有利于健康，饮茶之风又有盛行之势。

现代法国茶馆业非常发达，法国的“下午茶”在20世纪才有较大的声势，原因是法国工业化后人们的生活节奏加快，晚餐时间大大推迟，不少法国家庭晚上9点左右才吃晚餐。中餐与晚餐间隔时间太长，需要在两餐之间进食一些点心饮料充饥。供应点心的下午茶正好满足了人们的这一需求，逐渐在法国流行开来。20世纪60年代以来，饮茶开始真正走向法国大众，成为人们日常生活和社交活动中不可或缺的内容。

现代俄罗斯出现了专门的茶馆，在莫斯科，初具规模的专业茶馆相继建立，如“茶文化俱乐部”“铁观音俱乐部”“凤凰单枞俱乐部”“丝绸之路茶馆”等，众多富有文化色彩的品茗场所，已成为莫斯科有钱人聚会的地方。

现代美国的茶叶消费方式也在慢慢地发生变化，从饮袋泡茶到速溶茶、冰茶，再到新式调饮茶，比如星巴克不仅供应红茶、绿茶、乌龙茶等多种茶类现泡茶，还研究出了一种新茶饮，将柑橘、石榴汁与茶混合，并添加其他水果风味，这款茶饮在波士顿占有一定的市场。同时，美国人开始关注健康，提倡为健康而饮茶，因而中国与日本的高档绿茶在美国也有一定的市场。总之，美国部分人群饮茶已不再是为了解渴，而是将其看作健康休闲与社交的方式。茶叶作为文化交流的使者，发展日趋繁荣，目前已有不少的茶叶文化交流活动走出国门、走向世界，促进了世界茶叶文化艺术的发展繁荣。世界茶叶文化艺术主要包括戏曲戏剧、音乐舞蹈、书画、邮票、谚语等。

3. 茶文化种类

（1）茶戏曲、戏剧

在中国，自古就有茶园，茶农们以及不少文人墨客应时应景创作了不少与茶叶有关的戏曲与戏剧，颇具地方特色。最著名的要数老舍先生的《茶馆》，该话剧以旧时北京裕泰茶馆为场地，通过茶馆在三个不同时代的兴衰和剧中人物的遭遇，揭露了旧中国的腐败和黑暗。在日本，熊井启执导的《吟公主》宣传了“和敬清寂”的茶道精神。

（2）茶歌舞

茶歌、茶舞等也是在茶叶实践过程中派生出来的茶文化，最早见于西晋孙楚的《出歌》，其中的“茶荈”指的就是茶。还有一些民间的茶歌用来表示、寄托某种情谊，人们围绕茶叶载歌载舞，表达丰收的喜悦以及对来年的美好期盼和祝愿。英国 19 世纪较流行的一首歌曲《给我一杯茶》唱道：“那片刻之欢，永远轮不到我，给我一杯茶。”法国著名歌剧作曲家奥芳巴克谱曲的《舍茶外》，歌颂饮茶之妙：“饭后茶一杯，实在够美妙！”还有流行于利比亚沙漠地区的一首民歌：“茶与糖啊，我的兄弟，多少金钱也换不走你。”这些茶歌清晰地道出了茶在人民生活中的地位。

（3）茶书画

茶文化同样蕴藏在书画之中，现代以颂茶、品茶为内容的书画作品随处可见。如书法有赵朴初的“七碗受至味，一壶得真趣。空持百千偈，不如吃茶去”，茶画有萧劳的《煎茶图》、简捷的《栊翠庵品茶》、力行的《神农》等。此外还有许多以茶区风光和茶事活动为题材的摄影作品和工艺美术品，也都具有较高的价值。在国外，同样有很多以茶叶为题材的书法和绘画。日本受中国书画的影响很深，日本的《茶旅行》手卷图展示了每年从宇治运送新茶到东京进贡的情景，沿途中每到一处都会举行盛大的欢宴仪式，场面颇为壮观，进一步推动了日本人民对饮茶风俗的追求。另外，冈田米山人的《松下煮茶图》、西川祐信的《菊与茶》，都是以茶为题材的杰出绘画作品。欧美各国在 17～18 世纪才形成饮茶的风尚。与茶叶有关的名作有爱尔兰画家 N·霍恩的《饮茶图》、摩兰的《巴格尼格井泉之茶会》，美国画家凯撒的《一杯茶》、派登的《茶叶》，苏联画家戈基尔的《茶室》，还有比利时皇家博物院收藏的《春日》《人物与茶事》《揶揄》《俄斯坦德之午后》。

（4）茶邮票

茶叶作为文化的缩影，被自然而然地应用在了邮票之中，表达了人们希望通过茶叶传递文化、传递美好的夙愿。1997 年，原国家邮电部发行了《茶》特种邮票一套 4 枚，第一枚为“茶树”。邮票上的这株茶树位于云南澜沧拉祜族自治县富东乡邦崴村，高 11.8 米，树围约 9 米，树龄已逾千年，充分证明了“茶树原产于中国，饮茶源于中国”这一论点。第二、第三、第四枚邮票分别为“茶圣”、“茶器”和“茶会”。

（5）茶谚语

茶文化同样蕴藏在谚语之中。现代茶谚语涉及茶树种植、茶园管理、茶叶采摘、茶叶制造及茶叶饮用各个方面。如“夏季宜饮绿，冬季宜饮红，春秋两季宜饮花”“茶水喝足，百病可除”“不喝隔夜茶，不喝过量酒”“向阳好种茶，背阳好插杉”“高山出名茶”“三年不挖，茶树摘花”“头茶不采，二茶不发”“嫩叶老杀，老叶嫩杀”“茶是草，箬是宝”“早茶一盅，一天威风”“新茶到在先，捧得高似天；若要迟一脚，丢在山半边”。英国谚语“When the clock kicks at four，everything in this world stops for tea”（当时钟敲响四下时，世上的一切瞬间为茶而停止）展现了英国茶文化盛行的风气。

（三）茶文化社团组织

1. 中国茶文化社团组织

随着茶文化在当代中国的复兴，茶文化社团组织得到了迅速发展。

1980 年 12 月，台湾成立了“陆羽茶艺中心”，该中心 20 多年来在开发茶具、传授茶道、出版茶书、举办茶文化活动方面做了大量工作。此后，在台湾还成立了“中华茶艺协会”“中华茶艺业联谊会”“泡茶师联合会”“国际无我茶会推广协会”等。

1982 年 8 月，中国大陆第一个以弘扬茶文化为宗旨的社会团体——杭州“茶人之家”成立，并于第二年创办《茶人之家》杂志。

1982 年 9 月，台湾中华茶艺协会成立，并创办《中华茶艺》杂志。

1983 年 2 月，厦门《茶人之家》成立，随后，福州、上海、成都、济南、北京、南昌等地纷纷建立了与“茶人之家”类似的茶文化团体。

1983 年，陆羽故乡——湖北天门成立了“陆羽研究会”。

1988 年 6 月，台湾“中华茶文化学会”成立。

1990 年 10 月，陆羽第二故乡——浙江湖州成立了“陆羽茶文化研究会”。

1990 年 8 月，“中华茶人联谊会”成立，并创办《中华茶人》杂志。

1986 年，杭州开始筹建“中国茶叶博物馆”，1991 年 4 月建成正式开馆，这在当时是中国唯一的茶叶专业博物馆。

1989 年，香港“福茗堂”“茶艺乐园”“雅博茶坊”等一批新式茶庄相继开业，“香港茶艺中心”随之成立。

1990 年 10 月，“首届国际茶文化研讨会”在杭州召开，并成立了“国际茶文化研讨会常设委员会”，在此基础上，积极筹备成立中国国际茶文化研究会。

1992 年 7 月，中国佛教协会会长赵朴初倡议的“中国茶禅学会”成立。

1993 年 11 月，经农业部与民政部批准，“中国国际茶文化研究会”正式成立，这是弘扬与研究、交流中华茶文化的全国性民间团体。该研究会的办会宗旨最初是“倡导茶为国饮，弘扬茶文化，促进茶经济，造福种茶人和饮茶人”，后调整为“复兴中华茶文化，振兴中国茶产业，倡导茶为国饮，以茶惠民、茶和天下”。

在其影响下，北京、上海、山东、浙江、四川、江西、河南、广州、湖北、重庆、贵州、辽宁、新疆、安徽、福建、陕西、江苏、广东、广西、宁夏、云南、山西、河北、吉林、内蒙古、天津等地随后也纷纷建立了省（区、市）一级的茶文化研究会、促进会之类的社团。台湾、香港、澳门地区也先后建立了相应的茶文化团体。另外，北京大学、上海复旦大学、浙江大学等高等院校和科研单位，纷纷成立了“茶文化研究中心”之类的学术团体。与此同时，在这些茶文化组织社团的推动下，中国各级茶叶学会也从纯自然科学的团体，转向兼从事茶的人文科学的探讨，在中国“茶文化热”的兴起中起到了重要作用。

1997 年，澳门成立了茶艺协会。同年，台湾首家茶业博物馆——坪林茶业博物馆建成开放。这些茶文化组织、社团、展馆的建立，为弘扬中华茶文化、普及茶文化知识、开展国内外茶文化学术交流与研讨、推动茶文化事业的发展等，发挥了积极的作用。特别是中国国际茶文化研究会，通过组织两年一届的国际茶文化研讨会，联络国际上各个方面的茶文化人士，广泛开展各种形式的茶文化活动，对中国茶文化事业的发展起到带头与推动的作用，在国际上的影响力越来越大（见表1）。

表1　中国各省（区、市）茶文化社团概况

社团名称	成立年份	首任会长
台湾中华茶艺协会	1982	吴振铎
台湾中华茶文化学会	1988	范增平
中国国际茶文化研究会	1993	王家扬
四川省茶文化协会	1996	陈官权
江西省社会科学院中国茶文化研究中心	1998	陈文华
广州市茶文化研究会	1999	邬梦兆
湖北省陆羽茶文化研究会	1999	韩宏树
山东省茶文化研究会	1999	张敬焘
吴觉农茶学思想研究会	2001	梅峰
新疆茶文化协会	2002	崔庆吉
天津市国际茶文化研究会	2002	李锦坤
浙江省茶文化研究会	2003	刘枫（兼）
河北省茶文化研究会	2004	杨思远
重庆市国际茶文化研究会	2005	陈澍
贵州省茶文化研究会	2005	庹文升
云南省民族茶文化研究会	2005	李师程
云南省普洱茶协会	2006	张宝三
福建省茶叶学会茶文化研究分会	2002（后停办）	林思翔
河南省茶文化研究会	2007	亢崇仁
黑龙江省茶文化学会	2007	钱栋宁
香港中国茶文化国际交流协会	2008	杨孙西
内蒙古自治区茶叶之路研究会	2009	邓九刚
陕西省茶文化研究会	2009	安启元
吉林省茶文化研究会	2009	徐凤龙
江苏省茶文化学会	2010	朱自振

续表

社团名称	成立年份	首任会长
广东省茶文化研究会	2010	王兆林
广西壮族自治区茶文化研究会	2013	梁裕
辽宁省茶文化研究会	2014	李哲

这些地方性的茶文化社团，大多每年开展一些茶文化活动，挖掘、研究本地的茶历史与茶文化，积极宣传普及茶文化，推介地方名茶，有力地促进了茶消费与茶产业的发展。

2. 世界茶文化社团组织

在亚洲，与中国一衣带水的日本，茶文化组织更是遍及各个角落、各个方面、各个层次。仅从日本全国性的茶文化组织来看，除“三千家”的里千家、表千家、武者小路流派外，还有全日本煎茶道联盟、世界绿茶协会、日本茶生产团体联合会、日本茶业中央会、茶汤文化学会、日本茶食会、日本中国茶振兴协会等。在东邻韩国，全国性的茶文化组织也有很多，主要有韩国茶人联合会、韩国国际禅茶文化研究会、韩国陆羽茶经研究会、韩国中国茶文化研究会、韩国茶道教育会、韩国国际茶文化研究会、韩国国际茶道协会、韩国茶文化学会、韩国国际茶叶研究会、韩国茶生产者联合会、釜山茶人会等十几个组织。此外，在马来西亚成立有国际茶文化协会，在新加坡也成立有国际茶文化协会等社会组织。

在欧洲，茶文化组织也不少。在浪漫的法国人眼里，茶是最温柔、最浪漫、最诗意的饮品。法国饮茶者俱乐部创始人吉勒·布罗沙尔认为，“茶是一种最富有诗意的饮料。饮茶也是一种文化和一种人人都可以从中受到熏陶的礼仪”。法国人不仅把茶看作一种解渴的饮料，更是把茶看作净化心灵的一种佳品。为此，喜爱饮茶的法国人还自发地成立了一些饮茶组织，在首都巴黎成立有“法国国际茶文化促进会”和 3 家“喝茶俱乐部”，成员经常聚集喝茶，交流茶艺和谈论茶事。法国第二大城市里昂早在 1995 年就成立了“法国茶道协会”，该协会的会员都是一些高级知识分子，每个月都开展活动，由北歌会长亲自讲课，向会员传授中国茶艺，一些会员基本掌握了中国茶的沏泡技艺。在英国伦敦成立有英国茶叶协会，在意大利威尼斯成立有意大利茶文化研究会等。在美国，也有美国茶文化学会和全美国际茶文化基金会等茶文化组织，开展茶文化活动。

澳大利亚是一个多民族和兼有多元文化的国家，鼓励各种文化兼容并蓄、共同发展。澳大利亚成立有茶文化研究会。这是一个由中国、马来西亚、印度尼西亚、新加坡、印度等 18 个国家的澳大利亚籍爱茶人士和澳大利亚本土茶叶公司联合发起成立的社团组织。该组织以弘扬茶文化丰富内涵，培育澳大利亚本土的茶文化氛围，培养澳大利亚人喝茶、爱茶的习惯，提高澳大利亚百姓健康水平为宗旨，在澳大利亚一些社区建立爱茶人士俱乐部，向各国移民推广茶文化，宣传茶叶养生以及茶叶相关产品的保健知识，为发展澳大利亚本土茶文化奠定了根基。

总之，随着茶文化事业在世界范围内的兴起，世界各国的茶文化组织也随之纷纷建立，已经呈星罗棋布之态势。

三 世界茶文化活动

（一）中国茶文化活动

当代中国茶文化活动内容丰富、形式多样、群众参与、欢庆热闹、效果明显。近年来开展的茶文化活动有茶会、开茶（开采）节、展示展览会、研讨（论坛）会、茶博览会、茶歌舞大赛、茶艺表演、茶艺大赛、斗茶（名茶评比）会、茶旅游节、世界茶业大会等。

茶会：1982 年杭州“茶人之家”成立后，经常邀集茶人和文化人士举办各种茶会，研讨茶的历史与文化。不少活动中，茶与诗、书、画紧密结合，文化内涵十分突出。随后，各地的“茶人之家”纷纷成立，茶会活动频繁开展。茶会规模有大有小，小的只有十几数十人，通过茶会议茶事。大的茶会如各地举办的新春茶会、迎春茶会，有一二百人甚至数百人参加。还有更多群众参与的所谓“万人品茶会”，事先发布告示，商家提供各式茶饮，还有歌舞、茶艺表演，广大群众积极参与，像过节一样欢庆热闹。

开茶（开采）节：不少茶区在每年春季的新茶开采之时，都会举办开茶节。在茶园开采现场举办活动，宣布开采的同时现场炒制第一批新茶，现场观看采茶与制茶，品新茶、卖新茶是活动的中心内容。有的还举行炒茶比赛、义卖、拍卖活动，有的商家借此进行春茶预订预购活动等。

茶文化展示展览会：这类活动往往由当地的茶文化社团牵头举办，通过茶文化图片、茶书画、多种实物、名茶、茶具、茶书等的展示，普及茶文化知识，宣传饮茶的健康作用，现场介绍各种名茶的品质特点和品饮方法，设立专家咨询台，深受群众欢迎。

研讨（论坛）会：在中国国际茶文化研究会举办两年一届的国际茶文化研讨会的引领下，不少省（区、市）地方政府和大型茶业企业在当地举办茶文化活动的同时举行一定规模的研讨（论坛）会。研讨会内容有的较广泛，有的较单一。各地举行的这些研讨会，对深入研究当地茶的历史文化、促进茶产业发展等发挥了积极的作用。

茶博览会：茶博览会相当于茶商品交易会，规模一般较大，往往是多地区、多商家、多茶类、多品种，以茶商品为主，结合茶器具、茶艺术品，有时还有茶机茶具，进行综合展销活动。在博览会期间，会安排一些茶新闻发布会、茶产品推介会、订购预购洽谈会、高峰论坛会、参展茶叶评比会、茶艺歌舞表演等。

茶艺、茶席大赛、茶歌舞大赛：茶艺被国家劳动部门正式列为一项职业技能，茶艺师有初、中、高级之分，再加上茶类不同、民族风俗不同、历史时期不同，产生了多种多样的茶艺。又因茶艺可在一定艺术茶席的基础上进行表演，由此产生了“茶艺表演”的形式。为了推动茶艺的提高与交流，各地经常组织一定规模的茶艺表演比赛，这种比赛常常分为规定项目和自编创新项目。

名茶评比（斗茶）会：20 世纪 90 年代之前，政府业务主管部门（商业部、农业部）会定期或不定期举办全国名茶评比会，90 年代之后国家不再举办这类评比活动，于是以茶业社团名义组织的评比活动兴起。20 多年来，中国茶叶学会、中国茶叶流通协会、世界茶联合会以及有关省（区、市）的茶叶行业协会承担起了举办这类评比活动的责任，以此促进茶叶品质的提高，向消费者推介好茶。

茶旅游节和世界茶业大会：很多茶区地方政府和大型茶企为了促进茶业和旅游业的结合与发展，往往在举行大型茶事活动的同时，推出茶旅游项目或举办茶文化旅游节，尤其是在历史文化资源丰富、山川风光秀美、民族风情浓郁的茶区，这些活动更具有吸引力。世界茶业大会是国家外贸商务部门与地方政府组织各国茶叶贸易机构人员、大型茶企人员共同参与的国际性茶叶生产、贸易论坛，包括茶产品展示与推介等。世界茶业大会已在杭州、成都等地举办多次，成效明显。

20 世纪 80 年代以来，全国各地每年举办多种多样的茶文化活动，其中有较大影响力的茶文化活动举例介绍如下。

1989 年 9 月，经全国农、商、贸三大系统的茶叶管理部门联合筹备，在北京民族文化宫举办了首届“茶与中国文化展示周”。

1990 年，国家旅游局和浙江省政府在杭州联合举办了“茶文化节”，内容丰富，既有茶叶优质产品展销、文化名茶和茶具评比、茶歌、茶舞、茶艺表演、茶叶历史文化及茶事诗、茶书画作品展示，还有茶文化研讨与学术交流。

此后，各地纷纷效仿，举办形式多样的茶叶节和茶文化节，目的都是以茶文化为载体，促进经济贸易的全面发展。30 多年来，茶叶产区名优茶的开发借着“茶文化热”的东风都有了长足的发展，名优茶产量增加了，卖价提高了，茶农收入也增加了，为茶产业的进一步发展奠定了坚实的基础。

上海自 1994 年开始，每年举办一届“上海国际茶文化节”，不仅弘扬了茶文化，促进了都市社区文化建设，而且也有利于经济贸易的发展，显著地提高了上海市人均茶叶消费量，促进产区茶产业和上海茶贸易的发展。

1990 年，杭州举办了“第一届国际茶文化研讨会”，此后每两年举办一届，至 2012 年共举办了 12 届国际茶文化研讨会。通过研讨和广泛的学术交流，有力地促进了茶文化事业的发展。此外，各地举办的专题性学术研讨会也有很多，这种专题研讨会内容专一、研讨深入，取得了很好的效果。

30 多年来，各地举办的各种形式的茶会、斗茶会、茶宴、品茗会、品茶诗会、无我茶会等，都是茶文化活动的重要内容。中国国际茶文化研究会多年来大力倡导“茶为国饮”，同时积极开展茶文化“四进”（进机关、进企业、进社区、进学校）活动，有效地宣传、普及了茶文化与科学饮茶知识；有关大专院校及居民社区开展了形式多样的茶文化活动，这些都有助于茶知识的普及，提高茶叶消费量，同时促进了社会的和谐发展。

（二）世界茶文化活动

21 世纪以来，茶文化不但在中国勃兴、东亚高涨，而且正在全球范围内兴起。各国的茶文化组织和专家学者为了加强国际间的茶文化合作与交流，每年都会在各自国家开展或举办各种各样的茶文化活动。无论是原本茶文化活动开展较早、活动比较频繁的东亚、东南亚、南亚国家，诸如中国、日本、韩国、印度、斯里兰卡、印度尼西亚、马来西亚等，还是不产茶或很少产茶的欧美茶叶消费国，如东欧的俄罗斯、捷克、奥地利，西欧的英国、法国、意大利，北美的美国等国家，或者是地处大洋洲、非洲的诸多国家，如新西兰、澳大利亚、肯尼亚、摩洛哥、埃及等，每年都有茶文化活动开展。

2010 年 10 月，奥地利维也纳大学孔子学院在全世界 400 多所海外孔子学院中，率先开展茶文化教育与实践。与此同时，世界各地茶文化社团组织、茶文化工作者以及饮茶爱好者，纷纷参与各个国家组织的各种茶文化活动。各国之间的茶文化交流和考察访问更是屡见不鲜。这种相关国家和地区间合作举办的各种形式的茶文化活动和茶文化专题学术研讨，不但把茶文化推向新高潮，而且进一步密切了茶人间的关系。

日本是世界茶叶的主要生产国之一，更是茶的主要消费国之一。日本世界绿茶协会于 2001 年主办召开了“日本世界茶叶大会”，至 2012 年已在日本茶叶主产地静冈成功举办了四届“日本世界茶叶大会”。每届与会的都有数十个国家，参会人数以十万计，令世人对茶文化刮目相看。

截至 2011 年，韩国共举办了九届国际茶文化博览会。各届博览会多以韩国各地茶品、茶器和茶文化为展会内容，除了各种茶文化系列产品之外，还有其他相关产品展示。每届博览会均吸引日本、马来西亚、意大利、中国等 10 多个国家和地区的茶叶企业参展。

2008 年 11 月，马来西亚吉隆坡举办了“南洋国际茶文化论坛”。论坛由马来西亚旅游部和马来西亚团结、艺术文化及文物部主办，马来西亚国际茶文化协会、中国国际茶文化研究会联合主办。马来西亚团结、艺术文化及文物部副部长邓文村出席大会。此次活动围绕“和谐、健康、发展”主题，秉承知识性、国际性、实务性特色，邀请了来自中国、新加坡、韩国、日本、马来西亚的著名专家、学者，针对茶的科学、茶的艺术与茶的营销进行了深入探讨与交流。此次论坛的举行对马来西亚茶界富有积极深远的重大意义。

在其他亚洲国家，如印度、斯里兰卡、印度尼西亚、新加坡等，茶文化活动也在轰轰烈烈地开展，每年都有多个活动举办。

在欧洲，茶文化活动已在东欧和西欧众多国家广泛开展。21 世纪以来，中法两国茶文化的交流与合作日益频繁。2000 年 7 月中旬，法国巴黎举办了“中国名茶·名酒展览会”，其间展示了中国当代茶文化风貌与历史沿革，在现场还进行了中国茶艺展示。2003 年 11 月 7~9 日，由里昂市政府、法国中国事务协会、法国（里昂）茶文化协会、中国驻法国马赛总领事馆等单位联合主办了“中国茶文化节”。活动内容主要有茶文化专题报告、品茗会、茶艺表演等。2004 年 6 月，中国茶文化周在法国巴黎举行，法国掀起了中国茶的热潮。2007 年 6~7 月，中法两国共同举办了第 21 届“中法文化交流”活动，其间广大法国人民领略到了中国茶道的崇高艺术魅力。2009 年 5 月，法国巴黎举办了第二届“巴黎中国茶文化周”，引起了法国人民的极大关注。《欧洲时报》、《欧洲日报》、法国国际广播电台、巴黎电视台等多家媒体进行了相关报道。

2007 年 3 月，胡锦涛和俄罗斯普京总统共同参观在莫斯科举行的

“2007 俄罗斯中国国家展”。两国元首观看了茶艺表演，普京总统品尝了中国铁观音茶。中方向普京总统赠送了黄山毛峰、太平猴魁、六安瓜片、绿牡丹四种名茶。2009 年 2 月，应俄罗斯茶叶咖啡协会邀请，中国土畜进出口商会茶叶分会组织茶叶团组赴俄罗斯进行市场开拓活动，参加第一届莫斯科国际茶叶研讨会和展览会，共同交流经验。

此外，21 世纪以来，瑞士、捷克、意大利、英国、荷兰、奥地利等许多国家，也举办了多种形式的茶文化活动。

近年来，随着茶叶保健功能的逐步开发，美洲各国掀起了一股“绿茶热”。美国国家卫生部和有关团体还专门召开“茶与健康”国际学术会议，举办中国茶文化周和中国茶文化研讨会。在纽约还成立了全美国际茶文化基金会，从事茶文化的宣传与中美茶业交流、协调、组织工作。美国的许多著名大学举办了中国茶专题讲座，有的大学还投入巨资进行茶叶保健作用的基础理论研究。

总体来看，随着茶文化交流活动的深入发展，各国的茶文化活动相互借鉴、相互吸收，世界各地的茶文化活动如火如荼地开展起来，茶文化进一步走向世界，茶文化的发展前景变得更加美好。

四　世界茶文化艺术的繁荣

随着饮茶在世界的推广与普及，与茶有关的文学艺术作品如散文、小说、诗歌、绘画、戏曲等在世界各国大量涌现。中国唐宋时期涉茶诗词多达几千首；古典小说红楼梦中与茶有关的文字非常多；1701 年在荷兰阿姆斯特丹上演的喜剧《为茶着迷的妇人》生动描写了荷兰妇女相聚饮茶的趣事；中国、日本都有采茶舞表演；古今中外以茶事为内容的绘画作品众多。这些都充分反映了全世界涉茶文学艺术的多姿多彩。法国著名诗人波德莱尔的《给我倒杯茶》曾写道：“给我倒杯茶吧，艾兰小姐，请用这精美的中国瓷杯——那一朵大玫瑰，真叫人又惊又喜，金色的小鱼儿争艳打斗在杯底。遐想中我愿这——疯狂的纷争缓缓平息。”又如俄国诗人普希金的名作《欧根·奥涅金》中的一首诗《假如我没有记错》："每当日暮临近，仆人会端来茶饮，那只中国茶壶内，茶叶已放在里面。伏特加也会来大显恩惠，斟满了杯盏，供人消遣，恍惚中那小厮又——奉上了随意茶点。"本章节将简单介绍一下世界上比较有代表性的中国和英国文学作品中的茶文化，一中一西，均源远流长，从不同方面展现了中西文化的精髓和历史变迁。

（一）中国文学作品中的茶文化

中国自古有饮茶品茶的传统，因此在各类文学作品中，茶叶作为常见的意象而存在，这里列举比较有代表性的茶诗、茶词以及小说中蕴含的茶文化。

1. 茶诗词

中国古代的诗词歌赋发展非常繁荣，唐宋尤甚。唐代诗人白居易平生素爱喝茶，一生写过五十多首茶诗，如《夜闻贾常州崔湖州茶山境会亭欢宴》："遥闻境会茶山夜，珠翠歌钟俱绕身。"北宋文学家苏轼同样酷爱饮茶，平生也写过几十首茶诗。南宋大诗人陆游曾当过茶官，先后写下茶诗三百余首。可以说，有关茶叶的诗词作品是非常丰富的，在中国最早的诗歌总集《诗经》中，已有"荼"这个古茶字的存在。中国最早的茶诗可能是西晋左思的《娇女》诗，"止为荼荈据，吹嘘对鼎立"，写的是左思的两个女儿，因急着要品香茗，就用嘴对着烧水的"鼎"吹气。与左思此诗差不多年代的还有两首咏茶诗：一首是张载的《登成都白菟楼诗》，用"芳茶冠六清，溢味播九区"的诗句，盛赞成都的茶；一首是孙楚的《出歌》，用"姜、桂、茶荈出巴蜀，椒、橘、木兰出高山"的诗句，点明了茶的原产地。比他们稍晚些的还有杜育的《荈赋》以及南北朝鲍令晖的《香茗赋》，其中都有颂茶的名句。

唐代，随着茶叶生产与贸易的发展，涌现了大批以茶为题材的诗篇。李白的《答族侄僧中孚赠玉泉仙人掌茶》："茗生此中石，玉泉流不歇。"杜甫的《重过何氏五首（之三）》："落日平台上，春风啜茗时。"袁高的《茶山诗》中“黎甿辍农桑，采摘实苦辛。一夫旦当役，尽室皆同臻。扪葛上欹壁，蓬头入荒榛。终朝不盈掬，手足皆鳞皴。……选纳无昼夜，捣声昏继晨”，则表现了作者对顾渚山人民蒙受贡茶之苦的同情。此外还有杜牧的《题茶山》《题禅院》等，皎然的《寻陆鸿渐不遇》《访陆处士羽》等，元稹的《一字至七字诗·茶》、颜真卿等六人合作的《五言月夜啜茶联句》等，都显示了唐代茶诗的兴盛与繁荣。

在“靖康之变”前的近百年中，北宋有过一个经济繁荣时期，加之当时斗茶和茶宴的盛行，所以茶诗、茶词大多表现以茶会友、相互唱和，以及触景生情、抒怀寄兴的内容。最有代表性的是欧阳修的《双井茶》诗：“西江水清江石老，石上生茶如凤爪。穷腊不寒春气早，双井芽生先百草。白毛囊以红碧纱，十斤茶养一两芽。长安富贵五侯家，一啜尤须三日夸。”苏轼的《次韵曹辅寄壑源试焙新茶》中“从来佳茗似佳人”，与他另一首诗《饮湖上初晴后雨》中“欲把西湖比西子”，两句构成了一副极妙的茶联。范仲淹的《斗茶歌》、蔡襄的《北苑茶》，更为后世文人学士所称道。

南宋茶诗、茶词中出现了不少忧国忧民、伤事感怀的内容，最有代表性的是陆游和杨万里的咏茶诗。陆游在他的《秋晚杂兴十二首》中写道：“置酒何由办咄嗟，清言深愧淡生涯。聊将横浦红丝硙，自作蒙山紫笋茶。”反映了作者晚年生活清贫，无钱置酒，只得以茶代酒，自己亲自碾茶的情景。而在杨万里的《以六一泉煮双井茶》中，则谈道：“日铸建溪当退舍，落霞秋水梦还乡。何时归上滕王阁，自看风炉自煮尝。”抒发了诗人思念家乡，希望有一天能在滕王阁亲自煎饮双井茶的心情。

元代也有许多咏茶的诗文。著名的有耶律楚材的《西域从王君玉乞茶，因其韵七首》、洪希文的《煮土茶歌》、谢宗可的《茶筅》、谢应芳的《阳羡茶》等。元代的茶诗以反映饮茶意境和感受的居多。

明代的咏茶诗比元代多，著名的有黄宗羲的《余姚瀑布茶》、文徵明的《煎茶诗赠履约》、陈继儒的《失题》、陆容的《送茶僧》等。此外，特别值得一提的是，明代还有不少反映人民疾苦、讥讽时政的咏茶诗。如高启的《采茶词》：“雷过溪山碧云暖，幽丛半吐枪旗短。银钗女儿相应歌：筐中摘得谁最多？归来清香犹在手，高品先将呈太守。竹炉新焙未得偿，笼盛贩与湖南商。山家不解种禾黍，衣食年年在春雨。”诗中描写了茶农将茶叶供官，其余只得全部卖给商人，自己却舍不得尝新的痛苦，表现了诗人对底层人民极大的同情与关怀。

清代也有许多诗人，如郑燮、金田、陈章、曹廷栋、张日熙等所作咏茶诗，亦为著名诗篇。值得一提的是爱新觉罗·弘历，即乾隆皇帝，他六下江南，曾五次为杭州西湖龙井茶作诗，其中最为后人传诵的是《观采茶作歌》："火前嫩，火后老，惟有骑火品最好。西湖龙井旧擅名，适来试一观其道。村男接踵下层椒，倾筐雀舌还鹰爪。地炉文火续续添，乾釜柔风旋旋炒。慢炒细焙有次第，辛苦工夫殊不少。”皇帝写茶诗，这在中国茶文化史上是极为少见的。

到了现代，咏茶诗篇也有很多，如郭沫若的《赞高桥银峰茶》、陈毅的《梅家坞即兴》，以及赵朴初、启功、爱新觉罗·溥杰的茶诗等，都是值得一读的佳作。

2. 茶小说

小说是文学的一大类别，它以人物的塑造为中心，通过完整的故事情节和具体的环境描写，广泛、多方面地反映社会生活。而作为社会生活必需品的茶，自然是小说情节中常被描述的对象。

茶与小说的因缘源远流长。唐代以前，茶只是供帝王贵族享受的奢侈品，加之科学尚不发达，因此茶事往往出现在神话、志怪和传奇故事里。如东晋干宝《搜神记》中的神异故事"夏侯恺死后饮茶"，一般认为成书于西晋以后、隋代以前的《神异记》中的神话故事"虞洪获大茗"，传说为东晋陶潜所著《续搜神记》中的神异故事"秦精采茗遇毛人"，南朝宋刘敬叔所著《异苑》中的鬼怪故事"陈务妻好饮茶茗"等，都是小说记叙茶事的典型例子。唐宋时期，记述茶事的著作很多，但多为茶叶专著或茶诗茶词。除此之外，唐代士人编撰的《唐书》、封演的《封氏闻见记》，宋代祝穆等编撰的《事文类聚》中也有关于茶事的描绘。明清时代，记述茶事的多为话本小说和章回小说。如《三国演义》、《水浒传》、《金瓶梅》、《西游记》、《红楼梦》、《聊斋志异》、“三言二拍”、《老残游记》等，无一例外都有对茶事的描写。清代的蒲松龄，大热天在村口铺一张芦苇，放上茶壶和茶碗，用茶会友，以茶换故事，最终写成《聊斋志异》。

在众多小说中，描写茶事最细腻生动的当数《红楼梦》。全书 120 回，谈及茶事的就有近 300 处。作者曹雪芹在开卷中说道：“一局输赢料不真，香销茶尽尚逡巡。”用“香销茶尽”为荣、宁两府的衰亡埋下了伏笔。接着叙述林姑娘初到荣国府，第一次刚用罢饭，就有“各个丫鬟用小茶盘捧上茶来”。“老祖宗”贾母快要“寿终归天”时，推开邢夫人端来的人参汤，说：“不要那个，倒一钟茶来我喝。”在故事情节展开过程中，不时地谈到茶。喝茶时，先是用茶漱口，然后再捧上吃的茶。夜半三更口渴时，也要喝茶。来了客人，不管喝与不喝，都得用茶应酬，这被看作一种礼貌。如第二十六回，贾芸来看望宝玉时，“只见有个丫鬟端了茶来与他”，贾芸笑道：“姐姐怎么替我倒起茶来?”至于宴请时，茶叶更是不可缺少的待客之物。林姑娘初到贾府，见到凤姐后，“说话时，已摆了茶果上来，熙凤亲为捧茶捧果”。即使在某些隆重的场合，献茶也是不能少的。如贾政接待忠顺亲王府里的人，也是“彼此见了礼，归坐献茶”。第十三回秦可卿办丧事，太监戴权来上祭时，“贾珍忙接陪让坐，至逗蜂轩献茶。”第十七回元妃省亲时，“茶三献，元妃降座”。说明茶既是荣、宁两府的生活必需品，又是不可缺少的待客之物。除此之外，《红楼梦》中与茶文化相关的描写还有很多，深刻反映了茶叶在人们生活中的必需性和重要性。

（二）英国茶文化

英国的红茶文化历史悠久，对英国茶文化的影响十分深远。不少英国的诗人、作家等将自己的感情融入红茶，并将红茶融入自己的作品。对于这些诗人和作家来讲，茶不仅是灵感的源泉，还是其感情的载体。古往今来，无数的英国作品中都有关于饮茶的描写。浪漫主义诗人济慈、拜伦、雪莱的诸多作品中，均有关于茶事的描述；而英国小说家如狄更斯、劳伦斯等的小说中，饮茶的情景描写更是多不胜数。

例如劳伦斯的小说《儿子与情人》，书中的男主人公莫雷尔认为在一天辛勤下矿劳动后回来能喝到一杯热茶，将是无比惬意的，于是他每日下班回家首先要做的就是将煤敲成碎渣烧一壶开水沏茶，他还有早餐前饮茶的习惯，家中的茶点具有英式茶点的鲜明特征，喜好在吃面包时饮茶。此外，在莫雷尔待客时，他也会让妻子准备好家里最好的精致的茶具，而且他饮茶前会将茶吹凉后再饮用。这一方面展现了英国人对饮茶的讲究以及他们的待客之道，更说明了像莫雷尔这样的平民饮茶仅仅是为了解决温饱，区别于英国贵族对饮茶彰显身份地位的讲究。

又如英国著名小说家盖斯凯尔夫人的名作《克兰福德镇》，通过对英式下午茶的描写，展现了英国人含蓄的美德。书中描写了一位因破产而生活拮据的马蒂小姐，急需解决生活问题，但又觉得一些事情做起来自降身份，所以在朋友的建议下开了一家茶店。这是因为在当时的英国，饮茶被看作一件优雅的事情，同时极受欢迎，因此在她看来，这家茶店既可以解决经济问题，又能够很好地维持她的身份和面子。在店铺开始营业之后，镇上的人大多跑来光顾，看似是为了喝茶，实际上大多都是为了帮助她。考虑到马蒂小姐的面子，大家都心照不宣。这一部分的描写虽借茶之名，体现的却是英国人的处世之道，即品行高雅、为人温厚。

简·奥斯汀是一位卓越超群的英国女作家，有“老茶客”之称，她素爱饮茶，不少作品中都出现了茶叶的影子。她在小说中用细腻生动的语言描绘了饮茶、茶会等场景，表现了作者对茶文化的高度领悟和深刻认识，同时体现了当时英国的茶文化特征以及饮茶风俗。

其他英国作家关于茶文化、茶香的小说主要包括：威·梅·萨克雷的《潘登尼斯》（1849~1850），其中 30 多次提到茶；查尔斯·狄更斯的《匹克威克外传》（1836），其中 86 次提到茶；华德夫人的《大卫·格里夫》（1892），其中 48 次提到茶。这些茶文化作品，通过描述各种茶饼、茶具、茶点以及饮茶的人物等，反映当时的社会现象、历史背景以及盛行的文化。

B.16
世界茶叶进出口贸易史

周国文 周玉璠 孙叶林*

一 郑和开辟通往西域海路

中国历代把茶作为珍贵的贡品、礼品、祭祀品，并把茶叶列为禁止出口交易的物资，茶虽很早传到东亚、西亚、南亚等部分国家，但欧美及非洲等并无种茶，更没有西方国家与中国开展茶叶贸易，也不了解茶为何物。直到元朝欧洲罗马帝国的马可波罗（1254～1324年）来到中国朝廷任职，游历了中国，到了中国茶区，认识了茶乃保健防病治病之物。在他返回罗马后，将在中国茶区的见闻和中国人饮茶习俗及保健功能介绍给欧洲人，《马可·波罗游记》第一次记载了“中国茶”。

直到明初，永乐皇帝部分开放了对外的贸易。他敕令三宝太监郑和组织一只声势浩大的船队，1405～1433年先后七次下西洋，带去大量的茶叶和货物，对沿途国家开展友好访问、考察和贸易。郑和率领的船队先后在江苏太仓、福州市的长乐、宁德三都澳、泉州等港口驻泊停留，并造船，筹备茶叶、瓷器、丝绸等货品和礼品。郑和曾顺着太平洋、印度洋沿岸，抵达亚洲、非洲的37个国家和地区，最远到达东非海岸的马达加斯加、莫桑比克等国。郑和把带去的茶叶等作为礼品和交易品，在沿途所到国家播下了中国茶和茶文化的种子，开启了以茶待客、以茶交际，推动了海上丝绸之路的发展。

---

* 周国文，清华大学博士后，北京林业大学马克思主义学院教授、博士生导师，主要研究方向为茶文化、环境哲学、环境伦理；周玉璠，福建省茶叶学会茶学研究分会副会长兼秘书长，教授级高级农艺师，主要研究方向为茶科技、茶文化；孙叶林，北京林业大学马克思主义学院硕士研究生。

据冯廷佺等编著的《世界红茶》记述："明永乐帝朱棣登基后，为'宣威海外，以示正朔'，于是下诏命郑和下西洋。郑和七下西洋的时间：第一次是1405~1407年，前后历时三年；第二次是1407~1409年，郑和驾由太仓卫刘家港船厂制造的48号海船出洋，历时三年；第三次是1409~1411年，历时三年；第四次是1413~1415年，历时三年；第五次1417~1419年，历时三年；第六次是1421~1422年，历时两年；第七次是1431~1433年，历时三年。下西洋七次，前后共计20年。这七次的出发地分别为：第一次、第二次下西洋，郑和驾由刘家港船厂制造的48号海船，从江苏太仓卫刘家港启航，1407年9~11月在福建宁德县（今蕉城区）支提寺逗留；第三次、第四次、第六次、第七次下西洋，均从福建福州长乐港出发，其间还曾到达原宁德县三都澳、支提寺；第五次下西洋，是从福建的泉州出发。""他在福建造船、修船，并筹办茶叶（如武夷山红茶，安溪、永春一带茶叶），还有武夷山遇林窑兔毫盏、德化白瓷以及泉州的绸缎和金银器等，船队满载的货物供与沿途国家和地区换取特产。"

二　外商来华探求茶叶商机

15世纪末至16世纪初，西方经商贸易者于印度洋、太平洋沿岸国家，不断探寻前往世界东方中国的海上之路，最早来到东方的西方人是葡萄牙人。1481年葡萄牙国王若昂二世登基，他派遣迪亚斯出海，第一次到达非洲好望角。后来，葡萄牙船队经过好望角、埃及、阿拉伯、威尼斯以及彼时中国人经商的大港口，并在印度南部科钦建立首个据点。1509年葡萄牙人东进马六甲，其后建成葡萄牙殖民堡垒，跨入东方。1514年，葡萄牙人获得了中国风情、产茶和饮茶等的重要信息，急于打开中国贸易大门。1517年，葡萄牙海员从中国广州港带回茶叶，自此西方人真正认识并开始传播中国茶。1557年，澳门成为葡萄牙人的贸易据点。此时，葡萄牙传教士克鲁兹、威尼斯牧师、意大利牧师等先后在作品中传播了茶的知识。西班牙也曾派遣神父到福建厦门、泉州、福州寻求商机，但计划被英国和荷兰联军击破。西方人都希望中国茶叶能输出到自己国家，这个愿望最终为荷兰人率先实现。

据《世界红茶》记叙，16 世纪初，荷兰人在红茶原产地福建多次要求互市，均未获成功，但却奇迹般地开启了中国红茶从荷兰走向西欧，进而走向世界之路。1602 年，为了抗衡葡萄牙和西班牙的商贸，荷兰步英国之后成立了荷兰东印度公司，取得了在印度洋区域的航运和贸易特权，并在印度洋及南洋各国建立起贸易壁垒，占据印度尼西亚海上通道，谋求扩张贸易市场。1607 年，荷兰东印度公司商船首次从印度尼西亚爪哇来到澳门，将许多茶叶运到爪哇，这也是欧洲人最早在东方设立集散地运输茶叶。“荷兰东印度公司 1610 年运回欧洲的少量茶叶便是福建武夷红茶。”吴梅东在《与雷诺阿共进下午茶》一书中记载道：“在十七世纪时，已经开始制作红茶，最先出现的是福建小种红茶，这种出自崇安县（今武夷山市）星村桐木关的红茶，当十七世纪初荷兰人开始将中国茶输往欧洲时，它也随着进入西方社会。”而 100 多年后，苏格兰作家托马斯·舒特（1690~1772 年）在著作中说：“欧洲人最初所订购的茶叶是绿茶，后来则改成订购武夷茶（红茶）。”荷兰是欧洲最早饮红茶，也是最早与中国开启红茶贸易的国家，他们对茶的功效感到无比震惊，把茶当作珍贵饮品和药物，并将中国红茶作为礼物向国王进贡。人们惊叹茶是“灵草”，“治百病的药”。1609 年荷兰东印度公司的船舶首次抵达日本平户岛，运茶到印度尼西亚爪哇万丹，再转运至欧洲，由于日、荷两国商人的贸易竞争，日本驱逐所有欧洲人，荷兰人便改为与中国开展茶叶贸易。1619 年，荷兰人正式在印度尼西亚爪哇设立商行，从中国购运茶叶，转售欧洲各国。当时英国人所需之茶，均由荷兰人运送。开始时购到的茶叶量少，只能供英国皇室和上层社会饮用。

自 17 世纪初中国红茶传到荷兰后，荷兰许多富商家庭和上层社会家庭也开始仿效中国茶宴，请亲朋好友品饮中国红茶。此风逐渐传到英、法等国。1637 年，英国人首次从中国得到红茶。1639 年，英国人初次到达广州，了解到荷兰东印度公司在中国的购运情况。1640 年，正山小种红茶首次运往英国。1644 年，英国人又在福建厦门找到立足处，并在此设立了茶叶采购点，曾采购到武夷茶（以红茶为主），因厦门语称茶为“tea”，后“tea”

成为欧美各国称呼茶的主要词语。

1636年，茶叶传到法国，1685年后茶已经在法国文艺界流行。1731~1806年，瑞典的东印度公司75年间曾派37艘商船到中国广州，开展茶叶、丝绸、瓷器及香料等的交易。1743年，“哥德堡号”第三次到广东采购370吨茶叶及瓷器等，1745年9月返回哥德堡港口时沉没。

俄罗斯与中国于1689年签订《尼布楚条约》后，开始组织陆上商队正式开展中俄茶叶贸易。

三　中国茶叶最早输入欧洲

16世纪末及17世纪初，英国先后在北美和印度建立殖民地。1600年，英国成立了东印度公司，推进东方扩展计划。17世纪前叶，英国曾试图到澳门、广州开展贸易，因受葡萄牙人的阻挠，均未成功。但为获取中国红茶，英国千方百计绕道台湾，与郑氏海商集团洽谈贸易之事，1637年，英国人首次从中国得到红茶。1639年，英国人初次到达广州，了解荷兰东印度公司在中国购运茶叶的情况。1640年，正山小种红茶首次运往英国。1644年，英国人又在福建厦门找到立足处，并在此设立了茶叶采购点。英荷两国的贸易竞争，引起1652~1654年的第一次兵戎相见，1657年英国伦敦街头的加威咖啡店第一次出现销售红茶的广告。英人饮茶的习俗从上层贵妇开始，而后发展到中产阶级，1662年，葡萄牙公主凯瑟琳嫁给英国国王查理二世时，嫁妆中就有221磅（约100千克）中国红茶和精美的中国茶具。其后红茶逐渐普及一般市民，茶叶消费量在民间逐年增加，市区开设茶室，在娱乐场所备有茶叶供品饮。许多家庭都存储武夷茶（红茶）或绿茶，当客人来家时，即冲泡茶叶款待。1669年之前，西欧的茶叶商贸基本上由荷兰人垄断。其后，英国东印度公司在厦门设立贸易点，与荷兰展开茶叶贸易的进一步竞争。最初，英国东印度公司不得不承认荷兰人独占东方的茶叶贸易权，英国人退到印度附近，那时英国所需要的茶叶多从荷兰运进。1651年因受英国航海法的限制，运输船只能在英国注册。1660年，英国开始征收茶税。1665～1667 年，英荷爆发第二次战争，英国获胜后，荷兰丧失主导权，英国渐渐取得茶叶贸易垄断权。1667 年，英国东印度公司从印度尼西亚爪哇万丹运进茶叶 143.53 磅。1669 年，英国政府颁布法令禁止从荷兰进口茶叶，并做出规定，茶叶贸易交由英国东印度公司经营，当年即从中国厦门采购 80 桶武夷茶（红茶）、300 桶绿茶。到 1670 年，英国东印度公司从中国采购的茶叶不仅运销英国本土，同时销售到欧洲各国以及美国等英属殖民地。1684 年，中国清政府再度解除海禁，允许西方来华贸易。1689 年，英国商船首度停泊厦门港，其后英国人直接到厦门采购运销茶叶。1712 年，英国人从厦门购运的武夷茶（红茶）达 15000 磅（约 6.8 吨）。英国东印度公司采购的中国红茶，1716 年达到 3000 担（约 150 吨），1721 年为 100 万磅（约 453.5 吨），1830～1833 年，英国东印度公司从中国输入英国的茶叶达到 235849 担（约 11792.45 吨），平均每年从中国进口 2648 吨茶叶（见表 1）。

表 1　1669～1880 年中国茶由东印度公司输英情况

年份	茶叶量(吨)	输英茶数量		输英茶价格占中国出口商品总值的比重(%)
		指数	银两额(两)	
1669	0.06			
1678	1.98			
1690	17.41			
1712	6.8			
1716	150.00			
1721	453.50			
1770～1774		—	963287	68.1
1775～1779	1695.60	61.0	666039	55.1
1780～1784	2779.50	100.0	1130059	69.2
1785～1789	6920.85	249.0	3659266	82.5
1790～1794	6821.65	254.4	3575409	88.8
1795～1799	7612.10	273.9	3868126	90.4
1800～1804	11051.35	397.6	—	—
1805～1809	8383.45	301.6	—	—
1810～1814	1222.30	439.7	—	—
1815～1817	11115.05	399.9	—	—
1818～1819	—	—	4464500	86.9

续表

年份	茶叶量(吨)	输英茶数量		输英茶价格占中国出口商品总值的比重(%)
		指数	银两额(两)	
1820~1824	10790.55	388.2	5704908	89.6
1825~1829	12235.20	440.2	5940541	94.1
1830~1833	11792.45	424.2	5617127	93.9
1840~1895	50000.00			
1880	100000.00			

注：指数以1780~1784年平均值为100。

资料来源：严中平等编《中国近代经济史统计资料选辑》，中国社会科学出版社，2012；吕维新《中国古代茶叶商品经济史略》，赣东北印刷厂，2001；〔美〕威廉·乌克斯《茶叶全书》，依佳、刘涛、姜海蒂译，东方出版社，2011。

四　欧美最早的茶叶进口贸易

荷兰是最早与中国开展茶叶进口贸易的国家，紧随其后的是英国、俄罗斯、美国、法国等国家。《世界红茶》记载，1607年，荷兰商船首次自印度尼西亚爪哇到中国澳门运茶销往欧洲，这是中荷国际茶叶贸易的开始。荷兰海岸线曲折，多良港，世界名港阿姆斯特丹就在荷兰，海运十分发达。荷兰从中国和日本运去的茶叶除供本国消费，还转销英国、法国、美国，曾独占国际茶叶市场30多年。1637年，英商独自驾船冲破荷商的阻挠抵达广州，从此才打破荷兰的茶叶霸主地位。18~19世纪，中荷茶叶贸易趋于活跃，1734年，输入荷兰的茶叶总量达到885567磅（约401.69吨）。1739年，荷兰东印度公司输荷茶叶居输入农产品之首。1785~1791年，荷兰年均进口茶叶量达350万磅（约1587.59吨），约为1734年的3.95倍。19世纪后，荷兰茶叶贸易趋于稳定，只是在第二次世界大战间，因海路闭塞才有较大的跌落，其他年份（1920~1938年）的茶叶进口量保持在1.17万~1.38万吨，足见当时荷兰仍是世界上重要的茶叶进口国。

17~18世纪中国输入英国最多的红茶是福建武夷茶（Bohea），其次为工夫茶（congfu）、小种茶（souchong）。尤其是英国进口武夷茶（红茶）数量急速增加。据英国东印度公司统计，1721～1730 年英国进口武夷茶 336.0497 万磅（约 1524 吨），1751～1760 年增加到 2363.4760 万磅（约 10721 吨），增长 6.03 倍。

英国在 19 世纪中叶之前，其进口茶主要来源于中国。到 19 世纪中叶后，才少量进口印度红茶，随后进口量不断增加。1873 年，英国开始进口斯里兰卡红茶。

从表 2 可以看出，中国输英的茶叶量从历史最高年份（1888 年）的 11950 万磅（约 54204 吨）逐年减少，10 年后的 1897 年降至 3500 万磅（约 15876 吨），减少 70.71%。而由英国一直扶植的殖民地印度、斯里兰卡输英的茶叶量却逐年增加，其中印度 10 年间增长 47.55%，斯里兰卡 10 年间增长 5 倍多。

表 2　英国市场上的输入茶数量

单位：磅

年份	中国茶	印度茶	斯里兰卡茶	总计
1888	119500000	86750000	15614000	221864000
1889	92500000	94500000	37899000	214899000
1890	89900000	100685000	34290000	224876000
1891	69742000	100984000	40191000	220917000
1892	60214000	111017000	63768000	234990000
1893	54580000	107509000	65139000	227228000
1894	54372000	114508000	72124000	241000000
1895	46470000	115261000	76289000	238018000
1896	40859000	118182000	83206000	242247000
1897	35000000	128000000	95000000	258000000

资料来源：陈慈玉《近代中国茶业之发展》，中国人民大学出版社，2013。

19 世纪后，俄国自中国输入的茶叶数量与金额均急速增加。以俄国自中国输入的总货值为例，1802～1807 年，茶输入金额占总货值的 42.3%，1841～1850 年则增加到 94.9%。清政府对中国与俄国的茶叶贸易采取优惠政策，1727 年签订《恰克图条约》后，恰克图开市。1851 年又缔结《中俄伊犁塔尔巴哈台通商章程》，是《尼布楚条约》《恰克图条约》之延续，中俄贸易扩大到伊犁、塔尔巴哈台的自由无税贸易。鸦片战争发生后，中国茶大多流入英国，走私茶也从海路运回英国后，再从西边输入俄国，原以恰克图贸易为基础的中俄贸易格局无法维持。1858 年中俄缔结《天津条约》，俄国不仅在边境指定地区开展贸易，并取得进入上海、宁波、福州、厦门、广东、台湾府和琼州府的最惠国待遇。1860 年中俄《北京条约》签订，俄国重新获得北京贸易之旧权利，并且被允许在库伦、张家口、喀什噶尔等地进行互市。1862 年又签订《中俄陆路通商章程》，把中俄国境两侧 100 公里域内列为免税区。自 1862 年后，俄国从海路进口的茶叶逐年增加。其贸易路线有四条：（1）海路，即汉口—上海—伦敦—波罗的海—莫斯科；（2）水陆路，一条是从汉口经上海转运天津，从天津经陆路到张家口，再运往恰克图，另一条从天津运往黑龙江，至俄边境；（3）陆路，即福建南平武夷山—江西河口—汉口—襄城—祁县—太原—张家口—归化—库伦—恰克图。1870 ~ 1900 年俄国从中国输入茶叶（红茶和砖茶）总量如表 3 所示。

表 3　1870 ~ 1900 年俄国从中国输入茶叶总量

单位：担

年份	各路线输出茶叶总量				砖茶量
	经由敖德萨	经由恰克图	经由黑龙江地方	总计	
1870		83355	5	83360	62895
1871	14880	100221	674	115775	83789
1872	35125	132907	1813	169845	96993
1873	33204	148028	6776	188008	107330
1874	32823	101717	3659	138188	74791
1875	53099	197796	6053	216948	166900
1876	38428	198563	7198	244184	153950
1877		214229	4385	218613	147800
1878	429	275400	5440	281319	194277
1879	13648	400004	10964	424616	275540
1880	41218	296869	19238	357325	232969
1881	56257	294985	29472	380714	247498
1882	79729	274600	32585	386914	219026

续表

年份	各路线输出茶叶总量				砖茶量
	经由敖德萨	经由恰克图	经由黑龙江地方	总计	
1883	85418	290203	28857	404428	218744
1884	88679	314605	45049	448433	244990
1885	47968	345391	38955	432314	280111
1886	90425	445147	63603	599177	361492
1887	93467	444637	69271	607376	331281
1888	132826	463325	79025	675177	412641
1889	137485	360708	38300	539494	310178
1890	174129	371061	40167	585350	297168
1891	189025	379901	67479	636408	328860
1892	117255	367707	50855	535818	323112
1893	164029	446600	73114	683745	382301
1894	169208	500560	87518	757288	395506
1895	206903	566680	143577	917160	481392
1896	195023	624810	96130	915963	566889
1897	168757	528215	116520	813492	558298
1898	213302	562572	120664	869538	498425
1899	195449	537771	136653	869873	474026
1900	269230	72656	323390	665276	316923

注：1877 年因俄土战争，俄国关闭敖德萨港，故无记录。

资料来源：陈慈玉《近代中国茶业之发展》，中国人民大学出版社，2013。

美国是茶叶进口国。茶叶最早于 1650 年由荷兰人传入新阿姆斯特丹（今纽约）和波士顿。美国独立前，由英国东印度公司控制输美茶叶贸易。1767 年美国进口的茶叶达 400 多吨。1784 年后，美国开始独立与中国开展茶叶贸易。1789 年，美国政府首次通过法案，宣布对华进口货物实行减税。1791 年再次通过了保护对华贸易的法案，同时开展茶叶转口贸易，获取高额利润。美国当年进口的茶叶开始主要从中国输入，后亦从日本、印度、斯里兰卡输入，还有从英国、加拿大等国转口进入。1859 ~ 1860 年，美国从中国和印度进口的红茶为 6121.43 吨，其后徘徊于 6000 吨左右，直至 1871 ~ 1872 年才上升到 9802.88 吨，其后又减少到 6000 ~ 9000 吨。

1880~1881 年美国红茶进口量达历史最高，突破 1.48 万吨。美国还从日本、中国进口大量绿茶。1871~1910 年美国从中国、印度、斯里兰卡、日本、英国、加拿大及欧洲一些国家进口茶叶（含红茶、绿茶）的情况如表 4 所示。

表 4　1871~1910 年美国进口茶叶来源

单位：万磅，%

年份	英国	英国以外的欧洲地区	加拿大	中国	日本	印度、斯里兰卡	其他	合计
1871~1880	323.5 （5.2）	2.5 （0）	8.1 （0.1）	3399.1 （54.9）	2227.2 （35.9）	87.6 （1.4）	147.8 （2.4）	6196.1
1881~1893	269.5 （3.3）	2.0 （0）	43.7 （0.5）	4155.5 （51.1）	3603.8 （44.4）	50.0 （0.6）	0.2 （0）	8125.1
1894~1900	338.7 （3.8）	2.7 （0）	123.2 （1.4）	4774.8 （53.1）	3530.2 （39.3）	186.6 （2.1）	29.4 （0.3）	8985.8
1901~1905	530.3 （5.4）	10.7 （0.1）	188.7 （1.9）	4672.6 （47.7）	3782.5 （38.6）	563.8 （5.8）	42.5 （0.4）	9791.4
1906~1910	978.8 （10.3）	40.3 （0.4）	274.6 （2.9）	3125.0 （32.9）	4245.3 （44.7）	779.0. （8.2）	50.3 （0.5）	9493.6

注：括号内数字表示该来源茶叶量占美国当年进口茶叶总量的比重。
资料来源：陈慈玉《近代中国茶业之发展》，中国人民大学出版社，2013。

参考文献

［1］冯廷佺、周国文主编《世界红茶》，中国农业出版社，2019。
［2］陈慈玉：《近代中国茶业之发展》，中国人民大学出版社，2013。
［3］周玉璠等编著《闽茶概论》，中国农业出版社，2013。
［4］〔美〕威廉·乌克斯：《茶叶全书》（上下卷），依佳、刘涛、姜海蒂译，东方出版社，2011。

B.17
中国茶对世界历史的影响

费冬梅　郑乃辉　陈百文　张　璐*

一　茶叶贸易引发西欧战争

自16世纪以来，欧洲人谋求与东方的中国、日本等国开展贸易，他们经由马六甲，从大西洋、太平洋来到当时十分神秘的地处世界东方的中国。葡萄牙船队最先于1517年东渡到中国，澳门后来成葡萄牙的殖民地，直到20世纪末才回归中国。17世纪初，荷兰人与葡萄牙人展开争斗，其后贸易主导权被荷兰人所主导。

据《世界红茶》记述，1516年葡萄牙人由马六甲跨越大西洋、太平洋，来到神秘的世界东方——中国。1517年，葡萄牙又有多艘船集结到中国，那时明朝朝廷对西方人有戒心，实行海禁，葡萄牙公使说服了中国政府，让他们居留在澳门（后澳门成为葡属殖民地）。1596年之前，葡萄牙人独占远东海运贸易，他们先将东方的货物运回里斯本，然后交由荷兰船只转运到法国、荷兰及波罗的海沿岸。1595年葡萄牙人为了阻拦荷商船只东进而封锁海路。荷兰人驾四艘舰艇到东印度群岛，次年到印度尼西亚爪哇的万丹设栈，从东方运货到荷兰，后又派出多批商队，至1602年已有65艘商船抵达东印度，并建立了荷兰东印度公司。1609年荷兰船队首次抵达日本平户岛，1610年由此运茶到爪哇万丹，再从万丹转运到欧洲。

* 费冬梅，重庆恒大茶舍副总经理；郑乃辉，福建省农科院茶科所副所长，主要研究方向为茶学科研；陈百文，福建省茶叶质量检测与技术推广中心技术推广负责人、质量工程师，国家一级评茶技师，福建省名优茶评审委员会专家组成员，省科技特派员；张璐，北京林业大学马克思主义学院硕士研究生。

1611 年，荷兰公司获日本天皇特许，在平户岛设立贸易商社，享受一定的优惠政策。这些均引起了早先抵达该岛的葡萄牙人的不满，荷葡双方数次发生械斗。日本天皇下令驱逐欧洲人，葡萄牙人躲到山上筑墙坚守。荷兰人助日本轰平葡萄牙人阵地，并获准继续留在该岛。但日本贸易条件苛刻，后荷兰与日本贸易渐衰，荷兰人转而与中国开始贸易。1602 年，荷兰人驱逐了葡萄牙人，夺取东印度殖民地，以荷兰东印度公司名义开始贸易活动。到 17 世纪，荷兰人几乎控制了东印度的贸易往来，葡萄牙人失去了商贸霸主地位。1619 年，荷兰人在印度尼西亚爪哇建立了通往东方巴达雅亚城的新基地。

1600 年英国成立东印度贸易公司后，先远航日本，一边与中国朝廷联络关系，另一边在印度设立代理商行。英国人还在荷兰人早先的基地安保那岛侨居，意图抢占整个印度群岛，这激起了荷兰人的强烈反对，双方相争导致了安保那岛 1623 年的大屠杀，英国人退到印度本土，不得已承认荷兰人独占远东的贸易主导权。从 1657 年直至 1667 年第二次英、荷战争为止，全由荷兰供给英国国内所需要的茶叶。但是按照 1651 年英国通过的《航海法》，运英的茶叶只能用英国注册的船，这就增加了英荷两国的商贸矛盾。16 世纪末至 17 世纪初，英国在北美、印度建立第一批殖民地。17 世纪中叶，英国资产阶级革命胜利，加紧了海外殖民扩张和贸易竞争，更加激化了英荷之间的茶叶贸易竞争，终于在 1652~1654 年发生了第一次英荷战争，打破了荷兰商人茶叶航海贸易的主导权，英国人逐步跨入东方，也开始了茶叶进口贸易。两国的竞争引发了 1665~1667 年的第二次英荷战争，以英国战胜而告终，从此英国人夺得欧美茶叶航海贸易的主导地位。1669 年，英国东印度公司开始垄断茶叶贸易，同时英国政府颁令不准从荷兰输入茶叶。从此，英国东印度公司进一步从中国运销武夷茶（红茶）、绿茶等，再销往欧美各殖民地，取得巨大的利益，英国从税收中提升了国力，促进了工业革命的进程，通过把工业品输往中国等国，又从中国运回茶叶、丝绸、瓷器及香料等物品，从贸易中取得巨大财富，增强了向外扩张的实力。英国不仅有亚洲的印度、斯里兰卡等殖民地，还于 1674

年占领了原属荷兰殖民地的美国和美洲其他多国。18~19 世纪，英国人已将中国红茶产制技术和出口贸易扩散到世界各地的英属殖民地，同时掌握了世界红茶的进出口贸易权，红茶大大改变了英国其及殖民地的社会、经济、文化发展历史。

二　美英茶贸摩擦点燃美国独立战争

自 1674 年美国沦为英国殖民地后，受英国人饮茶习惯的影响，美国纽约、波士顿、费城、马萨诸塞州、新泽西州等地都有了饮茶社交的风尚，当时在纽约、波士顿等城市都有武夷茶（红茶）销售。经过 7 年的战争，英帝国成了美洲及海上霸主，英皇乔治三世发布各殖民地应该征税充军费的政令，1765 年乔治·格林威治内阁通过了《印花税条例》，规定殖民地所需的茶叶及其他物品均要纳税。这个决定引起美洲殖民地及国内部分人的一片反对之声，英政府最终于 1766 年废止该条例。1767 年，英国议会通过了《贸易与赋税法规》，规定对茶叶等物品征税，此举又引燃反对之声。为平息怨声，议会又废止其他捐税，唯对茶叶征收每磅 3 便士的税，但仍遭抵制。美国商人开始向他国买茶，抵制英茶，美洲茶叶贸易又落入荷兰人之手。于是英国东印度公司请求议会帮助，英国内阁总理诺斯批准了请求，并准许东印度公司拥有运茶垄断权。1773 年英国又颁布《茶叶法》，被授权公司可以直接运茶叶到美洲各殖民地，并享受百分之百的退税，只需向殖民地海关交 3 便士茶税，剥夺了英国中间商及美国进口商的经营利益，该法收效甚微，美殖民地仍拒买英国茶。美国人对《茶叶法》及英国政府的规定怨声载道，他们集会抗议、呈请愿书，均被英国拒绝。紧接着，美国各海港出现“自由之子”等各种组织的集会示威，波士顿 500 名妇女约定不喝茶，哈特福德及其他城乡妇女纷纷响应。美国马萨诸塞州等地区，没有许可证连药用茶叶也不能买。凡妇女缝纫会、纺织会及集会，都用代茶用品。1773 年 10 月 18 日，东印度公司波士顿代理人致伦敦公司的信件中谈及持反对意见的人多等情况。纽约商人于 10 月 25 日集会，希望今后不再有船装茶来。然而没多久，装茶船驶进港口，令他们很失望。受多数爱国团体支持，美国商人集体制止卸货，不让茶叶进关。纽约、波士顿、费城的人民决心不让茶登上美洲。费城是反英国红茶税的中心，各种宣传品散发全城，10 月 18 日，民众在市政厅集会并发表声明，把装卸茶的行为列为犯罪。10 月 26 日，纽约市政厅举行了同样的大会，反对英国东印度公司独霸茶叶贸易，英国东印度公司在纽约的代理人匿迹，英国政府宣布由海关管理到岸茶叶。该公告随即引起美国人的愤怒，“自由之子”成员迅速警示不得贮藏茶叶，否则将被视为公敌。波士顿的“北极会”“长屋俱乐部”是“自由之子”的分支。11 月 2 日，“自由之子”向该地东印度公司代理人发出最后通牒，该代理人拒绝辞职和停止装卸茶叶。11 月 5 日，“自由之子”召开全城大会，声讨征收茶税。11 月 28 日，装有 80 大箱和 34 小箱茶叶的“达特茅斯”号运茶船最先抵达波士顿，被勒令禁止卸茶，将茶运回伦敦。12 月 16 日，居民集会，向市长申请，市长不允许该船离港，大会延长时，来自波士顿的代表大喊“将茶叶和海水相融合”，话音刚落，数十人已集结到格利芬码头，他们攀上运茶船，将船舱的茶叶一箱箱搬出来，用斧子劈开茶箱，把茶叶全部倾倒入海。

波士顿抗茶事件传遍美国。1773~1775 年初，美国许多城市陆续发生民众抗茶大会，抵制英国商人运茶进美国。比如，1773 年 12 月 12 日，在新泽西州的格林威治，英国“猎犬”号商船运茶进港，秘密将茶存于市区广场地窖，被当地人发现，其所载茶叶在市区广场被付之一炬。同年 12 月，英国“伦敦号”商船抵达美国查尔斯顿，船上装有东印度公司的茶叶，当地召开两次大会，拒茶上岸，20 天没交税，茶货被没收至潮湿地窖废坏，后来到岸茶以同法处置或倒入海中。同年 12 月 26 日，美国费城截获英国“宝利”运茶船，要求该船按当地 10 月 18 日抗茶大会的决定停止前进，船长目击群情高涨，表示服从众愿，返船将茶运回。1774 年 4 月 18 日，一艘“伦敦号”商船装茶运到纽约桑迪湾，保安队得知该船在其他货物中藏有茶的消息，上船检查后，将茶箱拆开并把茶倒入海中。类似抗茶事件还在美国阿那不勒斯、爱登顿等重要城市发生。

自 1773 年美国殖民地的民众组织抗茶会开始，全国各地都反抗或抵制英国制订的茶叶税法，奋起组织抗茶会，拒绝英国商船装茶输入美国。此时，英国政府不顾美国民众的抗争，仍坚持强硬政策，使两国矛盾不断深化，最终导致美国独立战争爆发，使美国摆脱了英国100多年的殖民统治。1783年，美国成为一个独立的国家，红茶改变了世界政治格局。

三　英国“烟土易茶”引发鸦片战争

18世纪60年代后，东印度公司迅速扩大对华贸易，想从中国获取更多茶叶，但又无法在华大量推销英国产品，无法回笼更多白银。这带来了更大的贸易逆差，导致东印度公司在广州的资金周转困难。1790年以后，美洲白银生产量逐渐减少，尤其是美国独立战争爆发后，白银生产量迅速下降。白银流向东方，成为英国人的心结。为了扭转当时“乌茶换白银”的局面，平衡这种贸易逆差，英国人想出了一个“杀手锏”——由东印度公司将鸦片输入中国，采取“以乌换乌”，即以鸦片换红茶。据庄国土估算，1790~1838年，英国输入中国的鸦片价值白银2.4亿两。英国人把鸦片输入中国，一方面从中国运回大量的红茶（又称乌茶）等，另一方面卖鸦片赚到的白银平衡了贸易逆差，充实了英国财政。

英国从印度输入鸦片（烟土），给中国带来了严重灾难，引起了国人的警觉，民族精神高昂，同时迫使清政府出面寻求对应之策。当时清政府内部有驰禁派和严禁派两派，而严禁派之中又有内禁、海禁两种观点，黄爵滋、林则徐等是“内禁派”，申如春及各总督、巡抚等是“海禁派”，他们认为“天下鸦片都来自广州”，最终决定采取双禁（即内禁和海禁）政策。道光十八年（1838年）九月，林则徐被任命为钦差大臣，节制广东水师，赶赴广州查禁鸦片。

1838年，林则徐担任湖广总督时上奏《密陈重治吸食鸦片提高茶叶大黄等出口价格片》，提出：“如将售卖出洋之茶叶、大黄、湖丝等物，倍蓰其价，凡闽、浙、苏、皖、川、楚等处客商，似皆无不乐从。”他认为“此系至中华之物力”，希望能提高茶叶出口价格。1839年4月12日，林则徐在担任钦差大臣时上奏《英国等趸船鸦片尽数呈缴折》，指出在“尽数收缴鸦片”的同时，“俯念各夷人鸦片起空，无资置货，酌量加恩赏给茶叶，凡夷人名下缴出鸦片一箱者，酌赏茶叶五斤，以奖其恭顺畏法之心，而坚其改侮自新之念。如蒙恩准，所需茶叶十余万斤，应由臣等捐办，不敢开销”。从这一奖赏方案中可以看出茶叶在查处鸦片走私及对外贸易交往中的地位。同一天，林则徐上奏《外商已缴鸦片请暂缓断绝互市片》，提议“至茶叶、大黄两项，臣等悉心访察，实为外夷所必需”，“惟现在各国夷商，业经遵谕呈缴烟土，自应仰乞天恩，准其照常互市，以示怀柔，所有断绝茶叶、大黄，似可暂缓置议”。他明确表示不同意在严禁鸦片贸易的同时把茶叶、大黄等商品的正常贸易也禁掉。1840 年 4 月 27 日，林则徐改任两广总督时上奏《议复曾望颜条陈封关禁海宜折》，在奏文中对曾望颜“封关禁海”的提议据理分析，认为“细察情形，尚须从长计议者”，“若如原奏所云大小民船概不准其出海，则又不能。缘广东民人，以海面为生者，……若一概不准出洋，其势即不可以终日”，“至大黄、茶叶两物，因属外夷要需”，“现在议立公所，酌中定制，不许各夷逾额多运，即为钳制之方。然第一要义，尤在沿海各口查拿偷漏”，“总之，驭夷宜刚柔互用，不必视之太重，亦未便视之太轻”，“况所杜绝者，惟在鸦片，即原奏亦云‘凡有夹带鸦片夷船，无论何国不准通商’，则不带鸦片者，仍皆准予通商，亦已明甚”。以虎门销烟为代表的禁烟斗争断绝了通过鸦片贸易给英国不法商人、英国财政带来的巨大经济利益，因此英国殖民者对中国政府禁烟的回应是毫不犹豫地诉诸武力，终于在 1840 年爆发了鸦片战争。

鸦片战争是英国殖民者为了开辟中国市场和维护鸦片贸易而发动的一场侵略战争。从贸易角度来看，在一定意义上也可以说鸦片战争是英国殖民者用武力强迫中国接受鸦片交换茶叶的侵略战争。

鸦片战争后，中英签订了不平等的《南京条约》，使英国人打开了中国门户，割占了香港，实行五口通商（广州、厦门、福州、宁波、上海），扩大了中国茶叶输出英国或欧洲、美国的规模，尤其是 1842~1898 年中国红茶输出量大幅度提高，从此揭开了中国茶叶生产贸易起伏的历史。

图 1　林则徐虎门销毁鸦片

资料来源：《茶缘》2016 年总 59 期。

四　英国“植物猎人”成就印度茶

1840 年，中英发生鸦片战争，在英国的坚船利炮下，中国被迫打开国门，中英签订《南京条约》，实行五口通商。这期间，有人主张在中国种植罂粟合法化。基于此况，英国政府担心中国种植鸦片合法化后，英国就无法将鸦片输入中国，导致财政收入枯竭，于是提出“鼓励在印度进行茶叶种植”的计划，因而发生了英国东印度公司在印度开展种茶的举动。百年后，印度红茶逐渐取代了中国红茶，使英国实现了在印度殖民地输入茶叶再销售到世界的目标。

早在 1780 年，英国东印度公司就从中国广州运走少量的茶籽到印度加尔各答，分别栽种于两地：一是由印度总督沃瑞·汉斯蒂期寄到北部不丹的乔治·伯勒种植；二是种在加尔各答中校罗伯特·凯德的私人植物园中，长得很茂盛。1793 年，随驻中国公使迈卡特尼爵士等人，将中国茶籽寄往加尔各答，种植于皇家植物园。

1834 年 1 月 24 日，英国驻印度总督威廉·班庭克组织了一个委员会，有英国人 11 名、印度人 2 名，专门研究将中国茶树种植于印度。该委员会第一次派乔治·詹姆斯·高登到中国，学习茶树种植与茶叶制造技术，并采集茶籽或茶苗，雇用中国技工。1834 年 6 月，高登和查理斯·加尔夫教士从印度加尔各答出发前往中国，秘密地带回大批武夷山茶籽，并于次年寄回三批茶籽到加尔各答。当时运回的可制造优良红茶的武夷茶籽，被种植于印度加尔各答植物园。他们在1835~1836年又将中国茶籽运到漠河与恒河之间的古门与加瓦尔、尼尔吉利山等地区种植。

鸦片战争后，中国与西方的贸易不再受限于华南的广州港，英国人得以深入过去不能到达的中国内陆茶区。1843年，一位在印度的英国花匠、被冠以“园艺学家”名号的罗伯特·福琼，被派来中国考察，采集对英国具有经济价值的植物。他从香港出发，到厦门、上海，乔装成华人来到中国内地，采集了许多中国植物，于1945年经福州、广州等地运回英国。这一次成功行动使他熟悉了中国的路径。

东印度公司不惜重金，开出500磅（约合今55000美元）的年薪，雇福琼为茶叶猎人重返中国搜集茶叶，去窃取当时世界上最具有经济价值的茶树标本，即最好的茶种、茶苗。1848年9月，福琼从上海出发，10月到达杭州，11月到安徽产绿茶的松萝山，采集了第一批绿茶产区的茶籽运回印度。1849年五六月，福琼筹划如何进入世界极品红茶的发源地——武夷山，他从宁波雇一艘小帆船，朝福建茶区艰难行进。武夷山是他梦寐以求的搜寻最为青睐的正山小种红茶之地。

他化装为华人，躲过中国政府的监管官，雇了武夷山一带的胡兴为向导为其引路，走浙江通往福建的山间小道，经过几周的攀登，1849年7月，福琼敲响了武夷山的“大门”，进入红茶之乡的中心，山中的美景让他惊喜若狂。福琼在武夷山观察茶园、茶树、采茶，他投宿于寺庙中，寺庙周围种满茶树，又刚好赶上采茶旺季，人们忙于采茶、制茶。这正中福琼下怀，他到茶山窥测经纬度、降水量、土地颜色、岩石、水；他观察人们烧水、冲泡、品饮茶叶的最佳方式；他探觅不同地域的茶叶之色、香味；他记下了茶叶制造工艺、晾晒程度以及红茶与绿茶之间的差异；他藏起了摘下的茶叶，记下和尚们“每日的功课”和采制茶叶的工艺技术。他还在九龙窠观察到三株大红袍。福琼在静僻的武夷山中毫无忌惮地私下开展采集工作：他用笼络的办法，让方丈送给他几株珍贵的茶树和茶花，让少年为他采摘茶。福琼的“猎人”行动，使他在武夷山的两个多月中猎取了红茶发源地的物种和产制奥秘。

1849 年 9 月，福琼把茶籽、茶苗等打包后，从武夷山经福建沿海运到上海，再从上海由货船运回印度，在加尔各答植物园培育成茶苗或进行杂交后，在喜马拉雅山脉一带种植。1851 年 2 月，他从中国所到过的茶乡招募了 8 名制茶师。虽然当时清政府对将中国茶苗、茶种携带出境进行着严密监控，也禁绝劳工移民现象，然而，福琼精心谋划走私方法并把茶种运出中国，诱使劳工签下卖身契，在非人的环境下，将劳工偷渡到印度茶场，为试验性种植园卖力。

福琼于 1851 年 2 月从中国回国后，将由盗来茶籽育成的茶苗种于大吉岭和阿萨姆山上，从此这两地出产的红茶逐渐占领了世界茶叶市场。大吉岭出产的红茶被誉为红茶中的“香槟”、红茶中的极品，有芬芳扑鼻的花香和醇厚的口味，还有华丽的琥珀色茶汤。据说，在拍卖场上，大吉岭红茶拍卖价曾创世界纪录。一个多世纪以来，由中国传播出去的新生的印度红茶后来居上，产量和出口量在 20 世纪居世界首位，这种局面直到 21 世纪才发生了变化。

B.18
后　记

中国是茶的故乡，是世界上最早发现和利用茶树的国家。《神农本草经》记载，早在极为远古的神农时代，“神农尝百草，一日遇七十二毒，得茶而解之”。而《神农食经》曾曰：“茶茗久服，令人有力，悦志。”可见茶叶在中国发展和应用的历史之久。从古籍精练的文字中亦可发现茶叶的药用价值，特别是其对身体起到的调养和保健作用。唐代是中国茶业发展和茶文化的形成时期，陆羽的《茶经》问世，茶道盛行，现在著名的日本茶道就是自唐代开始从中国传播出去的，这一时期为中国茶文化走向世界奠定了基础。宋代则是茶文化的盛行时期，“兴于唐，盛于宋”，元明清是茶文化的进一步发展时期，茶叶已经逐步传播到西方，并成为主要的出口商品，促进世界茶产业和茶文化、茶科技的持续发展，造福于人类。

当今世界正经历百年未有之大变局，关系到具有五千年文明史的中华民族能否顺利实现伟大复兴之梦，是我国发展的重要战略机遇期。特别是新冠肺炎疫情暴发以来，各国面临着巨大的挑战，更体现世界各国是休戚与共的命运共同体，加强各国文化交流，加速茶产业的发展，积极构建人类命运共同体，是世界各国共同的责任。进入新时代，茶产业在农村扶贫和生态扶贫中扮演着重要的角色。近年来，习近平总书记多次深入茶园考察调研，在陕西省平利县女娲凤凰茶业现代示范园区考察调研时，习近平说：“因茶致富，因茶兴业，能够在这里脱贫奔小康，做好这些事情，把茶叶这个产业做好。”2021 年 3 月，习近平在福建省武夷山市考察茶区时又指出“要把茶文化、茶产业、茶科技统筹起来……今后要成为乡村振兴的支柱产业”。毫无疑问，当今世界越来越密不可分，中国也逐渐走进世界舞台的中央，与世界的关系也将随着时代与社会的发展不断谱写新的篇章，一方面，茶文化作为中华民族文化的一张名片，必然会在新形势下为促进中国文化与世界其他民族文化的交流与合作发挥重要的作用；另一方面，茶产业将助力乡村振兴，为共建人类命运共同体添砖加瓦。这也正是我们编写《世界茶业发展报告》（蓝皮书）的初衷所在。我们衷心期望《世界茶业发展报告》（蓝皮书）的编写和出版，能够为共同促进世界茶业与茶文化的繁荣进步做出应有的贡献。

在本书行将付梓之际，尚要提及的是，本书作者来自全国各地，他们共同完成20余万字的稿件，受篇幅限制，尚有部分文稿和有关图片等暂未入篇。由于编辑人员分散，时间紧，资料来源和笔调各异，给统稿带来困难，书中难免存在不足或讹误，请读者予以指正、赐教。

“世界茶业蓝皮书”编委会

2022年1月

Abstract

This book is the second World Tea Industry Development Report (Blue Book) published after 2017. It was compiled by China Intelligence Science and Technology Evaluation Research Center, Fujian Tea Society, Beijing Forestry University and other institutions. The book is divided into three parts: the general report, the special reports and the appendices. The general report mainly introduces the world tea production, consumption, trade and dissemination in 2018 ~ 2021, and further analyzes the future development trend of the world tea industry. The special reports consist of six modules, respectively introducing the representative events of tea as a medium for the spread of national friendship between 2018 and 2021, the development of tea extraction technology worldwide, the hot tea public welfare undertakings and tea for poverty alleviation in recent years, and analyzing the function of tea active ingredients. To show the development of tea culture in the world's major countries and the development status of the world's major famous tea, and comprehensively show the outlook of the world's tea industry; The appendix mainly introduces some tea standards, world famous tea brands, national tea organizations and their activities, showing the construction of the ancient tea Road under the background of the "Belt and Road" Initiative. It is expected to contribute to the mutual exchange and common development of tea culture between China and the world through the bridge of World Tea Industry Development Report.

Keywords: Tea; Tea Culture; Tea Technology; Tea Industry; Tea Trade

Contents

Ⅰ General Report

Abstract: With the development of the world economy and the gradual improvement of people's living standards, people attach great importance to their own health, and the demand for health preservation is gradually increasing. The functions and benefits of tea are gradually favored by the public, and the world tea market is booming. From 2018 to 2021, the world tea market achieved steady development. The world tea plantation area continued to expand around the world and increased significantly. The world tea output gradually increased, and the tea plantation area of China and many south Asian countries remained firmly in the world's top ten. Tea consumption market still has great room for improvement, the global tea market has great potential for development, tea producing countries are still the main consumers of tea, in addition, some European countries are also the main forces of tea consumption, the trade volume of tea in the world famous tea market has little change. The import and export volume of tea increased in 2018-2019, but decreased in 2020 due to the impact of the global epidemic outbreak in 2020, but remained stable overall. In the future, the global tea development should focus on developing famous tea and cultivating brand tea enterprises, establishing and improving tea standardization, promoting the development of tea industry through diversified consumption, and making transnational operation become the driving force and main force of tea economic globalization.

Keywords: Tea Planting; Tea Production; Tea Consumption; Tea Trade

Ⅱ Special Reports

Abstract: Tea, as a popular drink at present, is not only a medium for commodity exchange, but also a medium for spreading friendship. At the same time, tea plays an important role in the diplomacy of major powers. Tea culture is an important part of world culture, adding to the diversity of world cultures. As an important carrier of tea culture, tea is an important carrier of the spread of a country's culture and an important carrier of friendship between countries. Between 2018 and 2021, in various diplomatic occasions, General Secretary Xi Jinping, as the chief representative of the spread of Chinese tea culture, has repeatedly mentioned tea and used tea narratives to talk about win-win cooperation and a better future between countries. At the same time, the tea countries represented by China have relied on the international platform to hold a series of international tea fairs and tea culture exchange meetings, which have promoted the spread of tea culture and enhanced the deep friendship between countries.

Keywords: Tea Culture; Cultural Transmission; Tea Thousand Li Tea Route

B.3 2018-2021 World Tea Industry Science and Technology Development and Prospect and Tea Extraction Technology Development

Lin Zhi, Zhou Shaoqian and Hu Dan / 038

Abstract: Since 2018-2021, the world's tea industry science and technology has made significant progress, among which, tea plant genetic breeding technology, tea cultivation technology, tea processing technology, tea deep processing technology and other outstanding performance, which is conducive to helping the development of the global tea industry. Looking forward to the future development trend of tea industry science and technology will show three trends: first, tea production technology tends to be green, labor-saving, and informatized; second, tea processing technology tends to be intelligent, labor-saving, and energy-saving; third, tea products tend to be distinctive, functional, and convenient. At the same time, the new technology of tea intermediate extraction has also made new breakthroughs in creating multi-functional extraction production lines, developing functionalized products for new purposes, and focusing on new needs to produce cutting-edge products.

Keywords: Tea Industry Technology; Extraction Technology; Tea Industry Development

B.4 International Tea Public Welfare and Tea Poverty Alleviation

Feng Tingquan, Zhou Yufan, Zheng Naihui, Chen Baiwen and Cai Xinyi / 048

Abstract: Tea has a long history in our country, since ancient times has "firewood, rice, oil salt sauce vinegar tea", tea is a necessary product of my People's Daily life; There are also "piano, chess, calligraphy, poetry, wine and tea", tea is also a bridge to the spiritual world. Tea public welfare activities help to strengthen the connection between tea and People's Daily life, so that people around the world can feel the power of public welfare in the activities, and further understand the tea culture. In addition, tea has played an important role in China's poverty alleviation and rural revitalization. "Poverty alleviation through tea" in Fujian Province supports western China, helps western rural development, and enables tea farmers to get rid of poverty and get rich, which reflects the important power of tea in the cause of public welfare and poverty alleviation.

Keywords: Tea Public Welfare; International Activities; Tea Industry; Rural Revitalization

B.5 Tea Culture Development in the World

Lai Lingling, Cai Xinyi and Zhu Yingying / 060

Abstract: China is the hometown of tea. As early as before the Tang Dynasty, tea produced in China was exported to all over the world by land and sea. It first reached Japan and Korea, and then India and Central Asia. During the Ming and Qing dynasties, it spread to the Arabian Peninsula. In the early 17th century, Chinese tea was exported to European countries, and many upper-class aristocrats developed the habit of drinking tea. Nowadays, many countries in Asia, Europe, Oceania, America and Africa have unique tea culture, and various tea exchange activities are increasingly rich. Tea has gradually developed from a simple drink to a cultural symbol.

Keywords: Tea Culture; Cultural Exchange; Cultural Transmission

B.6 The World's Main Well-known Tea Development Status

Zhou Yufan, *Cai Xinyi* / 093

Abstract: tea and its derived tea culture originated in China, spread for thousands of years and have a far-reaching impact. For thousands of years, tea has been widely spread all over the world. Chinese tea drinking utensils and tea making technology, together with Chinese traditional tea ceremony culture and unique oriental philosophy, have spread all over the world. Since ancient times, tea trade has become an extremely important part of the history of business exchanges between many countries and China. Tea has gone to the world and won the wide love of people all over the world. Today, tea has become the first of the three major drinks in the world, and 3 billion people in more than 160 countries and regions drink tea. Tea has made indelible contributions to the physical health and spiritual life of all mankind. Tea is no longer a simple leaf or a kind of plant, but a vibrant culture. It crosses the boundaries of nations and countries and has become the link of economic, cultural and emotional exchanges among people of all countries.

Keywords: Tea; Aromatic Black Tea; Chinese Famous Tea

B.7 Function of Active Ingredients in Tea *Liu Qinjin*, *Cai Xinyi* / 102

Abstract: Tea is a kind of functional drink which has important regulating effect on human metabolism. Drinking tea can improve human immunity to diseases and prevent many diseases which are very threatening to human body. Tea contains substances such as theanine, theanine and tea polyphenols, which play an important role in regulating human metabolism. Among the main active components of tea, catechins and their oxides such as theaflavins have significant effects on anticoagulation, promoting fibrinolysis, preventing platelet adhesion and aggregation. Green tea extract, EGCG, etc. can effectively inhibit the absorption of lipolysis products in the digestive tract, and thus play a role in weight loss. In the three stages of tumor development, tea polyphenols can control the mutation of cells from the source of disease through the removal of free radicals, so as to have anticancer effects. Tea polyphenols and oxides have natural non-toxic preservation function; Tea pigment has an obvious effect on reducing fat and oil, and also plays a positive role in weight loss, prevention and treatment of hyperlipidemia and regulation of sugar metabolism.

Keywords: Tea Activity; Tea and Health; Human Metabolism

MA统一标识码融入中国茶产业应用的战略价值

MA统一标识码是中国首个获得ISO、CEN、AIM三大国际组织认可的全球顶级节点代码，是ISO/IEC 15459国际标准的组成部分，具有全球唯一性和国际通用性，支持国内外主流标识体系和企业个性化编码需求，支持一维条码、二维码、RFID、NFC、芯片等多种标识载体，能为人、事、物、数据等各类对象分配全球唯一的身份标识。目前已在工业、农业、医疗卫生、城市管理、食品追溯等多个行业开展示范应用。

以茶产业应用为例，MA统一标识码的结构如下：

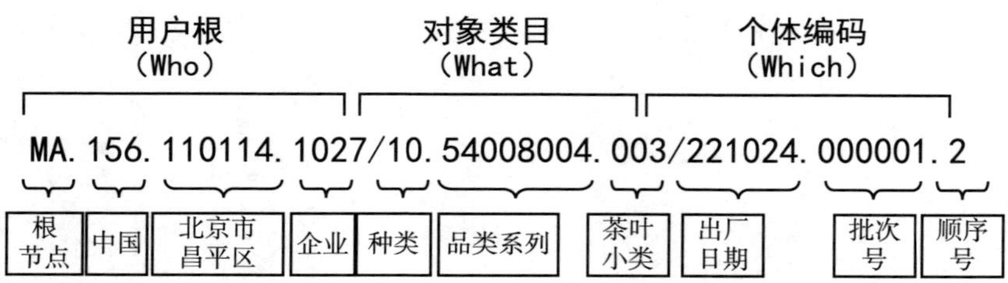

MA统一标识码融入中国茶产业应用具有重要的战略价值。

1. 能够实现产品的溯源和防伪。MA统一标识码可以实现茶叶产品的溯源和防伪，帮助消费者了解产品的来源、质量等信息，避免购买假冒伪劣产品，提高消费者的购买信任度。

2. 能够提升茶产业企业对物流及销售渠道的精准管理水平。MA统一标识码能够帮助茶产业企业精准、实时掌握产品流通环节的运输在途流量、流向、流速等信息，从而提升精准管理水平。

3. 能够推动茶产业企业创新应用开发。茶产业企业在 MA 数字底座上可以开发更多创新应用，如智能配送、智能交易、区块链等，从而提升茶产业的数字化和智能化水平。

4. 能够保障茶产业企业的数字所有权和系统独立性。MA 统一标识码可以保障茶产业企业的数字所有权和系统独立性，防止技术团队或第三方平台对产业进行控制或绑架，使企业的数字化管理更加独立自主。

5. 能够推动茶产业国际化、标准化发展。MA 统一标识码的应用有助于推动中国茶产业的国际化和标准化发展，推进完整的茶产业标准化管理体系的建立，促进茶产业升级和转型，提高茶叶产品的品质和竞争力以及在国际市场的占有率。

6. 符合国家宏观数字经济发展战略。MA 统一标识码的应用符合国家数字经济发展战略，能够推动茶产业数字化、智能化和信息化发展。

皮书

智库成果出版与传播平台

❧ 皮书定义 ❧

皮书是对中国与世界发展状况和热点问题进行年度监测，以专业的角度、专家的视野和实证研究方法，针对某一领域或区域现状与发展态势展开分析和预测，具备前沿性、原创性、实证性、连续性、时效性等特点的公开出版物，由一系列权威研究报告组成。

❧ 皮书作者 ❧

皮书系列报告作者以国内外一流研究机构、知名高校等重点智库的研究人员为主，多为相关领域一流专家学者，他们的观点代表了当下学界对中国与世界的现实和未来最高水平的解读与分析。截至 2022 年底，皮书研创机构逾千家，报告作者累计超过 10 万人。

❧ 皮书荣誉 ❧

皮书作为中国社会科学院基础理论研究与应用对策研究融合发展的代表性成果，不仅是哲学社会科学工作者服务中国特色社会主义现代化建设的重要成果，更是助力中国特色新型智库建设、构建中国特色哲学社会科学“三大体系”的重要平台。皮书系列先后被列入“十二五”“十三五”“十四五”时期国家重点出版物出版专项规划项目；2013~2023 年，重点皮书列入中国社会科学院国家哲学社会科学创新工程项目。

S 基本子库
UB DATABASE

中国社会发展数据库（下设 12 个专题子库）

紧扣人口、政治、外交、法律、教育、医疗卫生、资源环境等 12 个社会发展领域的前沿和热点，全面整合专业著作、智库报告、学术资讯、调研数据等类型资源，帮助用户追踪中国社会发展动态、研究社会发展战略与政策、了解社会热点问题、分析社会发展趋势。

中国经济发展数据库（下设 12 专题子库）

内容涵盖宏观经济、产业经济、工业经济、农业经济、财政金融、房地产经济、城市经济、商业贸易等12个重点经济领域，为把握经济运行态势、洞察经济发展规律、研判经济发展趋势、进行经济调控决策提供参考和依据。

中国行业发展数据库（下设 17 个专题子库）

以中国国民经济行业分类为依据，覆盖金融业、旅游业、交通运输业、能源矿产业、制造业等 100 多个行业，跟踪分析国民经济相关行业市场运行状况和政策导向，汇集行业发展前沿资讯，为投资、从业及各种经济决策提供理论支撑和实践指导。

中国区域发展数据库（下设 4 个专题子库）

对中国特定区域内的经济、社会、文化等领域现状与发展情况进行深度分析和预测，涉及省级行政区、城市群、城市、农村等不同维度，研究层级至县及县以下行政区，为学者研究地方经济社会宏观态势、经验模式、发展案例提供支撑，为地方政府决策提供参考。

中国文化传媒数据库（下设 18 个专题子库）

内容覆盖文化产业、新闻传播、电影娱乐、文学艺术、群众文化、图书情报等 18 个重点研究领域，聚焦文化传媒领域发展前沿、热点话题、行业实践，服务用户的教学科研、文化投资、企业规划等需要。

世界经济与国际关系数据库（下设 6 个专题子库）

整合世界经济、国际政治、世界文化与科技、全球性问题、国际组织与国际法、区域研究 6 大领域研究成果，对世界经济形势、国际形势进行连续性深度分析，对年度热点问题进行专题解读，为研判全球发展趋势提供事实和数据支持。

法律声明